北京联合大学台湾研究院文库（第七集）

两岸关系研究报告

（2008 年卷）

北京联合大学台湾研究院

九 州 出 版 社

图书在版编目（CIP）数据

两岸关系研究报告. 2008 / 北京联合大学台湾研究院.
—北京：九州出版社，2009. 5
ISBN 978-7-5108-0048-1

Ⅰ. 两…　Ⅱ. 北…　Ⅲ. 台湾问题-研究报告-2008
Ⅳ. D618

中国版本图书馆 CIP 数据核字（2009）第 060887 号

两岸关系研究报告(2008 年卷)

作　　者	北京联合大学台湾研究院
出版发行	九州出版社
出 版 人	徐尚定
地　　址	北京市西城区阜外大街甲 35 号(100037)
发行电话	(010)68992190/2/3/5/6
网　　址	www.jiuzhoupress.com
电子信箱	jiuzhou@jiuzhoupress.com
印　　刷	三河市东方印刷厂
开　　本	720×1020 毫米　16 开
印　　张	13.5
字　　数	200 千字
版　　次	2009 年 5 月第 1 版
印　　次	2009 年 5 月第 1 次印刷
书　　号	ISBN 978-7-5108-0048-1
定　　价	30.00 元

序 言

光阴荏苒，岁月不居。跨入2008年，两岸关系出现重大转折，进入和平发展新阶段。

历史如烟，白驹过隙。学者的任务之一就是记住历史的足迹，北京联合大学台湾研究院作为研究台湾的专门机构，尽最大努力在这个两岸历史的转折关头对之进行深入的理论思考，以总结成果和经验，更好地走向未来。

列宁在《论国家》中指出："在社会科学问题上有一种最可靠的方法，它是真正养成正确分析这个问题的本领而不致淹没在一大堆细节或大量争执意见之中所必需的，对于用科学眼光分析这个问题来说是最重要的，那就是不要忘记基本的历史联系，考察每个问题都要看某种现象在历史上是怎样产生，在发展中经过了哪些主要阶段，并根据它的这种发展去考察这一事物现在是怎样的。"①

根据这一原理，回首一年来两岸关系中值得思考的问题，概述如下：

第一，胡锦涛总书记在纪念《告台湾同胞书》发表30周年座谈会上发表重要讲话，就两岸关系和平发展提出了"六点意见"。"六点意见"从两岸关系和平发展的战略高度，对30年来对台工作实践、成果和经验，进行了全面、精辟和深刻的总结。同时，"六点意见"根据两岸关系发展变化的规律，对两岸关系和平发展的框架、前景、架构、途径、动力、条件和内在联系，对两岸关系和平发展与和平统一的关系，对两岸关系和平发展的战略构想和战术要求，进行集中、系统、完整的论述。"六点意见"发展了对台方针政策，实现了对台工作的政治、理论和政策的重大创新和突破，丰富了党的和平统一理论，已经成为两岸

① 《列宁全集》第37卷，人民出版社，1986年版，第61页。

关系和平发展的指导纲领，具有高度的理论价值和实践价值。

第二，两岸关系和平发展问题。2005 年 4 月，国共两党领导人六十年后的握手，宣示了“两岸和平发展共同愿景”。2007 年 10 月，中国共产党第十七次全国代表大会提出牢牢把握两岸关系和平发展的主题，提出构建两岸关系和平发展架构，开创两岸关系和平发展新阶段的总体思考，“六点意见”提出了完整、系统的两岸关系和平发展的战略架构和基本框架。这一高瞻远瞩的战略思考和实践，表明和平发展框架已经成为大陆对台基本战略。深入研究两岸关系和平发展的理论和实践，对目前解构与重构中的两岸关系具有重大理论意义和现实意义。

第三，两岸交流机制问题。这个问题是两岸统一法理问题研究的具体化，是目前两岸交流的重要组成部分。两岸交流机制主要包括海协会与海基会、两岸政党交流的“双轨”交流机制，覆盖两岸交流的政治、经济、文化乃至军事诸领域。2008 年，两党和两会交流机制在两岸关系发展史上起着重要的作用，尤其是海协会与海基会恢复对话和展开了两会制度性会谈，这一内在机理值得进一步研究。

第四，“三通”后的两岸关系演变问题。年内，两岸“三通”基本实现，两岸海空直航，使得两岸交流更加便捷，两岸交流发展更快，开始迎来大交流大合作大发展的新时代。“三通”带来的效益，必将大幅度改变两岸人民尤其是台湾人民的心态，使得两岸民意互动和理解进一步加深。两岸人民将共享经济繁荣与发展，“三通”后两岸关系的全面演变与对国家统一的影响是展现在学者面前的新议题。

第五，危机事件处理中的两岸互动问题。四川汶川地震发生后，开拓了两岸民间社会的紧密互动。这种危机事件发生后对两岸关系的影响，有利于两岸民意的融合，尤其是有助于台湾民间对大陆的认同感和亲切感。世界性金融风暴发生后，大陆方面主动把两岸应对金融风暴作为当前的重要任务之一。中华民族往往在危机中出现契机，在危机中找到两岸社会共同向上提升的力量。必然性决定历史的常态，偶然性决定历史的拐点。对两岸关系必然性理论的研究有助于更好地了解和理解两岸关系的常态，对危机事件处理的研究有助于更好地把握两岸关系的拐点，把握好两岸关系可能的重大转折点，为两岸关系和平发展作出贡献。

第六，两岸经济关系问题。两岸经济关系是两岸关系的重要组成部分，在两岸“三通”实现后，主要任务是实现两岸经济关系正常化和两岸经济合作制度化。马英九上台之前，两岸经济关系的发展既有来自经济规律的作用，也有台湾当局政治干扰等非市场因素的作用。然而，来自经济规律的发展动力不断突破台湾当局的限制，推动两岸经济关系向更深入、更广泛的领域发展。“台独政权”垮台后，两岸经济关系在两岸共同推动下有了实质性突破，研究两岸经济关系的发展及其对两岸关系和平发展的作用，最大限度地为两岸同胞谋福祉，使两岸经济关系成为两岸关系和平发展的推动力是研究两岸关系的应有之义。

第七，影响两岸关系的国际因素问题。深入研究影响两岸关系的国际因素是台湾问题的特性所决定的。首先，美国总统大选落下帷幕，奥巴马时期的两岸政策取向与布什政府时期的异同及对两岸关系的影响值得深思。其次，日本首相更替，因此而起的汹涌暗潮及其在一段时间内对两岸关系的影响值得观察。再次，总体而言，亚太及周边地区地缘政治格局嬗变对两岸关系都有着或多或少的影响。其中，美日（澳）军事战略同盟问题、东北亚地区政治发展、东南亚地区政治发展、中亚及周边地区政治发展对台湾问题的意义、全球金融危机对国际关系尤其是亚太格局产生的影响等都值得我们关注和研究。通过一年来影响两岸关系的国际因素的研究，可以寻求亚太政治格局的嬗变，可以看到有利于两岸关系和平发展的国际因素在增长。

第八，台湾民意从民粹向民生转变。这是二十年来台湾民意出现的重要变化。由于民进党八年执政时期操弄意识形态议题，台湾 M 型社会出现。陈水扁的家族弊案对台湾政治、社会意识形态等产生了重要影响，民进党转型困难，正如有学者所言，并不是意识形态不想改变自己，而是“利益”不让意识形态改变。[①] 2008 年以来，台湾民意调查的各种数据也纷纷出炉，这些民意调查的设计意图及参数，对台湾地区民众的民族认同、国家认同、政党认同、领导人认同等的影响也值得深入探讨。

上述问题为 2008 年两岸关系的焦点之所在。当然，这些问题纠合

① 辛鸣：《关于制度哲学的理论建构》，人民出版社，2005 年 10 月版，第 113 页。

在两岸发生的世事之中。

纷繁复杂的世事一旦被透彻简洁的方式提高到哲学境界，便走出了粗俗和原始，有了知识美感。对这些问题的研究建立在既有的知识架构的基础之上。正如牛津大学国际关系讲座教授亚当·罗伯茨1991年在北京大学的一次国际会议上所说："我们都不应该忘记以现代面目出现的思想体系常常不过是古老主题的变种。"为了加强他的观点，他还引用了法国政治活动家、思想家德·托克维尔的一段名言："有多少道德体系和政治体系经历了被发现、被忘却、被重新发现、被再次忘却、过了不久又被发现这一连续过程，而每一次被发现都给世界带来了魄力和惊奇，好像他们是全新的，充满了智慧。之所以会如此，并不是由于人类精神的多产，而是由于人们的无知，这种情况简直令人难以置信。"①

我们所需要做的，就是将自今年开始的每一年两岸关系的发展历程反映出来，避免忘却，避免已经重复的曲折之路，使两岸民生福祉更好地在和平发展的主题下走向明天。

① ［美］詹姆斯·多尔蒂和小罗伯特·普法尔茨格拉夫著：《政论中的国际关系理论》(第五版)，阎学通、陈寒溪等译，世界知识出版社，2003年1月第一版，第3页。

目　录

第一章　两岸关系和平发展的指导纲领

胡锦涛总书记在“纪念《告台湾同胞书》发表30周年座谈会”上，发表了题为《携手推动两岸关系和平发展，同心实现中华民族伟大复兴》的重要讲话，就两岸关系和平发展提出了“六点意见”。“六点意见”承先启后，继往开来，在总结前30年对台工作经验基础上，根据两岸关系的新实践新形势新要求，站在历史新起点和时代新高度，作为对台论述的重大理论创新，发展了大陆提出的一系列对台方针政策，构建起对台理论、思想和政策的完整体系，丰富了我党和平统一祖国的思想和理论宝库，已经成为两岸关系和平发展的指导纲领。

一、对台工作的精辟总结

“六点意见”从两岸关系和平发展的战略高度，对30年来对台工作实践、成果和经验，进行了全面、精辟和深入地总结。

（一）对台方针政策的与日俱增

20世纪60年来，大陆从民族根本利益和国家发展战略全局出发，根据两岸关系的不同阶段，提出相适应的对台政策。胡锦涛在讲话中，全面论述了不同阶段的大陆对台政策的核心思想和重大意义。

第一阶段是从50年代中期起，毛泽东根据国内经济恢复期结束、开始大规模社会主义建设时期的到来，针对台湾问题，提出了“一纲四目”为主要内容的关于争取和平解决台湾问题的思想，并且从政治层面就开展对台工作做了大量的准备工作，特别是从70年代起打开了外交局面，为解决台湾问题创造了较好的国际环境。

第二阶段是《告台湾同胞书》发表后，如何落实这一历史文献提出的坚持一个中国原则、尊重和保护台湾同胞权益、寄希望于台湾人民、举行结束军事对峙商谈和开展“通航通邮通商”及“探亲、旅游以及学术、文化与体育交流”等重要思想，邓小平创造性地提出“一国两制”伟大构想。根据这一构想，迎来了两岸交流的第一个高潮，实现了第一次“汪辜会谈”。

第三阶段是20世纪90年代中期起，台湾形势出现重大变化，李登辉借助“宪政改革”开始推行“实质台独”，干扰两岸交流和对话。面对这一新情势，如何一方面与李登辉为首的“台独”势力进行坚决斗争，一方面继续进行两岸交流，继续发展两岸关系，江泽民提出了“现阶段发展两岸关系、推进祖国和平统一进程的八项主张”，丰富和发展了对台方针政策。

第四阶段是本世纪初起，针对如何结束“台独政权”和制止“法理台独”、开创两岸关系和平发展新局面等问题，以胡锦涛为总书记的党中央，提出了以“四点意见”和《反分裂国家法》为核心的一系列新主张新举措。“六点意见”更是站在历史新起点，集中体现了时代精神，继承和发展了对台方针政策，构建起两岸关系和平发展的战略架构。

（二）举世瞩目的历史性成果

30年来，按照《告台湾同胞书》的设想，在对台政策的正确指导下，经过两岸同胞的共同努力，两岸关系和交流取得了巨大成就。

第一，两岸“四流”成果非凡。进行两岸“四流”是《告台湾同胞书》的重要思想，作为对台工作的主要任务，促进两岸人员往来和经济文化交流取得巨大成就。自1987年底开始冲破两岸同胞长期隔绝状态后，截至2008年10月，台湾到大陆的同胞达5074万人次，大陆民众往来台湾累计达到185万人次，两岸文化、教育、科技、体育社会等各方面交流不断扩大，相互了解不断增加。“两岸同胞往来之频繁、经济联系之密切、文化交流之活跃、共同利益之广泛是前所未有的。”可以说，两岸“四流”已经遍及各个地区和绝大部分领域，从上到下已经形成完整的交流体系。

第二，“三通”迈出历史性步伐。《告台湾同胞书》提出“通航通邮”和“进行经济交流”（即“三通”）后，从1979年的两岸7000万贸易额、台商零投资大陆起步，截至2008年底，两岸贸易达到8600亿美元，台湾方面顺差超过5500多亿美元，台商投资大陆达到77500家，到位资金超过480亿美元。长期以来，大陆一直是台湾的最大贸易顺差来源地和第一大出口市场。2008年7月以来，大陆居民赴台旅游和两岸海上空中直接交流相继实施，“三通”迈出历史性步伐。“两岸同胞加强彼此交流、增进相互了解、深化互利合作、扩大共同利益，是推动两岸关系发展的强大动力，也是不可阻挡的历史潮流。”

第三，两会对话与协商实现制度化。为实现《告台湾同胞书》提出的通过“商谈”结束两岸对峙的目标，大陆努力推动在一个中国原则基础上进行两岸协商谈判。两会商谈是一个平台，1993年4月举行的“汪辜会谈”，迈出了两岸关系的历史性一步。2008年6月两会对话恢复，11月海协会代表会成功访问台湾，掀开了新的一页。国共论坛是一个平台，自2005年4月起，国共两党领导人发表的《两岸和平发展共同愿景》，指明了两岸关系发展的正确方向。至今已经举行四届国共论坛，取得一系列共识和成果。政党交流，尤其是国共论坛，为两岸关系创造新的历史，写下了新的篇章。

第四，国际间“一个中国格局”越来越巩固。《告台湾同胞书》发表的当天，中国和美国建立外交关系，表明中国改革开放和落实《告台湾同胞书》、改善两岸关系的国际环境越来越好。自20世纪90年代前期开始，李登辉当局开始推行“务实外交”，宣扬台湾是“主权独立国家”。陈水扁当局在国际间疯狂进行分裂中国的活动，“台独外交”和“入联公投”等无所不用其极。正是在与“台独外交”的较量中，“中国人民维护台海和平、推动两岸关系发展、实现祖国和平统一的事业日益赢得国际社会理解和支持”，国际间“一个中国格局”越来越稳固，“台独”的国际空间越来越萎缩。

（三）发展两岸关系基本经验的深刻总结

“六点意见”通过30年两岸关系的实践，认真总结了制止“台独”挑衅、越过各种风雨坎坷、推动“三通”“四流”的宝贵经验。

第一，做到“三个坚持”。面对错综复杂的两岸关系形势，做好反击“台独”挑衅、推动两岸交流、促进和平发展工作，最重要的是，必须坚持“和平统一、一国两制”、“八项主张”和“四点意见”。两岸关系的演变规律、两岸交流的客观实践告诉人们，“三个坚持”是确保两岸关系方向、主导两岸关系演变、推动两岸交流发展的政治保障。

第二，继续贯彻经过实践证明、行之有效的对台方针政策。30 年来大陆出台的对台方针政策，特别是党的十六大以来的对台方针政策，从两岸关系实际出发，认识和掌握两岸关系的发展规律，与时俱进，集中体现出大视野大格局大胸怀、新思维新举措新战略和造就两岸大交流大发展大合作大融合的新态势。继续贯彻对台工作新战略，是推动两岸关系和平发展与和平统一进程的重要保证。

第三，大陆加快发展是两岸关系和平发展的经济基础。在纪念《告台湾同胞书》发表 30 周年的时候，正是祖国大陆改革开放 30 周年，改革开放加快了中国的发展。胡锦涛指出，30 年的实践充分证明，祖国大陆改革开放和现代化建设不断取得巨大进步，是推动两岸关系发展、实现祖国和平统一的雄厚基础和可靠保障，决定了两岸关系的基本格局和发展方向。

第四，中国人的事必须由中国人自己办。台湾问题是中国的内政，如何解决台湾问题是中国的内部事务。观察两岸关系的发展历程，两岸同胞创造了许多好的经验和行之有效的做法。正如胡锦涛指出的那样，两岸关系 30 年的历程，表明“海峡两岸中国人有能力、有智慧把两岸关系的前途掌握在自己手中，通过交流合作增进感情融合、增加共同利益，通过协商谈判积累共识、减少分歧，循序渐进解决问题。”

第五，反对“台独”是两岸关系发展的需要。“台独”的猖獗活动，一方面固然有阻挠两岸交流和破坏两岸关系的后果，一方面正好也是台湾社会认识“台独”的过程。“台独”势力及其分裂活动违背两岸同胞共同利益，损害中华民族根本利益，拂逆中国发展不可阻挡的历史潮流，是对两岸关系和平发展的最大威胁，必然遭到两岸同胞共同反对。两岸关系和台湾社会实践表明，“台独”不得人心。

30 年两岸关系的取得历史性成果，与上述两岸关系的实践和经验分不开的。更为重要的是，也为实现两岸关系和平发展前景作了充分的理论、政治和政策准备，也在上述实践和经验基础上形成“六点意见”。

二、和平发展的科学内涵

“六点意见”的重要现实意义和深远的历史意义，主要表现在胡锦涛为总书记的党中央领导集体，以战略家的胆略和智慧、政治家的勇气和胸怀，领航者的时代精神和风貌，根据两岸关系发展变化的规律，对两岸关系和平发展的框架、前景、架构、途径、动力、条件和内在联系，对两岸关系和平发展与和平统一的关系，对两岸关系和平发展的战略构想和战术要求，进行集中、系统、完整的论述，指导着两岸关系沿着和平发展轨道继续前进。

（一）和平发展是要走向两岸统一

经过两岸同胞30年的共同努力，两岸关系终于展现出和平发展的前景，更加激励着人们为了实现祖国统一、民族振兴继续奋斗。

第一，坚定不移地推进和平统一进程。

在中国国家利益的诸多内涵中，主权和领土完整属于至高无上、不容放弃的绝对利益，它与中华民族的整体利益紧密一体。台湾问题的核心是祖国统一，它同中国的和平发展和中华民族的复兴密不可分、互为作用。一方面，台湾问题出现的60年中，复杂演变对于中国的和平发展产生深刻影响，台湾问题一日不解决，中国就谈不上和平发展，实现国家的完全统一是中国发展的应有之义和重要标志。另一方面，中国的改革开放与和平发展，为中国的统一创造更加有利的条件。同样，在围绕中国和平发展的战略选择中，维护国家主权和领土完整是最基本的前提条件，改革开放和解决台湾问题决不能以损害国家的主权和领土完整为代价，也决不能因担心中断和破坏中国发展进程而坐视台湾从中国分裂出去。因此，维护国家的主权和领土完整、解决台湾问题攸关中华民族的感情和尊严，攸关中国的发展腾飞，是国家核心利益和民族根本利益所在。胡锦涛强调，解决台湾问题的目的，是维护国家主权和领土完整，追求包括台湾同胞在内的全体中华儿女的幸福，实现中华民族伟大复兴。两岸“应该登高望远、审时度势，本着对历史、对人民负责的态度，站在全民族发展的高度，以更远大的目光、更丰富的智慧、更坚毅的勇气、更务实的思路，认真思考和务实解决两岸关系发展的重大问题”。现阶段重要的是，抓住机遇加快两岸的发展，在发展中不断解决遇到的各种问题，不断增加两岸了解和互信，不断累积两岸统一需要的各种条件，也就是说，推动两岸关系和平发展进程，也是向祖国和平统一目标迈进的过程。

第二，和平发展是实现两岸统一的必要途径。

两岸交流30年的实践，虽说有正面的，有负面的，有成功的，有失败的，但是，本质上是两岸同胞利用各自认可的方式，围绕解决台湾问题的方式、路径、条件等因素，进行各种各样的探索和实践，进行政治、经济、文化等各方面的准备。“六点意见”明确表达了两岸同胞解决台湾问题、推动和平发展、实现祖国统一的基础、途径、动力和条件。

一是“以和平方式实现祖国统一最符合包括台湾同胞在内的中华民族根本利益，也符合求和平、谋发展、促合作的朝代潮流”。在“四点意见”中，胡锦涛全面阐述过“和平统一”的深刻内涵和“五大好处”，指出实现两岸和平统一，是两岸同胞之福，是地区和世界之福。两岸和平统一了，可以弥合两岸因长期分离而造成的隔阂，使两岸同胞增进一家亲情；可以结束两岸在军事上的对抗，使两岸同胞共同致力于和平建设；可以使两岸经济更好地互补互利，使两岸同胞携手共谋发展；可以使两岸一起共同促进世界和平与发展的崇高事业，使两岸同胞共享伟大祖国的尊严和荣誉；可以真正确保国家主权和领土完整，使两岸同胞共同促进中华民族的伟大复兴。① “两个符合”和“五大好处”的关键，都是表达大陆追求和平的愿望和努力。当前，要牢牢把握两岸关系和平发展的主题，积极推动两岸关系和平发展，实现全民族的团结、和谐、昌盛。

二是“一定要以最大诚意、尽最大努力争取祖国和平统一”。《告台湾同胞书》开始了中国实施和平统一战略的新阶段，从国际层面看，中国政府成为世界和平发展的重要推动力量。从国内层面看，经过慎重思

---

① 胡锦涛关于新形势下发展两岸关系的“四点意见”，参见中国社会科学院台湾研究所：《新时期对台方针政策重要文献汇编》第3页。

考和决策，提出和平发展的基本路线。反映在两岸关系上，完整提出了和平统一的理念和措施。在以“四点意见”和《反分裂国家法》① 为核心的对台工作新战略中，“争取和平统一的努力决不放弃”是四大基本主张之一。即使“台独”势力在台湾地区执政期间，在陈水扁当局疯狂推行“法理台独”、几近把两岸关系推到危险的边缘之际，大陆反复、明确表达了争取和平统一的态度和决心，强调只要和平统一还有一线希望，就会进行百倍努力；强调不承诺对“台独”放弃使用武力，不是针对台湾人民的，而是针对危害国家安全的主要敌人“台独”势力的，也是为了给和平统一创造条件，为了维护国家安全。“六点意见”的重心，更是围绕和平统一展开，指出了如何通过和平加快发展、通过发展完成统一的光明前景。

三是“首先要确保两岸关系和平发展”。两岸关系和平发展思想，已经成为现阶段大陆制定对台政策的根本思路和指导对台工作的科学发展观。和平与发展的关系密不可分，和平是实现两岸共同发展和共同繁荣的基本前提，没有和平就没有发展，而发展又事关两岸人民的共同利益和共同繁荣，是促进两岸和平的重要基础。“六点意见”的重要思想之一，就是在深刻论证和平发展与和平统一的关系后，提示出两岸关系和平发展的相关因素及其内在联系。“六点意见”指出，要想实现和平统一，首先要确保两岸关系和平发展。和平发展“有利于两岸同胞加强交流合作、融洽感情，有利于两岸积累互信、解决争议，有利于两岸经济共同发展、共同繁荣，有利于维护国家主权和领土完整、实现中华民族伟大复兴。”为此，“坚持大陆和台湾同属一个中国作为推动两岸关系和平发展的政治基础，把深化交流合作、推进协商谈判作为推动两岸关系和平发展的重要途径，把促进两岸同胞团结奋斗作为推动两岸关系和平发展的强大动力，携手共进，戮力同心，努力开创两岸关系和平发展新局面。”

（二）促进两岸同胞团结奋斗

寄希望于台湾人民，是《告台湾同胞书》提出的重要主张，30 年

---

① 《反分裂国家法》，《人民日报》2005 年 3 月 15 日。

来大陆为此作了不懈努力，也取得丰硕成果。“六点意见”也是这样，“寄希望于台湾人民”是重要组成部分。

第一，“两岸同胞是血脉相连的命运共同体”。

为体现“以人为本”的治国理念，直接面对台湾民众与台湾社会开展工作，一是强调“台湾同胞是我们的骨肉兄弟”，台湾同胞是中华民族的成员之一，这是“台独”分子怎么篡改和掩盖也无法改变的。几百年来，台湾同胞的命运已经和大陆的命运联在一起。二是强调台湾同胞是“发展两岸关系的重要力量”，如今两岸交流能有如此大的规模，都离不开民间的自觉参与和推动。三是强调台湾同胞也是“遏制‘台独’分裂活动的重要力量”，对于现阶段“台独”来说，最有效的遏制力量除了大陆和国际反对“极端台独”的压力外，就是台湾民意的压力。过去8年来，台湾同胞一方面用选票教训“台独当局”，迫使泛绿军在2008年的“1·12”和“3·22”选举中败北，反独力量开始上台执政，为两岸关系机遇期的到来作出决定性的贡献。显然，台湾同胞和大陆同胞一起，已经成为维护国家主权和领土完整的主要力量，从这一点出发，“六点意见”再次重申，“两岸同胞是血脉相连的命运共同体”。

第二，“满腔热情为台湾同胞多办好事、多办实事”。

自胡锦涛主持党中央工作以来，反复强调要理解、信赖、关心台湾同胞，反复强调“我们充分理解和尊重台湾同胞爱乡爱土的情感、当家做主的愿望，十分同情台湾同胞在历史上经历的不幸、蒙受的冤屈。对台湾同胞在特殊历史条件下形成的心态和感情，对他们由于各种原因对大陆产生的误解和隔阂，我们不仅会基于同胞之爱予以充分理解和体谅，而且会采取积极的措施努力去疏导和化解。”“六点意见”进一步指出，“对于部分台湾同胞由于各种原因对祖国大陆缺乏了解甚至存在误解、对发展两岸关系持有疑虑，我们不仅愿意以最大的包容和耐心加以化解和疏导，而且愿意采取更加积极的措施让越来越多的台湾同胞在推动两岸关系和平发展中增进福祉。”为了更好照顾台湾同胞的利益，先后提出了“四个只要”和“两个认真”：“只要是对台湾同胞有利的事情，只要是对促进两岸交流有利的事情，只要是对维护台海地区和平有利的事情，只要是对祖国和平统一有利的事情，我们都会尽最大努力去做，并且一定努力做好”[①]；“凡是涉及到台湾同胞利益的事情都要认真对待，凡是向台湾同胞作出的承诺都要认真履行”[②]。“六点意见”表示，对于台湾同胞，要“体察他们的意愿，了解他们的诉求，为他们排忧解难，满腔热情为台湾同胞多办好事、多办实事，依法保护台湾同胞正当权益”。从实践角度看，大陆已经出台多达72项惠台政策，表明大陆“凡是有利于两岸关系和平发展的事都应该大力推动，凡是破坏两岸关系和平发展的事都必须坚决反对”。

第三，“台湾的前途系于两岸关系和平发展，系于中华民族伟大复兴”。

《告台湾同胞书》指出，“我们伟大祖国的美好前途，既属于我们，也属于你们”。当前，尽管两岸在一个中国内涵上有不同的解释。但是，“包括大陆和台湾在内的中国是两岸同胞的共同家园”，这是客观事实。今天，追求双赢、实现共同繁荣，已经成为两岸的又一共识。台湾的前途系于两岸关系和平发展，系于中华民族伟大复兴，当前台湾在解决涉外事务、抵御金融危机冲击、防止经济边缘化等方面，迫切需要大陆的协助。两岸关系和平发展是两岸同胞的共同事业，两岸同胞团结奋斗已经成为推动两岸关系和平发展的强大动力，关键是两岸同胞有能力、有智慧把两岸关系的前途掌握在自己在手中，面对和解决好前进道路上的问题。“六点意见”指出，“实现中华民族伟大复兴要靠两岸同胞共同奋斗，两岸关系和平发展新局面要靠两岸同胞共同开创，两岸关系和平发展成果由两岸同胞共同享有”；要最广泛地团结台湾同胞，在推动两岸关系和平发展、实现中华民族伟大复兴的道路上，共享一个伟大国家的尊严和荣耀，以做堂堂正正的中国人而骄傲和自豪。

三、和平发展的战略构想

面对如何抓住两岸关系战略机遇期、推动两岸关系和平发展的战略

---

① 胡锦涛关于新形势下发展两岸关系的“四点意见”，参见中国社会科学院台湾研究所：《新时期对台方针政策重要文献汇编》第4页。

② 胡锦涛会见参加两岸经贸论坛代表时的讲话，参见参见中国社会科学院台湾研究所：《新时期对台方针政策重要文献汇编》第47页。

任务，“六点意见”作为战略规划和决策，展现出对于两岸关系和平发展和实现和平统一的高度自信，提出了下一阶段对台工作的指导纲领和和平发展的基本框架。

（一）战略决策是和平发展的指导纲领

“六点意见”从政治、经济、文化、社会、涉外事务和谈判等方面完整、系统地论述了对台工作新战略，充分显示其前瞻性、战略性、正确性。一是“六点意见”丰富和发展了大陆对台方针政策。以胡锦涛为总书记的党的领导集体，以战略家的胆略和智慧、政治家的勇气和胸怀，领航者的时代精神和风貌，坚持“和平统一，一国两制”方针①，坚持“八项主张”②，坚持“四点意见”，在两岸关系实现重点转移、两岸关系进入和平发展的重要时刻，站在民族根本利益和国家核心利益的高度，以大视野大格局大胸怀，根据两岸关系和平发展的形势、要求和任务，提出了一系列新思维新举措新战略，为主导两岸关系发展、推动两岸关系和平发展与和平统一进程，构筑起新的路线、政策和理论建构。二是提出了和平发展的战略构想和基本框架。“六点意见”总结了30年来两岸关系发展的实践、成果和经验，提出了现阶段对台工作的主要任务，展望了通过和平加快发展、通过发展走向统一的美好前景，把长远目标和现实作为相结合，战略构想和战术要求相结合，宏观论述与微观指导相结合，和平发展与实现统一相结合，成为现阶段对台工作的指导纲领。

（二）现状论述是和平发展的基本前提

无论是先经后政，还是先易后难，都需要把两岸关系定格于一个国家内部事务，这不是预设立场，而是起码的政治定位和基本前提。“六点意见”对台湾问题的定性和定位，符合两岸关系实际，也找到了解决台湾问题的根本思路。台湾问题的形成，源于上世纪40年代中后期的

---

① 邓小平会见美国新泽西州西奈大学教授杨力宇时的谈话，参见《邓小平文选》第三卷，第30－31页。

② 江泽民：《为促进祖国统一大业的完成而继续奋斗》，参见《中共三代领导人谈台湾问题》第283－289页。

全面内战，源于美国为首的部分西方势力在冷战时期的反华政策。从这一前提出发，关于两岸关系的性质和现状的定位就不难解决。“四点意见”就提出“1949 年以来，尽管两岸尚未统一，但大陆和台湾同属一个中国的事实从未改变。这就是两岸关系的现状。这不仅是我们的立场，也见之于台湾现有的规定和文件。既然台湾和大陆同属一个中国，就不存在所谓大陆和台湾谁吞并谁的问题。”① 在这基础上，“六点意见”指出，台湾问题是“上个世纪 40 年代中后期中国内战遗留并延续的政治对立”，“两岸复归统一，不是主权和领土再造，而是结束政治对立”。根据两岸关系是“政治对立”的性质，两岸应该在事关维护“一个中国框架”这一原则问题上形成共同认知和一致立场，这样就有了政治互信的基础。在前两者的基础上，只要为了两岸关系和平发展的目标，只要抱着解决问题的态度，两岸什么事情都好商量。现在，有一些人把两岸关系和政治方面的问题看得很重很难，事实上只要有互信，只要有诚意，就能找到解决的办法，半年来两岸关系取得迅速重大进展就是明证。

（三）扩大交流是和平发展的推动力量

面对两岸关系的快速发展，特别是“三通”取得突破性进展后，人们关注面临金融危机冲击下的两岸如何进行经济合作，“六点意见”从海峡两岸共同发展、共同繁荣、追求双赢的战略格局出发，推动大交流大合作大发展的进程，强调从三个方面扩大交流。一是要继续推进经济大合作，扩大两岸直接“三通”，厚植共同利益，实现互利双赢。经济交流的近期任务是完成“两岸经济关系正常化和经济合作制度化”，签订两岸“综合性经济合作协议”，建立“更加紧密的两岸经济合作机制”，为共同抵御国际金融危机、加快两岸关系和平发展奠定更为扎实的物质基础、提供更为强大的经济动力。二是深化两岸文化交流。作为两岸关系和平发展的基本架构，文化交流占有特殊而重要的位置。中华文化培养起两岸同胞共同的文化特质和民族情怀，成为维系两岸同胞民

---

① 胡锦涛关于新形势下发展两岸关系的“四点意见”，参见《人民日报》2005 年 3 月 5 日。

族感情的重要纽带，也是实现和平统一的重要基础。“六点意见”强调两岸同胞要开展各种形式的文化交流，尤其要加强青少年交流，不断为两岸关系和平发展增添蓬勃活力。建议协商两岸文化教育交流协议，推动两岸文化教育交流合作迈上范围更广、层次更高的新台阶。三是扩大两岸人员交往。“六点意见”强调，要从增加两岸各界及其代表性人士交流、继续推动国共两党交流对话、积极回应任何有利于推动两岸关系和平发展的建设性意见、让台湾同胞在推动两岸关系和平发展发展中增进福祉等方面，全面推动和扩大两岸交流。

（四）理性务实是和平发展的客观需要

针对台湾近几年来出现的政治多元和社会思潮方面的新情况，根据两岸关系和平发展需要扩大反独阵营、实现两岸同胞大团结、落实寄希望于台湾人民方针的基本要求，“六点意见”指出，两岸同胞是血脉相连的共同体，“对于部分台湾同胞由于各种原因对祖国大陆缺乏了解甚至存在误解、对发展两岸关系持有疑虑”，“愿意以最大的包容和耐心加经化解和疏导”。为此，要从三个方面开展工作。一是强调“台湾同胞爱乡爱土的台湾意识不等于‘台独意识’”。在台湾流行“台湾意识”是十分正常的事情；有人借助“台湾意识”宣扬“台独意识”，更需要把“台湾意识”和“台独意识”区别开来。二是指出，“对于那些曾经主张过、从事过、追随过‘台独’的人，我们也热诚欢迎他们回到推动两岸关系和平发展的正确方向上来”。过去8年是“台独”势力执政，台湾社会存在激烈的“蓝绿两大阵营之争”，因而出现“三种人”不足为奇。做好这部分的转化工作，是贯彻寄希望于台湾人民、化解和疏导台湾社会中存在的对大陆误解和疑虑的主要方面。三是“希望民进党认清时势，停止‘台独’分裂活动，不要再与全民族的共同意愿背道而驰。只要民进党改变‘台独’分裂立场，我们愿意作出正面回应”。可以说，这是在民进党大败之际，大陆给民进党指明了方向，为民进党继续发挥政治作用找到了关键点。做好三方面的工作，是实现两岸同胞大团结、共同开创两岸关系和平发展新局面、共同享有和平发展成果和伟大国家的尊严与荣誉、做堂堂正正中国人的必由之路。

（五）政治突破是和平发展的重要任务

在两会制度化商谈开始运作后，两岸“三通”取得突破性进展后，人们都在思考要不要和如何提升两岸谈判的层次，如何启动两岸的政治关系。“六点意见”指出，两岸可以就在国家尚未统一的特殊情况下的政治关系展开务实探讨。从政治关系角度出发，主要突破口有三，一是探讨建立军事安全互信机制问题，两岸曾经有过 30 年的军事封锁，30 年的对峙下的交流，和平发展需要解决两岸军事对峙问题。二是协商正式结束两岸敌对状态，达成和平协议，构建两岸关系和平发展框架，两岸关系和平发展实现正常化、制度化和法律化。三是合情合理地安排台湾参与国际组织活动问题。早在 2005 年 4 月国共两党达成的“两岸和平发展共同愿景”中，议定“促进恢复两岸协商后，讨论台湾民众关心的参与国际活动的问题，包括优先讨论参与世界卫生组织活动的问题”①。在以后的各种场合，胡锦涛多次强调，“关于台湾同胞参与国际活动的问题，我们了解台湾同胞在这个问题上的感受。通过两岸进行协商，这些问题会找到解决办法。”②“六点意见”指出，在坚决反对任何外国势力干涉的情况下，继续维护台湾同胞在国外的正当权益，协商“台湾同外国开展民间性经济文化往来的前景”，在不造成“两个中国”和“一中一台”的情况下，可以通过两岸务实协商，合情合理安排台湾参与国际组织活动问题。两岸关系和平发展要想有大的进展，必须在上述三大议题有协商结果。只要接受“九二共识”，谈判政治议题就能启动，就能达成共识。

“六点意见”完整和科学地构建起两岸关系和平发展的战略架构，为两岸关系和平发展展现出光明发展的前景。

---

① 《胡锦涛总书记与中国国民党主席连战会谈新闻公报》，参见《人民日报》2005 年 4 月 30 日。

② 胡锦涛同中国国民党主席吴伯雄举行会谈，参见《人民日报（海外版）》2008 年 5 月 29 日。

四、对台论述的重大创新

在纪念《告台湾同胞书》发表30周年和两岸关系和平发展的关键时刻，“六点意见”与时俱进，科学发展，根据两岸关系和平发展的实际需要，实现了对台工作相关的政治、理论和政策等方面的突破，丰富了党的和平统一理论，是对台方针政策的重大理论创新。

（一）对台工作新战略的又一光辉文献

从战略设计和政策指导层面讲，5年多来，在“一国两制”、“八项主张”为核心的对台大政方针基础上，胡锦涛先后9次在重要场合发表对台论述①，揭示两岸关系的基本规律，指导对台工作的开展。除了在党的十七大上作全面论述外，在党的十七大上是全面论述台湾问题和两岸关系外，2003年3月11日、2005年3月4日、2008年3月4日，是分别与参加全国人大或政协会议的台湾、民革、台盟、台联代表团时的谈话，都是以“四点意见”的方式发表。2005年4月29日会见中国国民党主席连战、2005年5月12日会见亲民党主席宋楚瑜、2005年7月12日会见新党主席郁慕明、2006年4月16日会见中国国民党荣誉主席连战、2008年5月28日会见中国国民党主席吴伯雄时的谈话，也是以“四点意见”的方式发表重要谈话。

其中最有代表性的是2005年3月4日，看望参加全国政协十届三次会议民革、台盟、台联界委员时发表的“坚持一个中国原则决不动摇，争取和平统一的努力决不放弃，贯彻寄希望于台湾人民的方针决不改变，反对‘台独’分裂活动决不妥协”的“四点意见”，成为对台政策的核心文件。2006年4月16日会见中国国民党荣誉主席连战和两岸经贸论坛与会人士时，发表了“四点意见”，首次提出了牢牢把握两岸关系和平发展主题的问题，成为两岸关系和平发展的指导性文件。2008年5月28日，胡锦涛会见同中国国民党主席吴伯雄时，发表了“四点意见”，提出了“建立互信、搁置争议、求同存异、共创双赢”的“十六

① 参见 http：//www. chinareviewnews. com，2009 -01 -01 00:21:36.

字方针”，成为海协会和海基会复谈的指导方针和两会商谈的基本准则。正是在“四点意见”的指引下，大陆出台了一系列以加快大陆发展、遏制“台独”、惠及台胞和开展政党交流为主体的对台工作新战略，迎来了两岸关系战略机遇期与和平发展的新局面。

在两岸交流需要扩大领域和提升层次、在两岸关系和平发展需要全面推进的重要时刻，胡锦涛在纪念《告台湾同胞书》这一历史性文献发表30周年时，就“携手推动两岸关系和平发展，同心实现中华民族伟大复兴”提出了“六点意见”，是对5年多来的“对台意见”的总归纳，涵盖了过去9次谈话的主要内容，形成了完整严密的论述体系。“六点意见”在总结两岸关系发展规律的基础上，对于两岸关系和平发展的实践来说，指导思想更为鲜明，战略设计更为完美，政策结构更为系统，理论论述更为丰富，实践基础更为扎实，主攻方向更为明确，推动交流更为务实，开展工作更为主动。

（二）对台论述和政策的重大创新

作为今后相当长时期主导两岸关系发展的纲领性文件，“六点意见”登高望远，审时度势，在坚持原则的同时，显示出更多的新内涵、新思维、包容性、务实性、开放性和可操作性，集中体现出对台论述的重大创新。

第一，确定台湾问题的性质是“政治对立”。

对台湾问题的正确定性，关系到两岸对话和交往立场的基础，关系到两岸关系和平发展的进程，关系到两岸关系发展的方向。关于台湾问题的性质，存在着诸如“制度之争”、“贫富之争”、“民意之争”、“特殊两国”、“吞并与反吞并之争”和“一边一国”等不符合两岸关系现状的观点和主张，干扰和破坏两岸关系的正常发展。大陆也在不同时期和背景下，关于一个中国原则提出过不同的说法，在当时曾经起过重要作用。随着两岸关系和平发展阶段的到来，“六点意见”认为，台湾问题的性质，“是上个世纪40年代中后期中国内战遗留并延续的政治对立，这没有改变大陆和台湾同属一个中国的事实。两岸复归统一，不是主权和领土再造，而是结束政治对立。”也就是说，台湾问题的性质是“中国内战遗留并延续的政治对立”；两岸关系现状是大陆和台湾尽管尚未统一，“没有改变大陆和台湾同属一个中国的事实”；前途是“两岸复归统一，不是主权和领土的再造，而结束政治对立”。这样的定性，可以在对台湾进行政治定位时，更多地从“内战遗留并延续的政治对立”角度进行思考。

第二，推动实现“两岸经济关系正常化”和“两岸经济合作制度化”。

在“三通”基本实现后如何深化两岸经济合作，如何共同抵御国际金融危机的冲击，两岸加强金融领域的合作、实现两岸经济关系正常化和经济合作制度化是必由之路。台湾方面认为，为了避免台湾经济边缘化，两岸需签署“综合性经济合作协议”，即 CECA（Comprehensive Economic Cooperation Agreement）作为两岸经贸合作的基本架构。大陆对于签订类似协定也有相当意愿，有意借鉴港澳和内地签署的 CEPA（Closer Economic Partnership Arrangement）的经验，与台湾也签订类似的协议。其实两岸对于协议名称的歧异并非关键，而在于协议的具体内容。如果“双化”完成，将对两岸经贸关系带来深远影响：两岸经济合作形式实现直接、双向、全面，在人流、物流、资金流等方面都将实现自由流通，两岸经济合作逐步走向制度化、规范化，两岸投资实现“双向化”两岸经济合作将进一步深化，两岸共同利益将进一步增加，进而两岸关系和平发展基础更加雄厚。

第三，提出“台湾意识”不等于“台独意识”。

“六点意见”指出，“台湾同胞爱乡爱土的台湾意识不等于‘台独意识’”。这是大陆首次针对台湾主要社会意识和思潮表达意见，具有特殊的意义。“台湾意识”流行很久，主要表现为开发台湾、爱惜台湾、宣传台湾、不忘故乡和历史等内涵，以往只是一种地域乡土意识。在台湾政治转型过程中，逐渐异化。特别是经过李登辉和陈水扁等的灌输、煽动、扭曲，“台湾意识”几乎成为“台独”的重要社会思想基础，成为“台独”势力敌视、对抗大陆的主要民意基础与手段。从中可以看出，“台湾意识”是长期在历史脉络中自然形成的认同台湾的一种情感，“台独意识”则是要把台湾从中国分裂出去的一种企图。把“台湾意识”和“台独意识”分开，具有很强的现实意义。对于广大台湾同胞来说，有一些“台湾意识”是正常的，因而肯定爱乡爱土的“台湾意识”，有利于孤立极小部分的“台独分子”，有利于扩大岛内反独阵营，有利于贯彻寄希望于台湾人民的方针。

第四，提出“只要民进党改变‘台独’分裂立场，我们愿意作出正面回应”。

“六点意见”在继续重申“对于那些曾经主张过、从事过、追随过‘台独’的人，我们也热诚欢迎他们回到推动两岸关系和平发展的正确方向上来”等主张的同时，针对民进党，一方面“希望民进党认清时势，停止‘台独’分裂活动，不要再与全民族的共同意愿背道而驰”；一方面表示“只要民进党改变‘台独’分裂立场，我们愿意作出正面回应”。“六点意见”第一次直接点明民进党，是在提醒民进党应该跟上推动两岸关系和平发展这一全民族的步伐，同时表明大陆对民进党的期待和既往不咎的态度，对于广大的民进党人和追随者、支持者来说，不管过去在“台独”方面做过什么事，说过什么话，只要支持两岸关系和平发展，大陆都会热诚欢迎。这是胡锦涛代表中央，第一次在重要场合，公开阐述对民进党的政策，表示出大陆高度重视民进党的存在和对民进党的期待，愿意为民进党在放弃“台独”后继续发挥政治作用提供两岸关系大平台，显示出很大的包容性和开放性。

第五，“合情合理安排”台湾参与国际组织活动问题。

就台湾方面的涉外事务论，参加国际组织是台湾方面的重点。马英九上台后，继续高度重视台湾的“国际空间”问题，但重点主要是争取台湾的实际利益，并且正在降低台湾扩大“国际空间”的声音，避免与大陆的对抗。在参与国际组织及其国际活动方面，马英九提出要“弹性务实低调争取参与国际组织及国际活动”。参与一些国际法和相关组织法允许的功能性国际组织的活动，也是台湾同胞的愿望和要求。从具体情况出发，“六点意见”表示，考虑到台湾同胞对参与国际活动问题的感受，也为了减少两岸在涉外事务中避免不必要的内耗，在不造成“两个中国”、“一中一台”的前提下，可以通过两岸务实协商，合情合理地解决台湾参与国际组织活动问题。“六点意见”的上述表态，充分显示出大陆对台湾的诚意和善意，为台湾方面预留了较大且灵活的空间。当然，涉外事务牵涉的问题很多，台湾方面不能过分着急，而要有步骤分层次分阶段解决。

第六，扩大两岸对话议题。

“三通”以后怎么办？进入两岸关系和平发展阶段后如何实现政治突破？在适当时机启动政治对话，已经成为两岸关系发展和两岸对话的必然。“六点意见”为人们揭示了启动政治谈判的方向：一是两岸可以就“在国家尚未统一的特殊情况下的政治关系展开务实探讨”。围绕内战遗留和延续的政治对立，两岸双方的政治定位和60年的政治对立形成的隔阂，要想短期内顺利解决有难度，因此先展开务实探讨。二是探讨建立军事安全互信机制问题，两岸开展军事接触和交流，就台湾同胞关心的导弹问题作出安排，以及最终建立军事安全互信机制，应该可以减轻台湾方面存在的“军事安全顾虑”，有利于稳定台海局势。三是签订《和平协议》。台湾问题是内战的遗留和延续的政治对立，因此有必要协商正式结束两岸敌对状态问题，签订《和平协议》，从政治、军事、涉外、经济、金融等方面，构建两岸关系和平发展框架。

和平发展要有新思想，开创新局要有新思路，争取民意要有新突破，对台交流要有新水平。两岸关系和平发展是新的事业和新的创造，需要新的理论新的政策。对台论述的理论创新，都是围绕两岸关系中的重点、要点、难点和最为迫切需要解决的问题展开，既丰富了祖国统一理论宝库和对台大政方针，更将推动两岸关系和平发展继续前进。

两岸关系和平发展是新的事业和新的创造，需要新的理论新的政策。对台论述的理论创新，都是围绕两岸关系中的重点、要点、难点和最为迫切需要解决的问题展开，既丰富了祖国统一理论宝库和对台大政方针，更将推动两岸关系和平发展继续前进。

第二章 “反独遏独”是实现和平发展的重要因素

纵观2008年，对两岸关系发生影响最大的事件是“台独”当局的下台，泛绿阵营接连遭到重挫。“六点意见”指出，“台独”分裂势力及其分裂活动违背两岸同胞共同利益，损害中华民族根本利益，拂逆中国发展不可阻挡的历史潮流，是对两岸关系和平发展的最大威胁，必然遭到两岸同胞共同反对。陈水扁当局败选下台，标志着大陆开展的反独斗争取得了重大的阶段性胜利，蓝绿对峙态势出现有利于泛蓝军的变化，为两岸关系和平发展缔造了相应的政治基础。

一、“反独遏独”奠定了和平发展的政治基础

进入2008年，两岸关系之所以成功实现由“紧张对峙”向“和平发展”的转变，关键是针对过去8年间陈水扁当局利用执政机会、大肆进行“台独”活动的威胁，大陆针锋相对，胜利进行“反独遏独”斗争的结果。

（一）“反独遏独”是实现和平发展的重要因素

在两岸关系的发展过程中，特别是对两岸关系和平发展新局面的形成，“反独遏独”斗争具有特殊的作用。

1. 和平发展的政治保障

在中国国家利益的诸多内涵中，主权和领土完整属于至高无上、不容放弃的绝对利益，它与中华民族的整体利益紧密一体，因此国家安全的核心是要维护主权和领土的完整。在两岸暂时分离、内有“台独”分裂势力在活动，外有国际反华势力明里暗助“台独”分裂活动的情况

下，近60年来，中国领导人始终牢牢把握一个中国原则，强调世界上只有一个中国，大陆和台湾同属一个中国，中国的主权和领土完整不容分割，绝不允许“台独”分裂势力以任何名义、任何方式把台湾从中国分裂出去。随着陈水扁当局在台湾地区执政，一方面“台独”分裂势力已经成为破坏两岸关系和台海稳定、断送和平统一前景、危害中华民族根本利益的最大威胁；一方面两岸交流在祖国大陆推动下、在两岸同胞支持下继续向前发展。面对两岸关系发展过程中的这一特殊现象，大陆对台工作重点，由以促进两岸协商和统一为主调整为以“反独遏独”、维护台海地和平与稳定为主，“坚决制止旨在分裂中国的台湾‘独立’活动，维护台海和平稳定，是两岸同胞最紧迫的任务”。胡锦涛指出“维护国家主权和领土完整，是国家的核心利益”，“任何人要危害中国的主权和领土完整，13亿中国人民坚决不答应”，“在反对分裂国家这个重大原则问题上，我们决不会有丝毫犹豫、含糊和退让”①。“5·17声明”指出，“在中国人民面前，没有任何事情比捍卫自己国家的主权和领土完整更为重要，更为神圣”，“如果台湾当权者铤而走险，胆敢制造‘台独’重大事变，中国人民将不惜一切代价，坚决彻底地粉碎‘台独’分裂图谋”②。《反分裂国家法》更是明确规定只要出现“‘台独’分裂势力以任何名义、任何方式造成台湾从中国分裂出去的事实，或者发生将会导致台湾从中国分裂出去的重大事变，或者和平统一的可能性完全丧失”③ 等三种情况，国家得采取非和平方式及其他必要措施，捍卫国家主权和领土完整，由国务院、中央军事委员会决定和组织实施。反对“台独”的挑衅，遏制“台独”的政治冒险，成为过去数年间维护国家安全和国家核心利益的主要措施。在有效遏制“台独”蔓延、确保国家主权和领土完整的前提下，两岸关系和平发展成为现阶段的核心利益；同样，两岸关系和平发展又能为“反独遏独”创造更好的政治、民意、社会和经济条件。

---

① 胡锦涛关于新形势下发展两岸关系的“四点意见”，见《人民日报》2005年3月5日。

② 中台办、国台办就当前两岸关系问题发表严正声明，见《人民日报》2005年5月17日。

③ 《反分裂国家法》，见《人民日报》2005年3月15日。

2. 促进发展的根本保证

祖国统一战略和国家的总体发展战略、综合国力必须是相适应、相配合的关系，必须服从和服务于国家的总体发展战略。进入90年代以后，随着冷战的结束，西方反华势力加快了利用台湾问题牵制、削弱中国的步伐，以李登辉为首的台湾当局背离一个中国原则的真面目也逐步暴露，并采取了一系列实际的分裂步骤，蓄意破坏中国的主权和领土完整；2000年陈水扁当局上台后，更是利用执政地位竭力推动“台独”进程，分裂势力的种种分裂活动，对中国和平发展与和平统一构成严峻挑战，严重干扰中国的现代化建设。对此，以江泽民为核心的第三代中央领导集体和以胡锦涛为总书记的党中央，从战略高度，开始把对台工作重点，由以促进两岸协商和统一为主逐步调整到以“反独遏独”、维护台海地区和平与稳定上来，一方面强调不惜一切代价捍卫一个中国原则，绝不容忍、决不姑息、绝不坐视任何分裂中国的图谋得逞，“如果台湾当权者铤而走险，胆敢制造‘台独’重大事变，中国人民将不惜一切代价，坚决彻底地粉碎‘台独’分裂图谋”①。特别是在2005年3月14日出台《反分裂国家法》，对“台独”分裂国家主权和领土完整的行为，形成了足够的战略威慑力。一方面强调继续坚持“和平统一、一国两制”方针决不动摇，只要承认一个中国原则，承认“九二共识”，不管是什么人、什么政党，也不管他们过去说过什么、做过什么，我们都愿意同他们谈发展两岸关系、促进和平统一的问题。只要和平统一还有一线希望，我们就会进行百倍努力。只要是对台湾同胞有利的事情，只要是对促进两岸交流有利的事情，只要是对维护台海地区和平有利的事情，只要是对祖国和平统一有利的事情，我们都会尽最大努力去做，并且一定努力做好②。显然，在处理祖国统一问题上，中国政府和中国共产党始终能够把握大局，紧紧抓住现代化建设这一核心，讲究原则与策略，及时排除“台独”的干扰和破坏，保证经济的健康发展和综合实力的正常增长，为两岸关系和平发展提供不可缺少的实力基础。

---

① 中台办、国台办就当前两岸关系问题发表严正声明，参见《人民日报（海外版）》2005年5月17日。

② 胡锦涛关于新形势下发展两岸关系的“四点意见”，参见《人民日报》2005年3月5日。

3. 推进统一的重大举措

台湾向何处去，“台独”势力在分裂祖国的道路上能走多远、多快，台湾问题能否以和平的方式尽快解决，最终都将取决于中国自身实力的发展壮大，取决于中国人民打击“台独”、推进统一的决心和意志，其中最关键的因素就是实力，统一是实力发展到一定程度的必然结果。因此，邓小平一再告诫，在台湾问题上“不要急，也急不得，要冷静、冷静、再冷静，埋头苦干，做好一件事，我们自己的事”①。现在的问题是，在中国大陆自身的综合国力和国防实力，还没有形成对解决台湾问题时所需要的，对西方反华势力的绝对防范能力，对“台独”的绝对压制能力，对台湾同胞的绝对吸引能力之前，已经出现李登辉、陈水扁式的“台独”冒险行动。他们利用执政资源和舞台，加快推动“渐进台独”和“法理台独”，两岸关系的危机在增加。对此，祖国大陆从政治、经济、军事、外交、法律、文化等各个领域，采取了有力的“反独遏独”措施，有效压缩“台独”空间。一方面确保“九二共识”为基础的两岸关系基本格局与发展趋势不被任何势力所破坏，制止台湾当局的分裂图谋，促使大陆更有信心、有决心、有能力、有办法推进两岸关系朝着和平统一的方向迈进；一方面确保抓住战略机遇期，更好地促进两岸经济、文化等各方面的发展，为两岸经济合作以及各方面的交流交往提供更大的机遇和空间，注入更强的动力，不仅提升了两岸经济一体化的程度，更进一步增大了台湾民众对中国和平统一的向心力与凝聚力。反独斗争的实践表明，正是因为“反独促统”的进行，对于广大台湾同胞来说，认识到“台独”是一条走不能的死路，认识到建立两岸政治互信的重要，认识到和平发展追求双赢的好处。对于大陆来说，统一关系到国家的核心利益，关系到民族感情所在，关系到中华民族的复兴和腾飞，反独斗争的胜利更加坚定了大陆实现祖国统一的决心和信心。

没有“反独促统”斗争，就没有今天的两岸关系和平发展，就没有两岸关系的战略机遇期，也没有两岸互信逐步确立、两会商谈制度化、两岸交流不断扩大的新局面，两岸关系也不会出现令人鼓舞的开端。

---

① 《邓小平文选》第三卷，第321页。

（二）反独斗争取得阶段性重大胜利

面对“台独”已经成为国家安全和破坏两岸关系和平发展的重大隐患，“事实一再证明，陈水扁确实是台湾岛内、两岸关系、亚太地区的麻烦制造者”。“台独”和反“台独”的斗争，“是捍卫还是破坏台海和平的激烈较量，是发展还是毁灭两岸关系前途的激烈较量，是维护还是损害两岸同胞根本利益的激烈较量”。大陆反复指出，“陈水扁通过‘宪改’进行‘台湾法理独立’活动的冒险性、危险性继续上升，一旦得逞，势必造成两岸关系高度紧张，严重威胁台海地区乃至亚太地区的和平与稳定。坚决反对和制止陈水扁通过‘宪改’进行‘台湾法理独立’活动，是当前我们最重要、最紧迫的任务”①。

在“反独遏独”斗争中，大陆在揭露和批判“台独”本质的同时，强调要把“台独意识”和“台湾意识”区分开来；在维护国家主权的同时，强调要保护台湾人民的权利，落实“一国两制”；在遏制和打击“台独”进行的分裂国家活动的同时，要充分保护台湾同胞的合法利益。因此，“反独”斗争难度很大，要求很高，是一场新时期的特殊的政治考验和战斗洗礼。“反独遏独”的实践表明，发展两岸关系、推动统一进程，既是实力的较量，更是战略战术的较量；既要惩罚“台独”活动，又要争取台湾民心；既要清除两岸关系中的消极因素，又要推动两岸交流的前进；既要阻止任何分裂祖国的行为，又要不干扰祖国大陆的建设。总之，“反独遏独”的展开，既保证大陆沿着战略机遇期内的和平发展新道路胜利前进，又为实现两岸关系和平发展、最终实现中国统一创造条件。

1. 两岸形势出现有利于和平发展的转变

在大陆的“反独遏独”的强大攻势面前，陈水扁当局的“台独挑衅”没有得逞，“台独”声势不断下跌，促使两岸关系出现了有利于和平发展的转变。

一是大陆牢牢掌握两岸关系主导权。大陆政治、经济的基础越来越好，国际地位越来越高，进而对岛内民心的吸引力、对“台独”分裂势

---

① 参见2004年5月17日中台办和国台办声明、2006年2月28日中台办和国台办声明。

力的遏制力进一步增强，这就从根本上为两岸关系和平发展提供了必要的前提与重要的保证。同时，在对台工作方面，对于解决台湾问题的难度和复杂性，对于“反独遏独”与维护国家核心利益的关系，两岸同胞有着充分的共识。大陆根据国家总体发展战略和岛内外新形势，坚决贯彻“四点意见”、《反分裂国家法》和十七大政治报告为核心的对台工作新战略，牢牢掌握两岸关系的主导权，促使2005年以来的岛内政局和两岸关系向有利于和平发展方向的转变，无论是“反独遏独”，还是贯彻寄希望于台湾人民的方针、推动两岸交流都取得很大成效，对争取台湾民心、推动两岸关系和平发展、促进和平统一的影响力越来越大。

二是两岸交流的发展加深了两岸互相了解和互信。两岸交流和人员往来，密切了两岸关系，增强了台湾同胞对中华民族的认同，强化了中华文化的凝聚力，这是实现两岸统一的强大的情感支柱，是推动统一进程的原动力。此外，近30年来，大陆积极推动两岸经贸和鼓励台商投资，大陆成为台湾的第一大出口市场、最大贸易顺差和外汇储备来源地、最大投资地区和最多人员交流区，两岸经济关系的发展直接带动了台湾经济的转型与产业升级，大陆对台湾经济增长的贡献达2个百分点。借助大陆市场加快台湾发展的重要性，已经让越来越多的台湾各界人士感觉到两岸“三通”的重要性。正是在两岸经贸带来的实际利益中，两岸经贸作为“反独遏独的经济防线”的作用正在不断显现，为两岸加强了解、增加互信、实现和平发展打下良好基础。

三是岛内政治生态出现了有利于反“台独”方面的转化。自李登辉主政台湾以来，“台独”从非法到合法，从合法到蔓延，从蔓延到执政，自陈水扁借助“3·19两颗子弹”连任时达到顶峰，以后开始呈现下降趋势，原因是执政失误民众没有得到实惠、陈水扁执政集团疯狂贪污、“反独遏独”让台湾社会逐渐认清“台独”的危害。与泛绿军气势下跌相反，泛蓝军气势开始全线回升。泛蓝军主张，停止“台独意识形态治政”，稳定政局发展经济；在“九二共识”的基础上，启动两岸对话，发展两岸交流，推动两岸“三通”；特别是在2005年4、5月间实现连战和宋楚瑜访问大陆，在两岸政党交流上迈出重要一步。泛蓝军认识到“台独”的破坏性和“反独遏独”的必要性，根据主流民意，提出有利于台湾社会稳定和经济发展的政策，牢固建立起反击“台独”的前沿阵地。

四是岛内社会主流民意反对“台独”。“台独”执政以来，与“亚洲三小龙”相比，经济增长率年均减少约3至5个百分点，国民总产值年均少增长约4000亿台币，经济衰退造成约500万个家庭减收增支。“台独挂帅”导致政治运转的社会成本大幅增加，族群矛盾和统独冲突导致社会被撕裂。此外，两岸关系高度紧张，台湾的国际空间不断萎缩。“台独”让台湾社会付出了无法弥补的代价，“台独”的危害深深教育了广大台湾同胞。尽管，李登辉和陈水扁当局极力培植“台独国家认同”、“台独主体性”、“台独本土化”和“台独意识”等各类分裂意识，极力推行“渐进台独”和“法理台独”，问题是台湾民意没有出现泛绿军所希望的变化，在“维持现状”的情况下“求和平求安定求发展”，依然是民意的主流。特别是“台独有害论”的出现，成为反“台独”阵营的重要民意基础。

五是国际“一个中国格局”更加稳固。对于“台独”当局一再利用国际舞台，挑战一个中国原则，争取所谓“国际法人资格”，以实现台湾是“主权独立国家”的国际法律定位的图谋，美国反复强调“一个中国政策”没有改变，不支持“台独”的立场没有改变。美国的“一个中国政策”，成为国际社会“一个中国格局”的重要基础，为中国遏止“台独”、维护国家安全创造了有利的国际大环境。陈水扁当局的“极端台独”主张和行为，没有得到国际间的呼应，以美元“铺路”、宣扬“台独”为目的“过境外交”、“点火外交”、“烽火外交”、“入会外交”换来的是失败，是“台独”的国际空间不断被压缩。“台独外交”的失败，是国际外交的大势所致，是绝大多数国家和国际组织的正确选择，为中国人民开展“反独遏独”斗争、推动和平发展，提供了较为有利的国际环境。

六是认识到两岸关系和平发展重要性。过去8年，台湾与大陆的经济差距由2000年7.45万人民币，扩大到21.36万人民币（2000年时大陆约为97000亿，台湾约为22500亿；2007年大陆约为246000亿，台湾约为32400亿），大陆与台湾的差距由4.3比1拉大到7.59比1，大陆加速发展、台湾步履缓慢的局面，让两岸民众进行理性务实思考，“维持现状”、“和平发展”成为社会主流民意，求和平、促发展、谋合作是时代的潮流，开始成为两岸关系发展的主题。“构建两岸和平发展框架，开创两岸关系和平发展新局面”，符合海峡两岸现状，符合两岸主流民意，符合台湾社会转型、经济提升的需要，是所有中华民族成员的共同心愿，也是国际社会的普遍期待。从近期看，“反独遏独”，扩大交流领域和提升交流层次，推动全面直接双向“三通”，是确保两岸关系和平发展的关键；从远期看，推动两岸关系前进，实现和平统一，是坚持和平发展的必然结果。

“反独遏独”实践教育了两岸同胞，“建立互信，搁置争议，存异求同，追求双赢”① 开始成为两岸关系和平发展的基本原则和主要途径，“扩大两岸同胞的共同利益，实现两岸同胞大团结”② 成为新的思考方向。

2. 陈水扁当局败选下台

从全局看，“台独”危害和“反独遏独”的深入，形成了遏制“台独”蔓延的有利环境，陈水扁依靠“两颗子弹”连任成为泛绿军由盛转衰的转折点。

（1）泛绿军态势由盛转衰

从泛绿军的增长态势看，在党外时期直到20世纪90年代初期的开放“中央民意代表”选举时，泛绿军前身党外和民进党的得票率是约30%左右，以后稍有增长，其中1996年3月台湾地区领导人第一次选举时得票只有21%、1998年12月的第4届“立委”选举时得票率是29.56%。到2000年3月陈水扁胜选台湾地区领导人的选举时，得票为39.3%，接近四成。2001年12月第5届“立委”选举得票率是41.3%（其中民进党得票率为33.38%，台联党8%），2004年3月台湾地区领导人选举得票率是50.11%，达到最高峰。从力量对比看，以蓝绿“净得票对比”计算，最初是国（民党）七民（进党）三，2000年3月是国（泛国民党）六民（泛民进党）四，2001年12月是蓝五成五绿四成五，2004年3月是蓝49.89%绿50.11%。从中可以看出，对于泛绿军

① 胡锦涛同中国国民党主席吴伯雄举行会谈，参见《人民日报（海外版）》2008年5月29日。

② 陈云林就当前两岸关系问题发表谈话，参见《人民日报（海外版）》2008年5月23日。

关键性的第一个“一成”，即由三成增加为四成，用了12年，增长至四成使得民进党具备了挑战国民党的实力。第二个“近一成”，即由四成增加为五成，用了4年时间，增长至五成使得泛绿军异常疯狂。

泛绿增长的趋势得到遏制，是在陈水扁借助“3·19两颗子弹”连任后。由于连任成功，陈水扁和民进党得意忘形，喊出了实现民进党“长期执政”的口号，同时出现“台独”气焰嚣张、执政没有政绩、贪污腐败盛行、内部矛盾激化、两岸关系紧张等重大失误，造成泛绿军在执政过程中全面被动，支持率开始全线下跌，社会民意开始出现有利于泛蓝军方面的变化。在2004年12月第6届“立委”选举中，泛绿军得票率为43.5%，在225席的“立法院”只有101席，未能过半。在2005年12月的“三合一选举”中至关重要的县市长选举中，泛绿军空前大败，得票率为43.08%，在23席县市长中只取得南部（云林和嘉义县、台南县市、高雄和屏东县）的6席。在2006年12月的北高市长选举中，泛绿军在台北市大输，只得精心策划奥步才拿下高雄市。在2008年1月的第7届“立委”选举中，泛绿军大输，得票率为40%，只获得占“立委”总数24%、27席的席位。在2008年3月22日的台湾地区领导人换届选举中，代表泛绿军参选的谢长廷大输，得票率为41.55%，民进党失去执政机会。蓝绿双方力量对比，以蓝绿“净得票率”计算，2004年12月是蓝51.19%绿48.1%，2005年12月是蓝54.9%绿45.1%，2008年1月是蓝六成绿四成，2008年3月是蓝五成八绿四成二。从中可以看出，泛绿军经过4年，由高峰时的五成一一降为四成左右。同时，台湾政局实现政党轮替，反对“台独”的国民党和马英九上台执政，民进党在掌权8年后失去执政舞台，陈水扁当局极力推动的“法理台独”、“入联公投”也宣告失败。

（2）民进党败选原因分析

实现第二次政党轮替，并非偶然，有其必然性。陈水扁当局在执政8年间失误连连，是其失败的根本原因。

一是“台独”不得人心。陈水扁的“台独”重点有，推进“渐进台独”，实施“去中国化”、“文化台独”、“台湾正名”、“军事台独”；宣扬“一边一国论”，明确亮出“台独目标”，加紧向民众灌输“台湾意识、台湾主体性、台独国家认同”等“台独观念”；制订“公投台独机制”，先后完成“公民投票法”、“修宪案”和“公投入宪”，完善实现“法理台独”所需要的法律和政治体制，与此相配合的是，自2007年6月起全面推进“入联公投”。陈水扁当局的“台独之路”是，通过推进“渐进式台独”，扩大“台独”的社会基础；通过“公投入宪”和“入联公投”，落实“一边一国论”，完成“法理台独”。问题是“台独执政”带来的是经济衰退、政局动荡、基本矛盾激化、两岸关系紧张的结果，民众没有得到起码的实惠，“台独”当然无法换来民进党想要的选票。

二是执政没有政绩。民进党当局执政3年多来，执政失误很多，集中体现为没有政绩。“拼台独、拼选举、拼连任”造成朝野之争激烈，引起政局连绵不断的动荡；坚持“台独挂帅”，利用民粹主义，激化社会矛盾，挑拨族群冲突，拉高省籍对立，社会基本矛盾的错位，加剧了社会的病态和动荡；推行“法理台独”和“挑衅外交”，自我制造的麻烦压缩了自身的国际空间，同时造成两岸政治关系高度紧张；阻挠“三通”和推行“积极开放，有效管理”下的限制政策，致使台湾经济缺少复苏和再上台阶的动力；社区文化和人文环境建设，受到“台独挂帅”和朝野之争的严重干扰；扫黑成为选择性办案、改革流于形式，染黑了民进党当局上台时打出的两面大旗——“扫黑和改革”；教育改革缺少可行性，造成教育领域的混乱和全社会的骚动。施政失误和缺少政绩成为民进党败选的直接原因。

三是疯狂贪污腐败。陈水扁一家和民进党高官集团的贪污，成为民进党执政8年最重要的特征。从台湾媒体揭露的材料看，陈水扁一家经济犯罪有：利用各种手段侵吞“国务机要费案”、利用特权索取和接受巨额贿赂、销毁证实其贪污的绝密公文、借用非法渠道洗钱以把巨额来源不当财产转移海外、破坏司法调查拒不交代犯罪行为。民进党高官集团经济犯罪，牵涉面广，涉案人多，案犯层级高，集团性、共犯性和政策性犯罪性质明显，“总统府”、“行政院”、“国安会”和公营企业等一批负责人涉案。其中“行政院”中有“副院长”、八大部中有“内政、国防、外交、财政、经济、交通、法务”等七个部负责人涉案①。对此，陈水扁一家和民进党高官贪污集团不仅顽固抗拒交代罪行，而且还辩解贪污是“转型正义”，是为“台独建国”准备资金。如此巨贪，确实无法让选民服气。

四是内部争权夺利。自2006年9月“百万人反贪倒扁”起，“后扁时期”来临，就政治权力分配来说，党内关注的问题有，放肆捞钱和百般辩解的陈水扁要不要退出权力中心？谁来决定和谁来出任民进党“总统”参选人？谁来控制如果败选后的民进党？面对民进党出现的权力交班问题，陈水扁利用权力和“极端台独”，胁迫吕秀莲、苏贞昌、谢长廷和游锡堃等“四大金刚”，以及民进党内的主要派系为其所用，极力巩固自己的权力地位。以“新潮流系”和“十一寇”为代表的务实派要求陈水扁交班，民进党与陈水扁切割，务实派遭到“拥扁派”和受其胁迫的其他派系的全力封杀。四大天王与陈水扁面和心不和，开始寻找自我发展的空间。“四大金刚”在被陈水扁分化的同时，各自寻找新的发展空间，谢长廷突破陈水扁的封杀，得以参选，但始终无法得到党内实力派的一致支持。

五是选举策略陈旧。在第7届“立委”选举和台湾地区领导人换届选举中，民进党选举策略和手段“八年一贯制”，即推行“台独”和抹黑泛蓝。“台独”新招是“入联公投”，成为民进党主打两场选举的法宝，发起一波又一波高潮。结果是在祖国大陆、联合国、美国和绝大多数国家、岛内主流民意反对之下，“入联公投”不仅没有起到催票效果，反而赞成率由2007年4月间的七成左右下降到三成左右，在“公投”时因得票只有35.82%而被否决。抹黑泛蓝军成为民进党和谢长廷的主要战术。针对马英九的高人气，民进党的主要招数是败坏马英九的“政治圣人”形象，丑化和抹黑泛蓝军负责人，基本做法是进行人身攻击、造谣、侮辱、谩骂。应该说，2008选举除了是“台独路线和政策”的失败外，也是惯于制造选举议题的陈水扁在控制选举议题和话语权方面的重大失败。

---

① 《扁朝弊案八大“部会”几近全倒　堪称世界第一》，参见 http：//www.chinareviewnews.com，2008－10－17 01:09:03.

民进党败选和陈水扁离职，使得“极端台独”失去了推动力量，“法理台独”失去承载主体，两岸关系和平发展排除了最大障碍。

二、两岸关系战略机遇期的到来和任务

在两岸同胞共同努力下，台湾局势发生重大的积极变化，两岸关系呈现良好发展势头，为贯彻执行十七大政治报告确立的对台工作新战略，为开创两岸关系和平发展新局面准备了必要条件。

（一）两岸关系和平发展阶段的到来

随着陈水扁下台和反对“台独”的马英九上台，有利于两岸关系良性互动的因素在增长，两岸关系的负面因素受到相当程度的遏制，为两岸关系带来难得的战略机遇期。

1. “和平发展”成为两岸关系主题

两岸关系发展蓝图的最初设计和提出，是在2006年4月16日，胡锦涛总书记在会见来访的中国国民党荣誉主席连战时，第一次系统论述了两岸和平发展的思想，指出求和平、促发展、谋合作是时代的潮流，也应成为两岸关系发展的主题。努力构建和平稳定发展的两岸关系，符合海峡两岸现状，是促进中华民族伟大复兴的历史要求，是中华儿女的共同心愿，也是国际社会的普遍期待。胡锦涛指出，坚持“九二共识”是实现两岸关系和平发展的重要基础，为两岸同胞谋福祉是实现两岸关系和平发展的根本归属，深化互利双赢的交流合作是实现两岸关系和平发展的有效途径，开展平等协商是实现两岸关系和平发展的必由之路①。

两岸关系和平发展主题的提出，不仅提出了今后两岸关系的发展方向与目标，更标志着对台政策的重大理论创新与深化。“两岸关系和平发展理论”提出后，“牢牢把握两岸关系和平发展的主题”已成为中共十七大确立的对台政策的指导纲领。十七大政治报告强调，要继续坚持“一国两制”、“八项主张”和“四点意见”，牢牢把握两岸关系和平发展的主题，真诚为两岸同胞谋福祉、为台海地区谋和平，维护国家主权

---

① 参见《人民日报（海外版）》2006年4月17日。

和领土完整，维护中华民族根本利益。并且郑重呼吁，在一个中国原则的基础上，协商正式结束两岸敌对状态，达成和平协议，构建两岸和平发展框架，开创两岸关系和平发展新局面①。

“六点意见”强调现阶段的重要任务是，抓住机遇加快两岸的发展，在发展中不断解决遇到的各种问题，不断增加两岸了解和互信，不断累积两岸统一需要的各种条件。为此，从累积两岸政治互信、建立两岸经济合作机制、深化两岸文化交流、扩大两岸人员交往、协商台湾涉外事务和正式结束敌对状态等方面，构建两岸关系和平发展架构，指导进入轨道的两岸关系和平发展继续前进。此外，“六点意见”登高望远，审时度势，在坚持原则的同时，显示出更多的新内涵、新思维、包容性，提出台湾问题的性质是内战遗留和延续下来的“政治对立”、“台湾意识”不等于“台独意识”、“只要民进党改变‘台独’分裂立场，我们愿意作出正面回应”、合情合理安排台湾参与国际组织活动和建议探讨军事安全互信机制等，集中体现出对台论述的重大创新。“六点意见”展现出两岸关系和平发展的美好前景。②

两岸关系和平发展超越两岸之间的不同，超越岛内政治的对立，针对两岸共同面临的问题，强调和平与发展，追求双赢和共同繁荣。因此，两岸关系和平发展，已经成为和平统一必须经过、极其重要的阶段。两岸关系和平发展的理论和政策，集中体现了“一国两制”、“八项主张”和“四点意见”为核心的对台方针政策，作为60年来对台理论和政策的重大创新，有利于促进两岸交流和加快两岸共同发展，有利于扩大两岸同胞的共同利益，有利于建立两岸政治互信，有利于贯彻寄希望于台湾人民方针、做好台湾人民工作，有利于实现两岸同胞的大团结，进而有利于逐步推进祖国和平统一进程和实现中华民族的伟大复兴。大陆提出的两岸关系和平发展理论和政策，成为两岸关系进入战略机遇期与推进和平发展的核心因素。

---

① 参见《人民日报（海外版）》2007年10月17日，《中国共产党第十七次全国代表大会政治报告》。

② 胡锦涛在纪念《告台湾同胞书》发表30周年座谈会上的重要讲话，参见《人民日报》2009年1月1日。

2. “共同愿景”受到台湾方面尊重

要不要和平发展，台湾方面更有切肤之痛。过去8年间，台湾经历了一些“台独”势力破坏两岸和平的折磨，特别是“台独”当局制造“法理台独”和“入联公投”的活动，几度把两岸关系推向战争的边缘。对于广大台湾同胞来说，更为直接的是，“台独”当局阻挠两岸交流，强化两岸经贸的不正常状态，直接伤害到急需借助大陆市场和资源完成转型、升级及发展的台湾经济，直接伤害台湾同胞的利益。长达8年的教训和伤痛，亲身经历的广大台湾同胞，感受到两岸关系和平发展的重要性和必要性。

国民党和马英九正是看到上述现实，开始响应大陆的呼吁，开始向两岸关系和平发展方向努力。最初是在2005年4月，接受中国共产党的邀请，进行两党交流，双方形成的“两岸和平发展共同愿景”①，成为两岸关系和平发展的重要文件；双方建立的国共论坛，成为推动两岸关系和平发展的主要平台；双方进行的制度化交流，成为推动两岸关系和平发展的重要途径；“六点意见”也指出，“将继续推动国共两党交流对话，共同落实两岸和平发展愿景”。强调两岸关系和平发展，成为国民党赢得“1·12选举”和“3·22选举”的主要竞选主张之一，更成为马英九上台执政后大陆政策的基调。

马英九执政以来，无论在拒统立场和具体政策上，都有许多值得商榷的内容和做法，甚至遭到各界的严厉批评，但是作为“维持现状派”，在响应“两岸关系和平发展、加快台湾自身的发展”问题上表现出很好的愿望，有利于两岸关系的和平发展，也得到绝大多数台湾同胞的欢迎和支持。马英九大陆政策的基本方向，是接受国共两党的“两岸和平发展共同愿景”，按照“愿景”的思路处理两岸关系和交流。从理论上讲，关于两岸关系，马英九方面基本上能够按照“两岸和平发展共同愿景”的设想，表示要在两岸同属中华民族的前提下，抓住历史机遇，务实解决当前问题，力争“开启两岸和平共荣的历史新页”。国民党和马英九提出的理性、务实和开放的大陆政策，成为两岸关系进入战略机遇期与推进和平发展的重要因素。

---

① 参见《人民日报（海外版）》2005年4月30日。

3. 两岸关系有利氛围已经在形成

两岸关系战略机遇期的到来，与两个重要因素有关。第一个重要因素是“台独”的失败。经过“1·12选举”和“3·22选举”，泛绿阵营依然保持四成多的支持率，但是从三个方面可以看出“台独”阵营破坏和干扰两岸关系和平发展的能力大为减弱。一是失去执政权。赢得2000年3月选举的陈水扁当局，利用公共权力，否认“九二共识”，拒绝大陆的呼吁和善意，制订一条以“一边一国”、“戒急用忍”为核心的大陆政策。如今“台独”力量下野，推行以实现“台独”为特征的大陆政策、直接危害和干扰两岸交流的政权下台，“台独”阵营干扰和破坏两岸关系的能力和活动大为减少。二是“法理台独”全面终止。随着反“台独”力量的上台执政，明确宣布停止“法理台独”，过去8年间，通过连续、高调、强力推行“台独”，营造干扰和破坏两岸关系、两岸交流氛围的时期已经结束。三是泛绿阵营的增长趋势停止。民进党下野和浅层次的改革，再加上又发现陈水扁贪污腐败的新罪行，导致泛绿阵营受到有效压缩，干扰和阻挠两岸交流的声音、声势和能力有所减少。总之，“台独”的失败，使得两岸关系和平发展的直接威胁有所下降，推动力量大幅上升。

第二个因素是美国支持台海地区的和平发展。随着中国在国际舞台上作用和影响越来越大，世界“一个中国格局”越来越稳定，美国在台海问题上反对“台独”单方面改变现状的态度和政策越来越明确。一是美国和中国“合作制独”已经常态化。陈水扁当局执政期间推行的“切香肠式的台独”，严重干扰美国的整体战略，直接影响到美国的国家利益，美国不得不表示反对①。美国基本上与中国站在一起，能够在第一时间、明确表明反对立场，有效遏制陈水扁当局的嚣张气焰，更成为今后“台独”势力在推行“台独”时必须思考的因素。二是美国支持台海地区的和平发展。美国认为陈水扁已经成为麻烦制造者，美国需要台海和平以确保美国在台海的最高利益，对台政策的重点是要维护台海现状下的和平。三是美国满意当前两岸的和解政策。针对几个月来，在大陆积极推动下，台海两岸共同建设两岸和平发展新局面的举措和成果，美

① 《布什特使最后通牒，美国这回玩真的》，台湾《联合报》2006年2月22日。

国表示，台海正进入一个新的安全和平时期，欢迎两岸找到建设性方法就台海议题对话，欢迎两岸间建立更加密切的经贸关系，希望直航可以很快实现①。美国充分肯定两岸所作的努力，是两岸关系和平发展顺利展开的重要保证。

4. 两岸关系已经取得重大进展

随着“1·12 选举”、“3·22 选举”和“5·20 就职”的进行，在迎接两岸关系和平发展新阶段的进军号中，两岸关系战略机遇期已经有了好的开端。

一是在“九二共识”基础上两会商谈全面恢复。由于国共两党宣布的“两岸和平发展共同愿景”是以“九二共识”为基础谈成的，由于马英九在竞选中和就职后多次表示接受“九二共识”，因此两岸两会复谈没有什么政治障碍。自马英九赢得选举后，两岸在恢复协商方面进展顺利，先后进行江丙坤的“谢票之旅”、台湾“两岸共同市场基金会董事长”萧万长的“博鳌之旅”、国民党荣誉主席连战和国民党主席吴伯雄的大陆行。6 月 11 日至 14 日，中断近 10 年的两会协商恢复，两会签订《海峡两岸周末包机会谈纪要》、《海峡两岸关于大陆居民赴台湾旅游协议》②。11 月 3 日，海协会会长陈云林赴台，成功签署“四项协议”。事实证明，搁置争议、求同存异，符合两岸关系实际，已经成为推进两岸关系和平发展的重要对话方式。

二是两岸交流高潮序幕已经拉开。7 月 4 日开始的“周末包机”和“陆客赴台”作为“两岸关系和平发展第一步”，有利于扩大两岸同胞的共同利益，有利于实现两岸同胞大团结，进而对两岸交流和两岸关系产生积极且重大的影响。由“7·4 首发”引发、北京奥运后全面展开的新一轮交流高潮正在进行之中。陈云林会长访台进行二度“陈江会”，以及签署的“四项协议”，是两岸“三通”的重大突破，是两岸关系和平发展的重要一步，是追求两岸双赢、实现两岸共同繁荣的关键举措，其经济效益和社会效益，对台湾经济发展、社会稳定和两岸交流的促进

---

① 参见 2008 年 4 月 15 日台湾“中央社”电讯，美国国务院官员发表谈话欢迎“胡萧会”；2008 年 4 月 30 日台湾“中央社”电讯，美国在台协会台北办事处长杨苏棣谈话；参见 2008 年 8 月 7 日中评社消息，《布什：台海正进入一个新的安定和平时期》。

② 参见《人民日报（海外版）》2008 年 6 月 14 日。

作用，将随着时间的推移越来越大。

（二）两岸关系和平发展任重道远

作为60年来两岸关系发展的重大转折，大陆对台政策的阶段性目标由“反独促统”调整到“和平发展”，标志着两岸关系已经进入战略机遇期。两岸关系的新机遇，带来新议题、新挑战、新要求。

1. 加快大陆发展是两岸关系和平发展的经济基础

在对台工作中，把“发展”提到如此高的地位是第一次。就“和平”来说，在20世纪50年代中期提出“和平解放”，在1979年元旦发表的《告台湾同胞书》提出“和平统一”，在“反独促统”阶段也反复强调“以最大诚意，尽最大努力实现和平统一的愿望决不放弃”，现在“和平发展”又作为和平统一必须经历的阶段提出，从中可以看出，大陆在对台问题上，强调“和平”是一贯的。两岸关系和平发展是在坚持和平的前提下，强调发展的作用。发展是在为和平统一创造条件，发展是统一的重要经济基础逐步形成的过程，是建立互信、巩固两岸政治共识的过程，是推动交流、共同繁荣的过程，是表达善意、争取台湾民心的过程。强调“发展”，从近期看，是为了建立两岸关系和平稳定发展架构、两岸经济合作机制；从长远看，是在为和平统一创造条件；实践告诉人们，在祖国统一问题上发展也是硬道理。正是有了综合实力的提高，大陆的国际地位和影响力才能日益提高，大陆对两岸关系的主导权和发言权才能越来越大，大陆推出的惠台政策才能有足够的经济和市场的支撑能力，或者说两岸的和平才有了可靠的保障。因此，大陆能不能按照中共十七大提出的，在21世纪的前20年的战略机遇期内，实现“全面建设小康社会”、人均产值在2000年基础上翻两番目标，能不能保持经济健康、正常和快速的发展，能不能保持经济、社会和政治的稳定，能不能坚持改革开放和政治民主建设，进而能不能赢得这一场两岸和平竞赛，是关系两岸关系和平发展能不能沿着正确的方向前进、进而为和平统一准备条件的关键问题。

2. 继续扩大两岸经贸交流是两岸关系和平发展的重要任务

30年来两岸交流成果非凡，两岸关系和平发展的重点之一是继续发展两岸经贸交流，特别是实现全面、直接“三通”已经成为两岸关系和平发展的重要标志之一。进入新阶段的两岸关系，对两岸经贸交流提出了很高的要求和很重的任务。一是早日实现全面“三通”。二度“陈江会”的实现和“六项协议”的签订，是在“三通”上的重大突破，有利于扩大两岸交流领域和提升两岸交流层次，有利于扩大两岸的共同利益，必将给台湾社会和经济带来可观的经济和社会效益，成为两岸关系和平发展的推动力量。在这基础上，三度“陈江会”将协商“建立两岸交流秩序（共同打击犯罪、扩大两岸食品安全合作范围、建立疫情通报机制、农产品检验检疫）、两岸金融合作（建立银行监理合作备忘录、两岸证券及期货监理合作备忘录、货币清算机制、推动两岸金融往来）、两岸投资合作（共同探讨两岸签署投资保障协议、避免双重课税）、两岸产业合作（共同推动两岸标准检测及认证合作、加强两岸智慧财产权保护、加强建立两岸经贸纠纷调处机制）、两岸渔业合作（两岸渔业劳务合作、建立渔事纠纷处理机制）和两岸文教交流（新闻交流、文化交流）等议题”①。两岸关系的新议题，是要抓住历史机遇，促进两岸关系的良性互动与和平发展，建立两岸经济合作机制，推动全面直接“三通”的早日实现。二是积极应对两岸交流新局面。在继续欢迎、鼓励、支持和保护台商投资大陆的同时，要看到随着“周末包机”和下一步“平日包机”的实施，要认真对待和务实应对两岸投资布局、台商投资方向和重点出现的新的调整。关于大陆投资台湾，投资的方向、领域和运营方式有待确定，能不能适应、能不能赢利，都要有充分的思想准备。就经济议题讲，从长远看，双方投资都要按经济规律和利益办事，这样才能有长远的动力和前景。特别是大陆已经提出的62项惠台政策，应该成为下一步扩大交流领域和提升交流层次的重要方向。

3. 两岸关系和平发展需要切实面对的现实问题

面临两岸关系的重大转折，6月以来的两岸交流取得的成果已经超过过去8年，两岸需要冷静面对的议题主要有：一是如何面对泛绿阵营的存在和活动。陈水扁当局下台后，“台独”在干扰和阻挠两岸交流的口号和手段有所调整，“极端台独”的口号和主张使用不多，改为政治

---

① 《两岸预定商谈议题 台海基会列出六大项》，http：//www. chinareviewnews. com2008 - 11 - 14 01:20:36.

上是“伤害国家主权，放弃台湾主体性”、行动上是操之过急，来反对马英九的大陆政策，阻挠两岸关系和平发展的进程。这就对现阶段反独斗争提出了新的要求，一方面要联系现实反“台独”，坚决反对任何分裂活动，一方面又要做“曾经对‘台独’抱有幻想、主张过‘台独’甚至从事过‘台独’活动的人”的工作，争取民进党务实派的转化①。二是如何巩固两岸互信。两岸互信存在问题，是由于意识形态、政治制度、思维逻辑、生活方式和价值观念的不同所造成，特别是法统的敏感性和意识形态的对立，使得两岸建立互信，既相当的重要又有相当的难度。进入和平发展阶段的两岸关系，离不开互信，这对推动两岸关系和平发展至关重要。在互信基础上，结束敌对状态谈判、签订和平协议，完成两岸经济合作机制、和平稳定发展架构、军事互信机制和“国际共处”等工作将可能取得突破。三是关于政治定位。目前大陆的“九二共识”和台湾的“一中各表”，在搁置争议的前提下，两者能够成为双方进行对话的基础。事实上，整个两岸关系和平发展的过程，也是完成政治定位设计的过程，重要的是维持“1949 年以来，尽管两岸尚未统一，但大陆和台湾同属一个中国的事实从未改变”的现状②。四是关于两岸“国际共处”问题。对于国际活动空间问题，台湾方面有强烈的要求，甚至大陆能否让步已经作为是否有善意的指标。事实上这一问题的关键是要有互信、善意、默契，先“休兵”，双方冷静下来；然后在维持现状的基础上，不做对方不高兴的事；再是通过已有对话管道，进行必要的沟通。做到这样，国际空间问题就有了谈判的空间。

4. 两岸关系和平发展需要继续活跃思维调整观念

两岸关系已经走过 60 年，经过 30 年的交流，特别是经过 8 年“反独促统”的实践，面临两岸关系的重大转型，双方都面临观念上的调整，为两岸关系和平发展准备思想和认识条件。观念上的挑战主要有，一是要看到两岸关系和平发展与“反独促统”的不同，与“反独促统”阶段遏制“台独”这一主要任务相比，现阶段的主要任务是“建立互

① 《胡锦涛参加十一届政协一次会议台联、台盟和民革代表团会议时的讲话》，参见《人民日报（海外版）》2008 年 3 月 5 日。

② 《关于现阶段发展两岸关系的四点意见》，参见《人民日报（海外版）》2005 年 3 月 5 日。

信，搁置争议，求同存异，追求双赢”。随着中心工作的改变，在“九二共识”基础上形成的政治互信前提下，在与台湾同胞一起继续反独的同时，主要工作是转向继续政治对话、实现共同繁荣、做好台湾人民工作。深刻认识“反独促统”与和平发展的不同，充分认识和平发展的特点，是观念调整的主要方向。二是正确认识和平发展时期的台湾民意。对于台湾民意来说，一方面要看到台湾社会也有转型问题，在陈水扁当局执政期间，恶炒省籍议题，激化族群矛盾，加大南北对立，挑动群众斗群众，煽动台湾骂大陆，台湾社会已经形成蓝绿对阵，因此对台湾社会来说，完成社会转型，建立和谐社会，恢复和发展经济，把“台独”搞乱的历史、思想和观念调整过来，应该成为全社会共识和行动。一方面观察、分析台湾民意时，也要从“反独促统”背景下形成、更多的从蓝绿恶斗角度考虑的习惯上转过来，要从是否有利于维持现状和两岸关系和平发展作为评判台湾民意的标准，从强调追求双赢的角度思考台湾社会和民众对大陆惠台政策的看法，以提升大陆惠台政策的效果。三是针对一些新议题要有新思考。如搁置争议，是要建立两岸对话和协商的政治基础，特别是两岸关系和平发展的四大机制建设也离不开政治基础，绝不是台湾方面有人说的“是伤害主权，不顾台湾主体性”。如“外交休兵”涉及到国际格局、国际法、规章制度和惯例，如果简单地用“邦交国”数字和参加某个国际组织来论成败，那就很难有满意的结果。因此，观念的调整也十分重要。

5. 两岸关系和平发展需要加强理论和基础研究

两岸关系和平发展提出以来，顺潮流得人心有成效，同时也提出了新的议题，根据两岸关系的现状和要求，从确保两岸关系战略机遇期的要求出发，从推进两岸关系沿着同属中华民族方向前进的高度，从最终经过两岸和平竞赛、在共同繁荣基础上增加发展两岸关系的自觉性、提高对和平统一的认识的战略角度，论述、丰富和发展两岸关系和平发展的思想、理论、框架和政策。理论新课题主要有，一是要完成由“反独促统”到“和平发展”转变的政治论述和政策研究。由于大陆预测到岛内政治变化的可能性，并且从两年多前开始强调牢牢把握两岸关系和平发展的主题，再加上今年两场选举带来的“台独”政权下台和“法理台独”终止的结果，两岸关系向和平发展方向转变的条件具备，可以说两岸关系和平发展已经深入人心和取得重大成果。从对台研究角度看，需要对这一历史性转变进行理论探索和战略提高，充分认识这一转变的现实意义和深远的历史意义。二是要完成两岸关系和平发展的架构研究。从理论和实践上讲，两岸关系和平发展新局面由和平稳定发展架构、军事互信机制、国际共处活动、经济合作机制四大部分组成，从现今的两会对话到进行结束两岸敌对状态谈判、签订和平协议，完成四大机制的设计和建设，发挥四大机制的功能，首要是对四大机制本身进行研究，搭建出两岸关系和平发展的总体架构。三是要完成两岸关系和平发展的基本研究。在大陆推动下，两岸关系进入新的发展时期，和平发展呈现良好发展势头。对于两岸关系和平发展自身，需要研究其规律、动力、任务和目标等。特别是要对开创两岸关系和平发展新局面的复杂性和困难程度，要有足够的思想准备，由于双方对两岸关系和平发展的认识、理解、立场和需求不同，增加了相应的难度，需要研究其难点、突破口。因此，理论、实践和政策研究议题很多。

2008 年成为两岸关系的转折年，历史和现实赋予两岸新的机遇，在两岸关系开始迈入和平发展新阶段的时候，挑战是动力、出路、发展和完善。只要坚持“九二共识”，按照两岸关系和平发展的总体要求，解放思想，拥抱机遇，面对挑战，勇于实践，善于突破，敢于胜利，两岸关系和平发展的新局面一定能够早日实现。

第三章 有利于两岸关系和平发展的国际氛围日益浓厚

2008年，中美关系、中日关系进一步发展，中国与韩国、俄罗斯、东盟、上海合作组织成员国等周边国家和国际组织的关系继续向前迈进。有利于推行和平发展战略、维护两岸关系和平发展的国际氛围日趋浓厚。

一、合作良好的中美关系有利于两岸关系和平发展

2008年，中美之间通过密切的高层交往和战略对话，在经济、文化、科技、地区和全球热点、反恐和非传统安全等许多领域的合作均取得较大进展，为两岸关系的和平发展营造出了良好的国际氛围。

（一）双边合作取得较大进展

经贸合作是中美关系中的重要内容。目前，中国与美国互为第二大贸易伙伴，中国是美国的第三大出口目的地和第二大进口来源地。2008年1—10月，中美双边贸易在经历内外形势的严酷考验中继续保持上升，达到2813.22亿美元，同比增长13.4%。[①] 中美经济利益更加紧密地联系在一起。中国通过对包括美国在内的对外贸易，带动了经济快速增长，进而成为全球经济推动者。美国也从中国的崛起中获得很大收益，中国现在是美国的第三大出口市场。过去10年中，美国对华出口比美国对世界其他地区的出口增长快6倍。显而易见，中美经贸合作不

---

① 资料来源：商务部亚洲司：2008年1－10月中国对亚洲国家（地区）贸易统计。参见：http：//yzs. mofcom. gov. cn/aarticle/g/date/i/200811/20081105912801. html.

仅给中国而且也给美国和美国人民带来了巨大的利益和实惠。美国的美中贸易委员会在5月1日发布的一份报告显示，自2000年中国加入WTO以来，全美国435个国会众议员选区中，有406个选区对中国的出口急剧增加，都超过100%以上，中国继加拿大和墨西哥之后成为美国第三大贸易出口国。对中国出口的大幅增加，为美国各个地区创造了大量的就业机会。

中美在金融方面的合作是一种典型的互利双赢格局。中国有着庞大的储蓄和投资，有着大量的外汇储备，中国急需提高金融业的发展水平以及更开放的金融市场，以提高自己金融系统配置资源的能力，而美国有庞大的资本流入需求。根据2008年6月中美达成的协议，中国允许合格的美国公司通过发行股份或存款票据来从事中国国内的股票交易，以便在中国金融市场筹集资金；美国则欢迎中国对美投资，包括对美国对金融部门进行投资和通过中国外汇储备和主权财富基金所做的以商业为导向的投资。

2008年，美国金融机构陷入危机，严重冲击全球股市、金融、生产、贸易，并影响到中国经济。中国和美国是世界经济中两个最重要的国家，两国是世界经济增长的推动力，2008年两国对全球经济增长的贡献超过40%。中美携手应对危机，既符合美国利益，也符合中国利益。胡锦涛主席亲自率团出席在华盛顿举行的“金融市场和世界经济峰会”，并提出一系列重要主张，表明愿意与美国和国际社会一起合作应对金融危机。在这场世界性金融危机面前，中美两国能力合作，为恢复人们对世界经济的信心作出了贡献。美国财政部长保尔森赞扬了中国在全球金融危机中所给予的合作，表示“很显然，中国接受了作为世界主要经济体所承担的责任，即与美国和其他伙伴国共同努力，确保全球经济的稳定。”① 金融危机无疑推进了中美战略合作关系。

中美在地区安全方面的合作成效显著。在解决朝鲜半岛问题上，作为朝鲜半岛核问题六方会谈主席国，中国为推动六方会谈进程做出了很大努力，发挥了独特的作用。在中国的大力劝说和推动下，2008年6

① Secretary Henry M. Paulson, Jr. Remarks on China and the Global Economy to the National Committee on U. S. – China Relations. October 21, 2008, HP – 1229. 参见：http：//www. ustreas. gov/press/releases/hp1229. htm.

月，朝鲜半岛核问题取得积极进展。6月26日朝鲜正式向朝核问题六方会谈主席国——中国提交核计划申报书。美国在确认朝鲜提交核清单的同时宣布，美国将部分解除对朝鲜的贸易制裁，以及着手将朝鲜从“支持恐怖主义国家”名单中删除。6月27日，朝鲜炸毁了其在宁边地区核设施的冷却塔。10月10日，美国国务院发言人麦科马克宣布，由于美朝在朝鲜核设施验证问题上达成协议，美国准备将朝鲜从所谓“支持恐怖主义国家”的名单中除名①。朝鲜在核问题上的态度与实际行动以及美国的这些积极举措，意味着朝鲜半岛核问题至此已经取得巨大进展，也意味着这一困扰东北亚地区和平稳定的问题正在逐渐化解。

在攸关西亚地区稳定的伊朗核问题上，2008年，联合国安理会先后通过关于伊朗核问题的1803号和1835号决议，在中国、俄罗斯、英国、法国、德国等国的共同努力下，美国与伊朗在核问题上的尖锐对立有所缓解，伊朗核问题朝着和平解决的方向发展。

在南亚和平问题上，2008年11月26日印度孟买恐怖袭击发生后，印度指责恐怖分子与巴基斯坦有关，印巴关系陷入高度紧张状态。印度空军进入最高战备状态，准备空袭巴境内的恐怖营地和目标。此时，中美两国积极发挥协调作用，共同维护南亚和平与稳定。美国国务卿赖斯等美国高官要求印度保持克制。同时，中国也扮演了劝和的角色。11月29日，中国外长杨洁篪与巴基斯坦外长的通话表示，真诚希望巴印双方继续加强合作，维护巴印和平进程的势头。12月15日，中印国防部在新德里举行了第二次防务安全磋商。在中美两国发出明确信号以及坚持不懈的共同努力下，印巴关系的紧张状态趋于缓和。

除了上述地区安全问题外，中美两国还在奥运安保、反恐、阿富汗、伊拉克、国际能源等问题上展开合作，取得了一定的成效。12月18日，中国政府宣布将向海盗活动猖獗的索马里海域派遣军舰，加入由美国、丹麦、意大利、俄罗斯和其他国家组成的多国部队，参与打击海盗的国际行动。对此，美国国防部发言人斯图尔特·厄普顿说，“美国欢迎中国的决定，美国期待与中国在打击海盗、维护国际安全的行动中

① http://www.state.gov/r/pa/prs/dpb/2008/oct/110914.htm.

进行双边和多边合作。”①

中美在地区安全等领域的合作，展现了中国在亚太地区安全问题上的影响力，进一步证实了中美合作、共同维护地区安全的重要性，也让美国政府深刻认识到中美合作对于两国关系以及地区安全的重要意义。

（二）美国反对“台独”冒险 欢迎两岸关系和平发展

美国基于其国家利益和中美关系大局考虑，态度明确地反对陈水扁当局进行“台独”冒险，对于马英九上台后改善两岸关系、稳定台海局势的努力表示欢迎。

美国反对陈水扁的“入联公投”。2007 年下半年到 2008 年 3 月 22 日之前，陈水扁当局顽固推动“入联公投”进入最后的疯狂阶段，对台海和平稳定与亚太安全构成严重威胁和挑战。在反对和制止“入联公投”问题上，美国总统布什、国务卿赖斯一再重申美方坚决反对台湾当局搞“入联公投”的立场，并强调美方将继续坚定地奉行一个中国政策。2007 年下半年，美国主管台湾事务的高官曾一再公开表明反对以“台湾”为名加入联合国的“公民投票”，批评“入联公投”是“台独公投”。2007 年 12 月 21 日，美国国务卿赖斯在年终的记者招待会上进一步警告陈水扁当局，以台湾名义申请加入联合国，是“一项挑衅的政策”，明确强调美国不支持台湾举办“入联公投”。② 2008 年 2 月 26 日，赖斯再一次重申，美国反对台湾当局举行以“台湾”名义申请加入联合国的公民投票。③ 美国政府对陈水扁当局发出接二连三的警告，虽然没有能够制止“入联公投”的举办，但却有助于壮大台湾社会内部的反“台独”力量，也是导致“入联公投”最后失败的一个重要外部因素。除此之外，美国在陈水扁“过境”问题上不予松动，不给陈水扁炒作的机会，压缩了陈水扁通过“急独”进行社会动员的空间。“入联公投”的失败以及民进党的下台，大大改善了台海和平与稳定的环境。从某种

① 中国评论新闻网：“中国派军舰索马里海域护航 外媒热议、赞扬”，参见：http：//www. chinareviewnews. com 2008 – 12 – 20 14：53：05.

② Press Conference by Secretary of State Condoleezza Rice, December 21, 2007. http：//www. state. gov/secretary/rm/2007/12/97945. htm.

③ Condoleezza Rice, Joint Press Availability With Chinese Foreign Minister Yang Jiechi, February 26, 2008. http：//www. state. gov/secretary/rm/2008/02/101308. htm.

意义上讲，美国公开反对台湾举行“入联公投”，与中方一道为维护台海和平稳定和中美关系大局做出了努力。

美国对马英九上台表示欢迎。2008 年，随着台湾政局发生巨大变化，美国支持台海两岸关系和平发展的态度和政策越来越明显。3 月 12 日太平洋美军司令基廷上将在美国参议院指出，“美国期盼台海维持现状，保持和平稳定”。鉴于陈水扁过去的言行，他“希望陈水扁在‘3·22’大选结束到‘5·20’台湾新领导人就职前的这一段期间不要煽风点火。”① 3 月 22 日，马英九赢得台湾地区领导人选举后，美国总统布什在第一时间向马英九发出贺信，祝贺马英九当选。5 月 20 日马英九就职时，美国向台湾派出高规格的祝贺团。布什还亲自写信给马英九，认为台湾政局变化为两岸恢复对话开启了新的契机，希望两岸以和平的方式化解争议。② 此后，美国助理国务卿柯庆生、美国“在台协会驻台办事处”主任杨苏棣都表示，美国期待与马英九合作，也期待两岸重启对话。

美国各界高度肯定马英九改善两岸关系的大陆政策。马英九上台后大力改善两岸关系，在短短半年多的时间里，不仅实现了两岸两会恢复协商谈判，而且两岸三通直航也得以实现，两岸关系大大改善，开始迈入和平发展的新阶段。对于两岸关系的改善和发展，美国各界纷纷表态肯定马英九改善两岸关系的大陆政策。7 月 9 日，中国国家主席胡锦涛在日本北海道会晤美国总统布什时介绍了两岸关系的最新进展，表示将努力开创两岸关系和平发展新局面。布什则对两岸关系的改善表示高兴。③ 2009 年初，美国常务副国务卿内格罗蓬特在访问中国期间表示，这几个月来，大陆与台湾间的多项接触缓和了两岸关系，让他深受鼓舞。他认为关于台海议题目前“正处于充满希望的阶段”。前美国在台协会台北办事处处长包道格也曾指出，“台海两岸改善关系并朝向亲近的趋势，是台湾人民透过一次次选举所传达出来的民意，美国没有理由

① 参见台湾《中国时报》2008 年 3 月 13 日。
② 参见台湾《中国时报》2008 年 5 月 21 日。
③ 胡锦涛主席会见美国总统布什，《人民日报》2008 年 7 月 10 日。

不能接受。"① 当时还是总统参选人的美国总统奥巴马，在5月20日给马英九的信中曾经对马英九缓和、发展两岸关系的努力表示肯定，他期待"两岸关系朝向更和平、更稳定方向发展"。② 12月15日两岸正式实现"大三通"，美国国务院副发言人罗伯特·伍德在当天的例行记者会上说："跨越台湾海峡的这些交通联系是非常积极的举措，我们一直并将继续鼓励台海两岸对话。"③ 这些言行显示出美国各界对两岸关系和平发展的期待和支持。

当然，两岸关系改善后，在美国的对台政策中仍存在一些破坏性因素，对台军售就是其中之一。军售也是美台之间加强联系的一种表现。2008年10月，在北京奥运结束之后和两岸关系正处在开放与加速发展的微妙时刻，美国通过了一项价值60多亿美元的对台军售案。美国的这一动作显示出，尽管美国欢迎两岸关系和平发展的新气象，但是，对台军售是美国牵制两岸关系的重要手段，为继续掌控台海局势控制权，美国仍将继续坚持对台军售。奥巴马在5月22日给马英九的信中，一方面对两岸关系和平发展表示赞赏和支持，另一方面也提出，要根据美国的《与台湾关系法》继续向台湾提供必要的武器。当然，随着"台独"势力下台，两岸关系和平发展已经成为大趋势，美国对台军售的理由越来越难以成立，美国对台军售等负面因素将难以破坏和扭转两岸关系和平发展的大趋势。

二、中日关系进一步改善

进入21世纪后，中日关系曾经在较长一段时间处于政治僵冷的低潮状态。继2006年中日关系出现转折性发展之后，2008年中日关系实现了更进一步发展。胡锦涛访问日本、中日签订《中日关于全面推进战略互惠关系的联合声明》以及在东海问题达成新共识，把中日关系推向

---

① 台湾"中央社"华盛顿2008年6月26日专电，包道格：《台湾参与国际组织 美中应协助》。

② 熊玠："奥巴马当选背后及其外交与对华政策"，《中国评论》2008年12月号；另参见：台湾《联合晚报》，2008年5月21日。

③ 参见美国国务院网站：http：//www. state. gov/r/pa/prs/dpb/2008/113198. htm.

一个新的阶段，进一步改善了台湾问题的国际环境。

（一）中日关系继续向前迈进

2008年，胡锦涛主席分别三会日本首相福田康夫（前）和麻生太郎，在两国领导人互访不断的推动下，两国关系取得了突破性进展。

在国家主席胡锦涛5月访问日本期间，中日双方发表了《中日关于全面推进战略互惠关系的联合声明》，确立了中日两国关系和平、合作与发展的新基础。这份文件的第一个核心是重申和平。该声明明确提出，两国对亚太地区和世界的和平、稳定与发展有着重要影响，肩负着庄严责任。中日两国相互支持对方的和平发展，共同努力，使东海成为和平、合作、友好之海。① 这份文件的第二个核心是强调合作。在这份文件中，中日双方决定在增进政治互信、促进人文交流、加强互利合作、共同致力于亚太地区的发展以及共同应对全球性问题等五大领域构筑对话与合作框架，开展合作。例如：建立两国领导人定期互访机制，加强安全保障领域的高层互访，重点在能源、环境、贸易、投资、信息通讯技术、金融、食品及产品安全、知识产权保护、商务环境、农林水产业、交通运输及旅游、水、医疗等领域开展广泛的互利合作，扩大共同利益。《中日关于全面推进战略互惠关系的联合声明》从始至终贯彻了"和平"与"合作"这两大主题。这一政治基础符合中国确立的和平发展战略。

2008年，中日关系上的一大突破就是两国在东海问题上达成了新共识。东海问题很久以来就是中日两国关系中的一个难题。前几年，由于中日关系紧张，东海问题一直是中日关系中的一个焦点和难题，阻碍着中日关系的发展。

胡锦涛访日成功、中日共同发表《中日关于全面推进战略互惠关系的联合声明》确立两国关系新基础后不久，长期困扰中日关系东海油气资源开发争端也实现了突破性进展。6月18日，两国同时公布就东海问题达成的原则共识。双方一致同意在实现东海划界前的过渡期间，在不

---

① 《中日关于全面推进战略互惠关系的联合声明》，《人民日报》2008年5月8日 第3版。

损害双方法律立场的情况下进行合作。作为中日在东海共同开发的第一步，双方决定在日方所称的“中间线”北段约面积为2600平方公里的区块内，通过联合勘探，进行共同开发。这是中日通过对话与合作有效化解在东海问题上存在的分歧与争议的一次重要实践，也是两国关系中的一次重大突破。

2008年，日中关系取得明显进步。在对华政策上，除了中日达成两国关系第四个政治文件、中日在东海问题上达成新共识之外，日本积极支持中国四川汶川的抗震救灾，支持中国北京举办奥运会。日本的这些政策密切了中日两国人民之间的感情。随着世界金融危机的影响日益扩大，中日合作愈加密切。12月13日，中国国务院总理温家宝、日本首相麻生太郎、韩国总统李明博在日本福冈举行中日韩三国领导人第一次的单独会议，商讨如何加强三国合作、应对危机。中日韩三国领导会议的机制化也把中日关系提升了一个台阶。这对于强化三国信赖与合作，密切双边关系，促进地区和平与繁荣等有着积极的意义。

中日关系健康稳定发展，不仅减少了“台独分子”利用中日分歧寻求外部势力支持，进行分裂活动的机会，也压缩了日本右翼反华势力利用“台独”分裂势力破坏两岸关系，牵制中国发展的空间。

（二）日台关系出现新变化

自5月20日马英九上台以来，日台关系也在发生转变。整个形势也在朝着有利于台海和平与稳定的方向发展。

马英九重视对日关系，主张发展和保持日台伙伴关系。马英九上台后，频频会见日本人士，传达他不仅“知日”，而且“友日”的主张，并表示未来要继续加强对日关系，重建台日互信。马英九8月4日在接见日本参议员矢野哲朗一行时表示，“日本有一些非常支持台湾的参众议员，看到台湾和大陆改善关系，有时会有一点担心”，他要“请大家放心，台湾和大陆改善关系，绝对不会影响和日本长久以来的友谊；两岸关系改善目的是追求海峡和平繁荣，此举有助于东亚稳定，当然符合日本利益”。[1] 台“立法院长”王金平、海基会董事长江丙坤、国民党

---

① 台湾“中央社”2008年8月4日电：《马英九：改善两岸关系不会影响台日友谊》。

主席吴伯雄也相继访问日本，解释马英九当局的对日关系政策，消除日本方面的疑虑。此外，马英九派出他的亲信、“外交”智囊冯寄台任“驻日代表”。这些都表明马英九希望与日本保持一个良好的合作关系。

马英九不主张“台独”，马英九当局发展对日关系与陈水扁时代有着根本的区别。在民进党执政时期，为了推动“台独”以联合美日对抗大陆为战略主轴，把争取美国和日本的支持作为优先选择。马英九上台后，在政策顺序上，以发展经济为主轴，改善和发展与大陆的关系是马英九执政后的政策优先发展方向，改善两岸关系高于与“与美日欧间的实质外交”，台湾不愿再作美日对抗中国大陆的棋子。马英九一再向日本有关人士表示，希望日本了解两岸关系发展符合日本的利益。按照马英九的说法，两岸关系的转变“不仅对台湾与中国大陆有意义，对邻近的日本也很有意义，因为日本和台湾可以继续维持友好关系，而不必在两岸之间做什么困难的决定。”①

日本对马英九仍然有相当程度的不信任，但欢迎台海局势趋于缓和。马英九本人年轻时曾是有名的“保钓先锋”，在日本人看来，马英九在钓鱼岛、靖国神社、慰安妇等问题上都显示出明显的“反日”立场。马英九在台日相关问题上的基本原则，使得台日关系不会朝着日本右翼势力所希望的方向发展，这也是日本对马英九抱有相当程度不信任的重要原因。尽管如此，两岸关系和平发展、台海局势缓和同样也受到了日本的欢迎。马英九就职当天，日本外务省发言人谷口智彦在例行记者会上表示，期待在马英九执政后，两岸关系能有所进展，也希望两岸透过和平的方式，早日进行直接的对话，解决台海问题，日本仍将与台湾维持良好关系，期待今后继续加强台、日双方的交流。日本民主党参议员莲舫也表示，两岸经济的融合是比较符合日本国家利益的。②

三、中国和平发展的周边环境正在形成

2008 年，中国与周边国家的政治、经济、文化等方面的合作联系越

① “总统”接见“台日论坛”日本代表团，《“总统府”新闻稿》2008 年 7 月 21 日。

② 《日盼两岸和平对话 加强与台交流》，台湾《中国时报》2008 年 5 月 21 日。

来越密切，一个有利于两岸关系和平发展的战略环境初步形成。

（一）中国与周边国家的合作关系在加强

2008 年，中国与韩国、俄罗斯、东盟、上海合作组织其他成员国等周边国家与地区的合作关系进一步加强，两岸关系和平发展的战略环境进一步改善。

1. 中韩关系提升为战略合作伙伴关系

2008 年是中韩关系迅猛发展的一年。这一年，韩国新任总统李明博 3 次访问中国。在李明博 5 月访华期间，中韩两国一致同意将中韩全面合作伙伴关系提升为战略合作伙伴关系。这是自 1998 年两国确立建立面向 21 世纪的合作伙伴关系、2003 年确立全面合作伙伴关系以来，中韩关系的又一次提升。李明博在访华期间强调，对华关系是韩国外交轴心之一，韩国愿意成为中国真正的伙伴。他希望，中韩两国将发展更深、更广、更厚的国家关系。①

2. 中俄合作关系又迈出坚实的一步

进入 21 世纪以来，发展对俄关系一直是中国外交的优先方向，而全面发展和深化俄中战略协作伙伴关系则是俄罗斯外交政策的重要优先方向。2008 年，中俄合作关系在良好发展的既有基础上又迈出了坚实的一步，取得了一些重大进展。

第一，中俄高层互访不断，两国关系进一步密切。2008 年，中国国家主席胡锦涛与俄罗斯总统梅德韦杰夫先后 5 次会晤，10 月 27 日至 29 日中国国务院总理温家宝对俄罗斯联邦进行正式访问并举行中俄总理第十三次定期会晤。

第二，中俄签署《中华人民共和国和俄罗斯联邦关于重大国际问题的联合声明》，显示出中俄两国在当前全球大变革面前，通过在一系列重大国际地区问题上进行磋商与合作，共同应对当今世界的危机与挑战，把中俄两国合作的范围从双边关系领域扩展到当今全球面临的一系列重大国际问题。

---

① 胡锦涛同韩国总统李明博会谈——两国元首一致同意将中韩全面合作伙伴关系提升为战略合作伙伴关系，《人民日报》2008 年 5 月 28 日。

第三，中俄40年边界谈判终于达成最后结果。7月21日，中俄外长在北京钓鱼台国宾馆共同签署了《中华人民共和国政府和俄罗斯联邦政府关于中俄国界线东段补充叙述议定书》及其附件。10月14日黑龙江上的银龙岛和半个黑瞎子岛正式回归中国。这标志着中俄长达4300多公里的边界全线勘定。作为载入中俄关系史册的重要事件，中俄边界问题的最终解决为两国关系的进一步发展创造出无限的空间。

第四，中俄战略协作伙伴关系加速发展，双方互信和相互支持水平显著提高，重点领域合作不断扩大。双方在经贸、能源、人文领域合作取得的进展，双方在国际和地区事务中保持密切协调和配合。俄方在台湾、涉藏、北京奥运会等问题上坚定支持中国的立场，在中国遭受特大地震灾害的危难时刻，俄方迅速向中方提供救灾援助。这一切都展示出中俄非同一般的密切关系，这也使得中俄关系成为中国与周边国家关系发展与合作的一个典范。

3. 中国与东盟关系更加密切

东盟是中国的好邻居、好朋友、好伙伴，双方在政治、经济、社会文化等多个领域合作不断深化和拓展，在国际事务中一直相互支持、密切配合。2008年，中国与东盟在政治、外交等方面的关系不断升温，经济互补与相互依存的局面逐渐成形。

当前，中国和东盟10国正致力于建设中国—东盟自由贸易区。该自贸区拥有18.7亿消费者，将成为世界上人口最多的自由贸易区之一。中国－东盟自由贸易区的建设是中国在建设同类项目中进展最快、也是最富有成效的。中国对东盟的进口税率已从2005年的9.9%降到2008年的5.8%，远低于现行最惠国税率4.1个百分点。目前中国对东盟贸易处于逆差，中国从东盟不断增加的进口，给东盟各国提供了一个很大的发展市场。正在全面提速的中国—东盟自由贸易区建设，为今后双方经贸关系进一步发展，最终实现贸易自由化提供了制度保证。

4. 中国与上海合作组织成员国的关系继续加强

上海合作组织是7年前在中国、俄罗斯等国的倡导下成立的，是中国与周边国家展开经贸与安全合作的重要机制。2008年中国与上海合作组织及其他成员国的合作更加密切，中国国家主席胡锦涛和国务院总理温家宝分别出席了在塔吉克斯坦和哈萨克斯坦举行的上海合作组织成员国元首理事会和总理理事会。中国与上海合作组织各成员国在打击恐怖主义，推进交通、能源资源合作，扩大人文、青年交流做了很多工作，扩大了上海合作组织的国际影响力。

面对国际金融危机带来的挑战，中国作为上海合作组织中最具经济实力的国家，明确表示愿意进一步加强同其他成员国的沟通协调，共渡难关。温家宝总理在第七次上海合作组织总理会议上提出，各成员国“要团结一致、加强合作，共同有效提高低与风险和把握机遇的能力，要利用现有的政策协调和协商机制，特别是各国央行及经济主管部门间的合作机制，探讨双边和多边应对金融危机的措施。”温家宝总理还公开承诺，为支持上海合作组织大型经济合作项目“中方将继续落实好向成员国提供的新一笔优惠贷款，积极考虑在‘上海合作组织发展基金’建立后捐赠启动基金；中方愿协助成员国成立农业技术示范中心。”①

（二）有利于中国实施和平发展战略的国际环境正在形成

2008 年中国在地区安全合作以及与周边国家关系领域取得了巨大进展。这些成就的取得对于中国乃至整个东亚的地区和平与发展都具有重要的正面意义。对于中国而言，不仅从宏观上为中国的现代化建设，而且也为中国和平统一大业创造出了良好的环境与基础。一个稳定的、有利于中国实施和平发展战略的周边战略环境已经初步构建起来。

1. 中国与周边国家关系稳定良好，有利于中国继续实施和平发展战略

自 2005 年 3 月温家宝总理在政府工作报告中提出“中国社会主义现代化建设道路是一条和平发展的道路”，正式把和平发展作为中国国家发展战略以来，对内谋求建设“和谐社会”，对外谋求推动“和平发展”一直是中国政府坚定不移的政策。中国在地区安全等问题上发挥积极作用，维护了周边地区的和平与稳定；在经济领域，中国与周边国家密切合作，经贸联系日益加深，一个合作共赢的氛围正在形成。中国这些谋求和平发展的努力极大地改善了中国与周边国家之间的关系性质，

① 《上海合作组织成员国第七次总理会议举行　温家宝出席并讲话》，《人民日报》2008 年 10 月 31 日第 1 版。

不仅推动了周边国家经济社会的发展，赢得了周边国家对中国和平发展战略的肯定、信任与支持，而且也有利于中国抓住和用好2020年之前这一段难得的战略机遇期，全面建设小康社会、加快推进社会主义现代化建设。

2. 有利于反对“台独”分裂、维护台海和平的氛围已经形成

中国努力建设和平发展的环境对于周边国家的发展和建设都有利，因此，得到了普遍的赞赏和支持。而2008年初，民进党当局极力在台湾推动“入联公投”制造台海紧张局势，破坏地区和平与稳定，也是对周边国家期盼的和平发展局面的威胁，因此，遭到了中国周边国家政府的强烈反对和批评。在“台独”势力极力推动“入联公投”期间，美国、韩国、日本、俄罗斯、新加坡、澳大利亚、越南、泰国、朝鲜、蒙古、欧盟、英国、法国、德国等世界绝大多数国家和地区都明确发表声明，反对陈水扁当局推动“入联公投”，为中国的反分裂斗争提供了宝贵的支持。应该说，中国人民在反“台独”斗争中取得重大的阶段性胜利与中国周边环境的改善有着密切的关系。这也从侧面证明了反对“台独”、维护台海和平的国际氛围已经初步形成。

3. 有利于两岸关系和平发展的国际环境日渐成熟

2008年5月，台湾政局发生转变，两岸关系日趋缓和的新形势得到了世界各国的支持和赞赏。两岸两会恢复协商谈判、国共两党密切交流交往、陈云林访台成功、“三通”的正式实现等两岸关系取得的新进展，与这些积极的国际因素有着密不可分的联系。广大周边国家和地区对两岸关系和平发展局面的到来也普遍持欢迎和肯定的态度。新加坡政府“一致肯定马英九现行两岸政策方向，并乐见两岸建立制度化协商机制与对话。”① 12月15日，新加坡外交部发言人指出，新加坡“热烈欢迎两岸三通的实现，……两岸关系的积极发展，有利于本地区的稳定。”②韩国外交通商部发言人文太暎16日表示，韩国政府欢迎台海两岸正式启动“三通”，韩国政府期待台海两岸关系的发展为东北亚地区的稳定与繁荣作出贡献。显然，广大周边国家和地区对于两岸关系和平发展是

① 台湾“中央社”2008年12月13日电，《海基会：江丙坤访星 与李光耀谈两岸关系》。
② 参见新加坡外交部网站：http：//www. mfa. gov. sg/.

欢迎和支持的。

2008年是两岸关系和平发展的关键一年。中美两国在战略、经济、地区安全、应对金融危机等领域的密切合作，中日关系的稳步推进，中国与俄国、韩国、东盟等国家和地区关系的发展，以及这些国家和地区对中国反对“台独”、推动两岸关系和平发展政策的理解与支持，不仅凸显了中国的实力与国际地位的大幅提高，而且也为两岸关系和平发展创造出一个良好的国际环境，有利于两岸关系和平发展的国际氛围也日益浓厚。

第四章　有利于两岸关系和平发展的岛内因素在增加

进入2008年以来，台湾政局发生了有利于两岸关系和平发展的变化。国民党赢得政权，推动以两岸和解为基本诉求的大陆政策；“台独”势力遭到重创，破坏两岸和解气氛的能力减弱。此消彼长，两岸和平发展的前景值得预期。

一、国民党执政有利于两岸关系和平发展

2008年的台湾地区领导人选举中，代表泛蓝参选的马英九以压倒性的优势，战胜代表泛绿角逐台湾地区领导人的谢长廷，实现了台湾的第二次政党轮替。马英九的当选对两岸关系发展有益，成为两岸关系缓和的一个重要契机。

（一）推进两岸关系发展的力量在增长

1. “双赢与和解”在岛内渐入人心

随着全球化的扩张，两岸之间的交流与经济合作也越来越多，两岸的经济依存度也越来越大。显然，进一步强化两岸人民的交流与交往，共享两岸经济发展的成果，才是两岸关系统合模式的最佳选择。民进党执政8年间的两岸关系，“台湾与大陆间海空货物及人民来往的不够顺畅使台湾在过去几年里失去了许多发展的契机”，① 越来越多的人们体认到，台湾的发展离不开大陆。在世界面临金融危机的情况下，加强两岸经济合作更是台湾渡过难关的必由之道。应该说，台湾民众对两岸关系

① 台湾《中国时报》，2008年11月4日。

的认知改变是推动两岸关系走向良性发展的最关键性因素，而这种改变也正是两岸30年来交流与交往加强的必然结果。

胡锦涛总书记在十七大报告中指出，两岸已经成为血脉相连的命运共同体。历史经验早就表明，大陆的发展离不开台湾，台湾的发展也离不开大陆，两岸之间一荣俱荣，一损俱损。在两岸利益攸关的背景下，刚性对抗的成本空前加大。民进党8年执政的两岸政策绩效之差，已经典型地说明了这一问题。“国民党能赢得大选的原因之一，是执政8年的民进党未能完成其由在野党向真正的执政党的过渡，并且在经济方面建树甚微。”① 由于民进党当局不顾经济发展规律和主流民意诉求，刻意推行“台独路线”，强化两岸对抗，使得岛内经济发展迟缓，使台湾丧失了太多的机会。再一次从反面说明了两岸经济整合已经成为不可阻挡的潮流和趋势。

也可以说，台湾民众对两岸关系双赢的理解中，其实包含了对民进党“台独路线”失败的反思。自20世纪90年代以来，“台独”运动经历了发酵、膨胀和式微的过程。在这个过程中，“台独路线”在政治斗争中被充分利用，成为民进党的政策纲领。经历了8年的冲撞，最后除了再一次证明了“台独”不可能实现这一基本事实外，别无所得。不仅如此，由于民进党当局坚持“台独意识形态”挂帅，对台湾经济发展的停滞与民众的疾苦视而不见，而且民进党高层贪腐问题层出不穷，政治操守丧失，为了个人的利益而置道义于不顾，甚至不惜对政治对手进行人格谋杀，完全失去了作为公众人物的道德尺度，也触犯到了普通民众心目中的道德底线，引起了台湾民众的普遍反感。在民进党执政的过程中，“台独”势力为欺骗民众而编造的光环，在民众的检验和“台独”政客的拙劣表演之下迅速蒸发。2008年民进党的失败其实就是“台独”的失败，这一影响两岸关系和平发展的结构性因素受到了强大的抑制。

因此，在经历了曲折之后，历史又回归到它本来的方向，寻求交流、合作、和平发展的双赢之路越来越为台湾人民所接受。自2000年以来两岸关系发展的事实再一次说明：第一，两岸对抗无论是对大陆还是对台湾来说都是有害无益，特别是在两岸经济联系日益紧密的情况下

① 台湾《中国时报》，2008年6月2日。

更是如此。“透过不断的交流互访与经贸投资，的确让两岸互有敌意和互不往来一步步的融冰解冻。”① 马英九在2008年台湾地区领导人选举中的强化两岸经济交流的诉求得到了多数民众的肯定。第二，以省籍分际进行“主体性”区隔的做法遭到了民众的否定。尽管民进党一直鼓吹“本土”和“主体性”，但是在执政期间的贪腐行为及政治操守的失落却彻底打破了“只有本省人才可以代表本省人利益”的神话，从而形成了台湾民众对族群问题的重新思考和对省籍问题的重新定位，马英九以外省人身份当选台湾地区领导人本身就说明了这一问题。第三，台湾民众对大陆的认知更加清晰和理性。大陆通过两岸政策调整，不断单方面对台湾人民释放出善意，将两岸关系和平发展的诉求直接诉诸于台湾人民，这种做法得到了台湾民众的理解与认同。而且，在两岸政治交流日益扩大的情况下，台湾人民对大陆认知的渠道增加，信息不对称的局面有所改善，认知也更加客观。

2. *泛蓝执政有利于两岸关系发展*

马英九上台之前，泛蓝阵营曾经在化解两岸政治坚冰、推动两岸局势走向缓和、开辟两岸政治交流新路径等方面发挥了关键性的影响。2004年3月选举失败后，国民党敢于突破当时的惯性思维，也顶住了民进党和泛绿阵营的巨大压力，冲破了民进党所营造的两岸关系话语结构，展开了开拓两岸关系的创举。2005年4月起，连战和宋楚瑜先后访问大陆，使两岸政治交流实现了突破。此后，随着国共交流平台的建立，两岸政党交流走向制度化，对促进两岸关系的发展起到了积极的作用。及至马英九上台之后，国共交流平台成为两岸政治协商中的重要一环，仍在发挥着沟通与协调的功能。

当然，在连战等人访问大陆的背后，是台湾民意的支持，否则的话，在选举决定一切的台湾社会，如此举动是不可思议的。这也说明，要求加强两岸交流、与大陆一起共谋发展、寻求双赢的呼声在岛内一直存在，但是一直处于受压抑的状态。然而随着这种诉求越来越强烈，最终一定会在合适的机会突破压制表达出来。国民党顺应了民意，代表民意表达了这种诉求，得到了越来越多的民众的支持。

---

① 台湾《工商时报》，2008年10月1日。

2008年台湾地区领导人选举中，马英九顺应了主流民意，将主要诉求锁定两个焦点上：一是“拼经济”。经过民进党执政8年的意识形态挂帅，台湾经济出现长期停滞，台湾民众已经深切感受到这种意识形态挂帅带来的负面影响。所以马英九的拼经济诉求可以说是深得台湾民众的人心。二是“和解”。在马英九的概念中，“和解”既包括岛内和解，即跳脱民进党所营造的族群分立与对立、对抗的话语结构，推动蓝绿和解，消除族群敌视和政党恶斗的局面，弭平因民进党长期操弄族群斗争形成的社会裂痕。同时，和解也包括两岸的和解，即加强与大陆的联系，既要求加强两岸的经济联系，为台湾经济发展注入新的动力，摆脱长期以来经济发展停滞的局面，也要求推动与大陆的和解，构建两岸和平架构，缓和两岸紧张局势，增加与大陆的良性互动，促进台海和平的实现。具体到政策诉求上，就是马英九提出的六大主张：“停止撕裂族群，恢复社会生机”、“政治松绑，重振经济成长力”、“不统、不独、不武”、“厉行文官中立”、“坚持清廉从政，打击贪赃枉法”，以及“尊重在野机制，欢迎媒体监督”等。① 这些主张对厌烦了民进党斗争哲学的中间选民来说，有相当大的吸引力，这种政策诉求对于降低两岸紧张局势，推动两岸交流有正面意义。

反过来说，由于马英九和国民党将主要诉求集中于经济问题和民生问题，所以内在地要求缓和两岸关系，加强两岸经济交流与合作，而不是强调两岸的对立与对抗。所以说，推动两岸交流，促进两岸关系的发展与国民党的基本施政理念和政治目标是相符合的，只要国民党的主要诉求不变，就可以预期其在推动两岸交流和强化两岸关系上的诚意。

在2008年的台湾地区领导人选举中，国民党和马英九两岸和解的大陆政策诉求是马能够胜选的一个重要加分因素。台湾TVBS民意调查中心2008年2月底的民调显示，台湾有近4成（38%）的民众，自己或有亲友在大陆工作或学习，政党和政治人物的大陆政策是他们投票取向的一个重要影响因素。民进党执政8年刻意升高两岸敌意的做法遭到了越来越多民众的反感。台湾《远见》杂志所做的民调显示，在两岸议题方面，52.5%民众认为马萧配比较有能力突破僵局、为民众争取权

① 台湾“中央社”记者何宏儒台北电。

益，谢苏配则为17.1%。① 这种强烈的支持度对比可以看出在民进党8年的冲撞之后，民心思定的情势。

泛蓝执政对两岸关系所产生的正面影响是显而易见的：

(1) 马英九和国民党认同“九二共识”，在执政后纠正了“台独”路线和政策。岛内政策方面，马英九全面叫停了民进党时期推行“去中国化”的措施；大陆政策方面，马不断向大陆释放出善意，呼应了大陆在“‘九二共识’的基础上恢复协商”及“建立互信、搁置争议、求同存异、共创双赢”的基本主张。在双方的共同努力下，两岸之间的紧张情势逐步化解，和平发展、共创双赢的局面正在形成。

(2) 加强两岸交流，推动两岸制度化协商。泛蓝掌握了公权力后，有机会将该党的大陆政策从理念转化为政策。马英九当选后，就表示要将去过国共形成的共识转化为政策的意向，“国共论坛过去已谈成的，需要双边政府同意事项，未来可以由海基海协会完成手续。”两会协商的重新启动，意味着两岸公权力部门的制度性协商取得了突破性进展。② 马英九就职后，开始系统拆除民进党时期为阻碍两岸交流而设置的一些人为障碍，不断扩大两岸交流的范围和尺度。通过公权力部门的介入，两岸交流已经形成了政策并进入实施阶段。台北方面在两岸关系上的做法得到了台湾民众的支持和肯定，岛内媒体针对执政当局两岸政策的民调均显示出，在多数情况下大多数民众均对两岸开放政策与速度持肯定态度，虽然在具体政策上仍有分歧，但是并不影响两岸交流的大趋势。

总之，马英九上台后，以“九二共识”的政治认同和“两岸人民同属中华民族”的民族认同为基础，以寻求两岸共识、共创两岸双赢为基本诉求，以两岸协商、强化交流为基本路径，最终要达到促进两岸关系缓和、提振台湾经济的目标。这一目标与大陆和平发展的基本诉求有内在的一致性，两岸在这一平台上也比较容易形成共识。这种局面对两岸关系和平发展无疑具有积极的促进作用。

（二）干扰两岸交流的力量被遏制

在台湾岛内，干扰两岸交流的力量主要来自于顽固坚持“台独路

① 台湾《远见》杂志，2008年1月号。

② 台湾《中国时报》，2008年4月1日。

线”的民进党。在民进党执政8年的过程中，陈水扁借助于行政权力，对两岸交流全面杯葛，使两岸关系一度出现了大幅度的倒退。2008年民进党在“立委”选举和“总统”选举中均大败而归后，该党对两岸关系的影响力消退，干扰两岸交流的能力遭到削弱。一方面，民进党下台后，失去了利用行政资源和行政手段干扰两岸交流的条件；另一方面，经过弊案冲击后的民进党支持基础快速销蚀，综合实力早已是今非昔比。而且，由于民进党内部问题重重，不可能在短期内恢复元气。因此，该党在短期内很难对台大陆政策形成决定性的影响。

1. 民进党很难从扁案泥淖中爬出来

陈水扁在执政8年的过程中以其为中心形成了一个强固的利益共生结构。陈水扁利用手中掌握的庞大资源，对民进党进行全面收编，党中央的政治影响力不断减退。所以，当陈水扁在台上的时候，民进党挺扁的原因不问可知，由于该党台面上的人物，政治生命取决于陈水扁，为了权力争夺，各怀心机，倘若公然反扁，不但将会招致陈水扁反制，其他竞争者也势必会落井下石，徒然使自己提早出局而已。① 故而，虽然陈水扁政治操守沦丧的事证越来越确凿，但是，民进党内的政治人物依然挺扁，成为扁的“铁卫军”。

及至陈水扁下台后，曾经以他为中心的政治结构并没有产生根本性改变，扁系人马，或者是曾经受过扁恩惠的政治人员依然充斥党内，通过扁的拉拔而崛起的政治人物在民进党依然有很大的能量。陈水扁家族“海外密账案”曝光后，“台独”人士相当震惊，“独派”大老黄昭堂甚至要求陈水扁“从台湾消失”。民进党高层对此也无言以对，基层甚至出现了对陈水扁家族口诛笔伐的情景。但是不过一个星期以后，民进党高层似乎就已“从震惊中逐渐恢复，甚至完成了自我治疗，民进党中常会里弥漫一片护党、呛马及阴谋论的声音，让人有不知今夕是何夕之叹。”② 尽管陈水扁在“海外密账案”曝光之后在民进党高层的劝退之下宣布退出民进党，但是他的影响力并没有消退。而且，对于陈水扁来说，在面对司法追诉的时候，只有继续将民进党与自己绑在一起，才能

---

① 吴能远：《论民进党之危机》，《台湾研究集刊》，2006年4期。

② 台湾《中国时报》，2008年8月21日。

更有把握逃脱司法的制裁。

陈水扁与民进党的共犯结构，则是其可以将民进党与自己绑在一起并对党中央予取予求的根本原因。由于民进党诸多高层与陈水扁的贪腐行为是“利益均沾”的关系，故而陈水扁的贪腐弊案牵涉面广，波及的人数庞大。“扁家洗钱丑闻爆发后，民进党对其处理低调，显示党内共犯结构产生寒蝉效应，不敢对其发表激烈表态，以防陈水扁咬出更多黑幕，造成同归于尽的悲惨局面。”① 对民进党中央来说，一旦把党内贪渎的盖子揭开，党内高层那些臭不可闻的丑闻暴露在光天化日之下，民进党将会面临着崩盘的危险，没有几个人可以自诩清白、置身事外。可以想见，民进党高层的贪腐行为完全曝光，对该党来说可能会是一场灾难。因此，尽管扁贪腐证据确凿，但是仍不断有“嫡系子弟兵”出来为他护航。

在这种情况下，即使蔡英文本身没有卷入扁的共犯结构，为了避免成为“光杆司令”，她也不可能奢求以道德的高标准去要求党内高层。所以，蔡英文只能采取守势，与扁进行渐进式切割。面对党内和支持者内部与扁切割的呼声，蔡在一封公开信中声称，“政治无法归零，更不可能一刀两断干净切割”，她代表的“不只是现在的民进党，更是过去的民进党”。这多少反映出蔡在面对党内强大的共犯结构时的无奈。

陈水扁也一直将与党内高层的利益勾连作为自保的武器。“海外密账案”爆发之初，陈水扁面对党内千夫所指，就把这个武器拿出来小试牛刀，由其女出面将民进党高层一起拉下水，结果发现效果很好，民进党内的大部分人都立即噤声。既然如此，陈水扁在未来一旦有难，肯定还会拉“同志”出来“救难”。换句话说，现在陈水扁就像狗皮膏药一样粘住了民进党身上，短期内很难甩掉他。

不但如此，陈水扁已经不仅是民进党的近忧，而且已经成为该党的长期隐患。因为陈水扁为了自保而必须进行群众性动员，他完全可以通过动员基本的深绿群众就可以兴风作浪，这在“海外密账案”曝光之后陈水扁所进行的取暖之旅操作中已经看得非常清楚。更为重要的是，陈水扁现在正在竭尽全力与民进党争夺话语权。一旦陈水扁抢到了话语制

① 台湾《中国时报》，2008年8月21日。

高点，民进党必然面临着基本支持流失的危险。所以说，民进党与陈水扁的切割并不仅仅是在与一个贪腐的前领导人的切割那么简单，在于必须与陈水扁争夺对“台独”、“民主”、“法治”、“政治道德”、“政治操守”、“廉耻”、“正义”的诠释权，更是争夺对民进党之本质与形象的诠释权。①因此，扁与民进党之间的矛盾与冲突必然是长期的，不过现在扁还可以轻易将手伸进民进党的决策核心，所以双方的矛盾短期内还很难激化，但是民进党不可能长期护扁，将自己与一个贪腐的前领导人捆绑在一起显然是没有出路的。随着民进党内扁系势力的消退，这种矛盾会越来越尖锐，然而那已经是很久以后的事情了。

2. 民进党核心价值丧失使动员能力减弱

民进党在发展过程中，一直标举着“清廉”、“民主”、“本土”的旗号进行政治动员。但是陈水扁执政 8 年的结果，以实际行动颠覆了民进党的核心论述，并使核心论述几乎丧失了动员的能力。连民进党主席蔡英文都不得不承认，“民进党执政 8 年，党内民主机制变成一、二人的决策思维，且为了选举向大企业靠拢，并以不当方式募款。”她认为，与当初相比，“民进党已经失去创党的理想。”②

2000 年以前，民进党鼓吹“政治清廉”最为卖力，其在 2000 年的“总统”大选中更是将“反黑金”作为竞选文宣的主打议题，极力突显“清廉、改革”的形象。但是在民进党上台后的短短几年时间内，陈水扁当局的“黑金化”程度比之国民党时期有过之而无不及，速度则远远超过了国民党。从陈水扁家族爆出的弊案来看，民进党高层贪污牵涉的数额触目惊心，手法匪夷所思，显示民进党所谓的“清廉”诉求已经完全破产，其所蕴含的道德约束力在陈水扁及大部分民进党高层身上已经荡然无存。

再看民进党的所谓“民主”诉求。众所周知，2000 年上台以后，民进党的决策中心逐渐由党中央转移到陈水扁手中，扁逐渐控制了民进党，2004 年以后，即使扁不做党主席，却不影响他成为民进党的“太上党主席”。相应的，民进党的决策多出自“总统府”而不是党中央，民

---

① 台湾《联合报》，2008 年 10 月 1 日。

② 台湾《中国时报》，2008 年 9 月 10 日。

进党的威权化倾向越来越严重。而民进党内部一直使该党保持活力的派系共治的政治生态，也在陈水扁权力加强的过程中被摧毁殆尽，民进党完全成了一人党。以扁在退位以后犹能对党中央呼来喝去的态度来看，所谓“民主”已经成了一个讽刺。

民进党的“本土”诉求异化得最为严重。民进党创党之初“本土”的基本定位是：民进党作为代表本省人利益的政治团体，有别于国民党。应该说，“本土”诉求在开始时夹杂着本土关怀与族群区隔的成分，同时，也赋予了民进党“代表本省人利益”的道德垄断地位。但是民进党在政治运作过程中，却过分强调了“本土”诉求的区隔意涵而弱化其人文关怀意涵。为了达到胜选的目的，民进党割裂台湾社会，扩大原本并不明显的族群隔阂，制造族群的对立与对抗。结果，“本土化”实际上成为狭隘族群意识的代名词，甚至成为“台独”的代名词，成为民进党进行“台独”动员的利器。及至陈水扁和民进党的贪腐弊案东窗事发，特别是陈水扁因“国务机要费案”被起诉，援引民粹力量自保时，“本土”两字完全被扁工具化，变成为贪腐行为和政治操守丧失辩护的一个借口。“当扁口口声声‘阿扁可以倒、台湾不能倒’时，本土、爱台湾已成为贪腐的护身符。”① 至此，所谓的“本土价值”完全走向反面。

民进党无法与陈水扁的贪腐形象进行有效切割，当然更无法进行道德清算。这种情况导致民进党价值判断混乱的情况有增无减。如所看到的那样，在民进党内，公然为贪腐辩护早已经不是什么新闻。尽管有李文忠等人认为民进党应该进行“自清”，② 但是这种声音在党内根本不能形成主流。相反，民进党却不断以经过内涵置换的“本土”和“主权”概念去为贪腐行为辩护，已经完全违背了基本的社会价值观和是非标准。从这个角度上说，民进党的价值系统现在正处于崩溃的边缘。

在“民主”和“清廉”诉求逐渐丧失动员力后，民进党现在只能固守具有强烈“台独”意涵的“本土化”诉求。陈水扁在弊案缠身的情况下，总是将具有“台独”内涵的“本土化”诉求当成救命稻草。“海外

---

① 台湾《中国时报》，2008年9月28日。
② 台湾《联合报》，2008年8月20日。

密账案”曝光后，扁依然按照这个模式进行操作。9月初陈水扁在向南部寻求温暖的过程中再度对泛绿群众声称，他就是“主张台独”，而马英九就是“主张统一”，力图将民众注视的焦点再度拉到“统”、“独”对立上来。

但是“本土化”诉求经过了贪腐问题的冲击后，道德动员力也已经明显下降。民进党贪腐行为的曝光对台湾民众政治认知系统产生巨大冲击，其中最为显著者，就是再一次明白显示“本土”和“爱台湾”是不能划等号的。在台湾经济发展每况愈下、民生日蹙的情况下，连民进党中央都负债累累，扁居然可以将巨额资金汇往海外，这在普通百姓看来是不可思议的事情。这种情形足以使广大的中间选民来对民进党能否代表“本土”产生怀疑。无怪乎“独派大老”陈芳明都认为，民进党的“本土论述既与台湾社会有了严重区隔，更在党员之间划清界线。本土论述已经沦为清党的利器，民主精神受到巨大创伤。”①

未来民进党如何面对“价值危机”，重新构建核心论述，按照蔡英文的话说就是“如何找到可以让人民感动的力量”，是该党必须要解决的问题。但是就目前来看，民进党显然没有更好的办法去重建价值系统，或者说根本没有准备去进行价值重建。蔡英文一度表示，民进党会以台湾认同作基础，整合台湾社会内的各族群，消弭因为过去政治对抗带来的族群与社会紧张。② 但是依目前民进党内的政治生态而言，实现这样的想法简直是痴人说梦，况且还有许多政客不肯放弃族群动员这一廉价的政治工具，不断通过强化分立与对抗来谋求政治利益。在这种复杂的情况下，所谓的“台湾认同”难免仍会落入族群二分的架构而难以自拔。

3. 街头路线挽不回颓势

2008年民进党在“立委”选举和台湾地区领导人选举中失败之后，不但“立委”席次大幅减少，成了“立法院”的少数党，而且丢掉了执政权。同时，陈水扁家族贪腐问题渐渐浮出水面，更使民进党的士气跌到了谷底。这种局面对民进党的动员方式产生了重大影响，蔡英文就任

① 台湾《中国时报》，2008年5月19日。

② 台湾“中央社”记者温贵香台北电。

民进党主席后曾明确表示，“如果有需要，我会走上街头”。这意味着民进党在所谓的“议会路线”之外，越来越倾向于利用街头运动来拉抬人气，而近期民进党通过街头运动所进行的大规模政治动员，从10月份举行的大规模游行到近期针对两会台北会谈的暴力杯葛举动，已经越来越清晰地将该党的行为取向勾勒出来。

民进党所谓的“街头路线”，是指通过动员基本群众走上街头，以游行、示威甚至是暴力冲突的方式制造对行政当局的巨大压力并迫使行政当局和执政党让步。在民进党刚刚崛起于台湾政坛的时候，这种动员手法曾经是取得政治支持的利器，对该党扩大政治版图发挥了重要作用。通过揭露国民党的“黑金政治”、挑动族群对立和冲突、深化“本省人”和“外省人”的身份认同分歧等方式，民进党为自己塑造了“清廉、勤政、爱乡土”的形象，得到了一部分民众的支持。

现在，民进党在困顿之中又想到了街头路线这样一个曾经用过的“法宝”。民进党重返街头的意图相当明显：其一，在士气跌到谷底的情况下，民进党需要用大规模的群众动员来凝聚士气；其二，通过激烈的群众运动模糊焦点，减少陈水扁家族贪腐弊案对民进党造成的冲击；其三，主导议题。民进党现在已经无牌可出，在“清廉”、“民主”形象崩塌之后，只有不断凸显塞进“台独”内容的“本土牌”作为自己的主流诉求。民进党街头运动的目的之一就是通过街头抗争强化“统独”对立，为自己的贪腐行为寻求“正当性”。

民进党重返街头路线，反映出该党的街头路线迷思和党内对未来发展前途的焦虑。在基本价值崩盘的情况下，民进党已经沦落到不知为何而战、不知为谁而战的尴尬境地。换句话说，在街头闹得越凶，说明党内高层内心越恐慌，在某种意义上说街头抗争其实是提醒台湾社会不要忘记民进党的存在而已。

然而问题是，在时空环境已经改变的情况下，民进党重返街头运动根本不能获得当年所取得的政治效果。经过了长期发展以后，台湾政治已经失去了原有的对立与对抗的刚性结构，失去了对抗的背景，街头运动是不可能有正当性的，也不可能取得大多数民众的支持。正如谢长廷批评蔡英文说，在30年前的政治结构下，民进党处于弱势，所以要通过“自残、被打来唤起国际的关心”，但是现在却还在“做30年前的事情，已无挑战性。”

不仅如此，在现在台湾民众要求安定的情况下，作为最大在野党的民进党如果一味醉心于街头运动，不但不能激起其他们想要的悲情意识，反而会被冠以“暴力党”的名声，对该党的未来发展产生消极影响。

其实，民进党的根本问题还是在于无法完成意识形态转型，跳脱“台独路线”的束缚。在该党道德形象日益崩解的情况下，更是如此。在民进党看来，尽管“台独”势力一直在萎缩，但却仍是该党的支持基础，可以给予该党无条件支持。实际的情况也是这样，现在台湾社会对民进党和陈水扁死挺到底的就是所谓的“台独基本教义派”，虽然这批人在台湾选民中的比例不超过10%，但是却可以集结起来制造出很大的声势，再经过媒体的放大效果，可以营造出民进党有“民意基础”的假象，有利于民进党拉抬士气。于是，“台独基本教义派”和民进党之间形成了一个互相支持、抱团取暖的怪圈，一时之间难以打破。民进党内部早有评估，放弃“台独基本教义派”所带来的后果可能是毁灭性的。

但是问题也正在于此。民进党与“台独基本教义派”之间这种强固的关系，决定了该党强烈的意识形态色彩不会轻易改变。过去 8 年的经验也已经证明，在民进党执政期间，经济议题永远都不是该党考虑的首要问题，“台独意识形态”挂帅的做法对两岸交流产生了阻碍作用，对台湾经济发展的消极影响也是显而易见的。这种情况已经导致大量曾经对民进党抱有幻想的理性中间选民转而支持国民党。在今年的台湾地区领导人选举中，大量的海外选民回台支持马英九就是一个典型例子。未来民进党如果不能改变路线，对“台独路线”改弦更张，恐怕会吓跑更多的中间选民。

此外，在“台独”假本土、假民主、真搞钱的面目被揭开之后，原先支持民进党而且比较理性的“浅绿”选民已经对民进党所谓的“台独”标榜和“本土”诉求表现出了越来越多的不信任。这部分选民未必会转而支持国民党，但是对民进党也不再感兴趣。相较而言，这部分选民在民进党支持者中文化水平较高、论述能力较强，他们的出走对民进党的支持结构产生了很大影响，民进党可能会回到以前以低学历人群和中南部农业地区人群为主要诉求对象的时代。以民进党目前的现状来看，由于改革遥遥无期，与贪腐切割一时也看不到希望，想让理性选民重新回归，短期内显然不可能。

所以，民进党如果想扩大支持基础，改变“台独路线”是唯一的出路，但是在民进党内依然视“台独”为神主牌的情况下，要改变该党的基本认知结构，显然还要经过更多选举失败的打击才能实现，这也注定民进党的再转型之路是一个长期的过程。在这个转型完成之前，其在两岸关系发展中只能是越来越被边缘化。

从上述分析可以看出，未来一段时间内，阻挠两岸关系和平发展的杂音依然会存在，以民进党为首的“台独阵营”在“台独”希望最后破灭之前不会放弃这一曾经有效的动员工具，但是由于“台独阵营”的力量受到压缩，政治影响力也不断下降，冲击两岸关系的能力也大不如前。另一方面，随着泛蓝大陆政策的展开，台湾民众对两岸政策及两岸关系本来面貌和未来美好前景有了切身的体认，两岸和解和共创双赢的理念得到了越来越多的台湾民众的理解和支持，这也意味着推动两岸交流的力量不断加强。这种力量对比的变化成为岛内推动两岸关系和平发展的重要促进因素。

二、两岸经济合作有利于两岸关系和平发展

胡锦涛总书记在“六点意见”中明确指出，“两岸同胞要继续开展经济大合作，扩大两岸直接‘三通’，厚植共同利益，形成紧密联系，实现互利双赢”。这一论述鞭辟入里，指出两岸经济合作有利于两岸关系和平发展，是和平发展的物质基础和经济动力。

（一）台湾经济发展需要两岸合作

2008 年的台湾经济，在世界性的金融风暴中出现了全方位的衰退，唯有台湾对大陆的贸易呈现出了靓丽的景象。

1. 经济增长率为 7 年来最低

据台湾有关部门公布，2008 第三季度台湾生产总值（GDP）自非典型性肺炎爆发以来首次下降，受国际金融风暴影响，岛内私人消费和投

资疲软，贸易和政府支出下降，整体经济出现负增长，第三季度GDP较上年同期下降1.02%，为2003年第二季度以来首次出现同比下降。2008年第三季经济增长率，由8月间预测的3.04%，下修为负增长1.02%，创下2001年第四季之后最大的衰退幅度。2008年经济增长的预测，由8月时候的4.30%，下修为1.87%，为7年来最差，这是2001年台湾经济负增长2.17%以来，经济增长最低的一年。此外，据台湾有关部门估计，台湾经济2008年第四季负增长1.73%，2009年第一季负增长0.31%，这样连续三季衰退，已经符合国际货币基金组织对“景气衰退”的定义。

2. 失业率创五年来同期最高

台湾有关部门公布的10月份失业率创下5年来同月新高，达4.37%。有关数据显示，4.37%的失业率是2004年10月以来最高的一次，失业人数为47.6万人。其中因业务紧缩或关厂歇业而失业的人，较9月增加2.1万人，9月和10月加起来，则新增3.5万人，幅度与速度为历年之最。市场消费信心恐怕将受打击。台湾有关经济部门表示，受景气衰退影响，未来一年失业情况恐难改善。

目前岛内有15%的厂商有裁员计划，以全台133万家公司行号计算，估计至少有20万家厂商裁员。加上12月历来是各家公司制定下年新预算的时间，企业感觉现在的开支难以承担，裁员、精简编制的决定集中爆发。包括建筑、金融保险、资讯及通讯传播、休闲服务业在内的六个行业是最危险的行业。

受到景气衰退影响，伴随经济循环而产生的“循环性失业者”有逐渐增加的趋势。1到10月，台湾地区平均失业人数为43.4万人，平均失业率为4.01%，较去年同期上升0.09个百分点，创3年来同期新高。其中，因业务紧缩或歇业造成的失业人数达到13.7万人。因公司裁员人数的增多，现在在台湾，选择自主创业的人数增加，整体就业形势不佳。

3. 物价继续增长消费信心不足

台湾物价仍为正增长，如果景气在2009年下半年复苏，复苏力道也不强。因物价高涨，2008年1至9月台湾受雇员工实质平均薪资负成长3.09%，实质经常性薪资负成长2.95%，创下28年来最大负成长。

台湾有关部门通过了总开支约4830亿元（新台币，下同）的振兴经济消费券发放及扩大公共建设投资两项特别条例。由于台湾经济从第三季起，将连续三个月出现负增长，确定已步入衰退。为提振景气，相关部门在11月间宣布大手笔斥资829亿元，在2009年春节前发放每人3600元消费券。另外，台湾有关部门也打算投入四年4000亿在扩大公共建设计划上，推动都市更新、鼓励民间投资和产业再造。

4. 股市汇市连续三季度持续颓势

台湾有关部门2008年11月20日发布统计数据，第三季度经济负增长1.02%，预计第四季的负增长将扩大到1.73%，明年第一季则可能负增长0.31%。对比上半年两季分别有6.25%和4.56%的增长，国际金融危机显然已对台湾经济造成重创。

由于海外市场萎缩和原物料价格上涨，使得台湾制造业普遍运转困难。中小企业濒临倒闭、大企业裁员减薪的消息频频传出，半导体、面板、家电等产业尤为严重。台湾有关部门在10月中旬推出“企业纾困协助”专案，提出申请的企业高达52家，包括16家大型制造业企业，前来咨询的企业超过500家。为确保资金流通，不少企业祭出发行公司债、买回库藏股等措施，并纷纷下修第四季的产能利用率，关停工厂或生产线，其中不乏奇美电、友达等行业“龙头老大”。

金融市场更是低迷。台股从5月20日马英九就任当天开盘9309点的高点一路重挫，10月28日创下4110点的低点。随后，在当局出台禁止放空、下修跌幅等一系列政策的拉抬下，有所反弹，但总体上颓势不减，11月20日创下4089点新低。市场人士大多唱衰后续行情，认为年内不容易出现大幅反弹的迹象。

汇市方面，受到景气不佳影响，加上外资不断汇出，新台币持续大幅走贬，10月27日对美元汇率一度跌至33.45，其后仅抬升一周即重现震荡下挫，目前维持在33.30－33.40的区段。岛内的外汇交易员表示，从第三季起连续三季的衰退，使得新台币后市仍然看贬。

5. 财政赤字依旧

根据台湾有关部门最新公布，2008年台湾行政当局与地方当局累计负债预算数计4.62兆元，再创新高。台媒指出，这个惊人的财政赤字，让台湾民众每人平均负债高达20万元。台当局“财政部”公布，2000

年全台未偿还债务余额达2.7兆元，但来年立即突破3兆元，2005年则飙破至4兆元，今年预算数突破4.6兆元，直接向5兆元叩关。这8年来，台当局负债一路攀升，负债增加高达近2兆元。对此台湾有关部门说，这8年来，台当局平均每年新增举债达2000余亿元，主因是SARS防治、“新十大建设”、“扩大就业方案”、治水计划1000亿余元、5年5000亿扩大公共建设等以“特别预算”名目扩张所致。台当局债台高筑，长、短期借款及公债合计数为3.7兆元；另外台当局尚有未揭露巨额潜在负债，保守估计约在8.9兆元，两者合计约达13兆元。

6. 对大陆贸易继续增长

全球经济危机令台湾这个依赖出口的经济体遭受重创。台湾曾是亚洲四小龙经济体之一，是全球电子部件和电子产品产业的动力之一。台湾的主要出口产品包括为大型电子公司代工的芯片、笔记本电脑以及智能手机。但是，台湾也受到了全球经济减缓的冲击，连续两个月出口下降。预估从第四季开始，台出口将连续四季呈现衰退。据台湾有关经济主管机构公布最新统计数据，继7月贸易逆差4.1亿美元，8月贸易又出现逆差3000万美元，岛内外贸“首度连续两个月入超”。2008年以来岛内外贸表现持续欠佳。根据台方最新统计，1到8月，岛内累计出口总值1826亿美元，进口总值1750亿美元，和去年同期相比仍维持顺差，但顺差金额仅为75.7亿美元，同比大幅减少67亿美元，减幅高达47%。台湾本地市场狭小，经济发展相当倚重对外贸易。台湾外贸全年顺差增长大为衰减，单月连续逆差，对本地经济信心提振产生不小影响，这是一个“值得警惕的讯号”。

值得注意的是，两岸贸易成为台湾整体贸易的最大亮点。台行政当局有关主管机构日前发布，台湾上半年对大陆出口同比增长21.7%，对大陆贸易顺差高达244亿美元，预估全年对大陆贸易顺差“将续创新高”。台行政当局有关主管机构表示，大陆已“成为台湾整体贸易顺差的最重要来源”，台湾出口至大陆市场的比重由2007年同期的29.3%升至2008年上半年的30.2%，显示“台湾对大陆的出口依存度升高”。

大陆市场对台湾经济有着非常重要的意义，台湾的经济发展必须依赖岛外市场。由于台湾是一个自然资源相对匮乏、内需市场相对狭小的经济体，上世纪60至80年代的出口导向型发展战略，虽为台湾带来了一段经济发展的黄金时期，成为“亚洲四小龙”之一。但自上世纪80年代中后期以来，劳动力成本上升、台币升值等因素削弱了其产业的国际竞争力，使得台湾经济不得不面临产业结构调整和产业升级的压力。此外，在本世纪初的世界网络泡沫经济破灭和亚洲金融危机，以及岛内的财政恶化，加之政党纷争和政局动荡，严重影响了岛内经济发展，导致了近十年的经济低迷。在过去的若干年里，台湾当局热衷于搞“台独”，对两岸经贸发展横加限制，台湾岛内的民众没有充分享受到大陆经济增长的好处，从而进一步违背了台湾经济开放的特征和转型的特点，使得台湾经济更是雪上加霜，也极大地推迟了其摆脱经济低谷的时间。大陆经济不仅稳健快速发展，而且正步入制造业快速发展、产业结构升级和城市化进程明显加速的时期，与台湾经济有着很强的互补性和衔接性，扩大两岸经贸交流有助于发挥台湾在制造业和基础设施建设方面的优势，并进而促进台湾经济发展和产业结构再升级，共创两岸经济双赢局面。11月，大陆海协会长陈云林完成了对岛内历史性的访问，签订了有利于两岸经贸交流的协议。希望台当局和岛内各政治势力能摆脱狭隘政治理念的束缚，本着对岛内经济和民众负责的精神，出台更具体、更具针对性的措施，努力推动两岸经贸步入良性发展轨道。

（二）加强两岸合作有利于台湾摆脱经济困境

国际金融危机使以外向型经济为主导的台湾受创甚重，如何缓解金融危机对台湾经济的冲击，如何加快在民进党执政下沉沦8年，又遭金融危机严重冲击的台湾经济复苏，两岸合作是台湾摆脱经济困境的主要途径之一。

1. 马英九“拼经济政策”的兑现需要两岸进一步加强合作

“以经济为施政主轴”是马英九“八大治台”理念的头一条。在2008年1月15日公布的“经济政策白皮书”中，提出“633”总体经济发展目标，即年均经济增长6%，2012年失业率降到3%以下，2016年人均所得提升达3万美元。此外，马英九提出“壮大台湾、结合亚太、布局全球”三大愿景，作为全面提升台湾经济地位的规划。为此，马英九配套的财经政策主要包括：以“爱台十二项建设”推动公共投资、扩大就业；以“活水计划”取代“鸟笼计划”，广泛松绑两岸经贸政策，开启两岸经贸协商新时代；产业政策重心是以服务业作为就业引擎，保护就业、推动制造业的高附加价值与低碳化，鼓励新兴产业发展；金融政策的目标是建立“活力、前瞻、稳定的金融产业”，打造台湾成为“亚太资产管理及筹资中心”。

然而，在全球经济增长缓慢、岛内物价高涨、民间消费不足、财政赤字扩大、出口压力增加等不利因素的影响下，特别是在国际金融危机冲击下，马英九单纯依靠岛内力量实现既定经济目标困难很大。大陆连续多年稳居台湾最大出口市场和贸易顺差来源地，且保持平稳快速的经济增长，对台湾经济具有强大的辐射带动作用，促进和深化两岸经贸往来与合作，有利于台湾经济发展和两岸双赢。

2008 年国民党在岛内重新执政，两岸均有进一步加强两岸经济关系的强烈愿望，为深化两岸经济交流与合作提供了现实的主观基础。特别是两岸两会六项协议的签署，对两岸人民交流，尤其是台湾经济的发展会有很大的作用。马英九执政使两岸关系发展进入一个极为难得的历史“机遇期”，两岸加强合作、共创双赢是人心所向、大势所趋。

2. 加强两岸合作有利于台湾融入区域经济一体化进程

民进党执政期间，专注于意识形态斗争，很少进行经济基础建设，台湾经济内部需求不振，消费低迷，财政赤字严重，新一轮的产业结构转型升级面临严峻挑战。如何使台湾经济走出低迷，加强两岸合作是必由之路。目前，台湾被排除在一些双边和多边贸易协定之外。1997 年启动的东南亚国家联盟（东盟）与中日韩“10 + 3”机制，以经济合作为中心，逐渐延伸到政治、安全、教育、文化等领域，已形成一种全方位、多层面的合作机制。2001 年，大陆与东盟确定建立中国—东盟自由贸易区，已形成一个拥有 17 亿人口，生产总值达 2 万亿美元、贸易总额达 1.2 万亿的世界最大自由贸易区。2002 年 12 月，大陆与东盟各国领导人签署了“中国—东盟全面经济合作框架协议”，共同启动了自由贸易区建设进程。2003 年大陆与香港、澳门分别签订了“更紧密经贸关系安排（CEPA）”，正式建立起自由贸易关系，内地与港澳的经贸交流与合作进入新阶段。由于台湾被排除在这些区域合作安排之外，因此无法享有低关税的优惠，影响台湾对外贸易的拓展；同时，台湾还无法参与自由贸易区内有关信息科技、电子商务协调等合作的机会，影响台湾产业的发展，对台湾产品的国际竞争力形成严重威胁。

加强两岸合作是台湾融入区域经济的关键一环。台湾要靠缓和两岸关系来拓展经济空间，只有进一步加强两岸经济合作，并使之规范化和制度化，才能使台湾更好地参与区域经济一体化和经济全球化，使台湾经济摆脱当前的困境，使海峡两岸更好地实现优势互补，促进海峡两岸经济更快地发展，实现两岸互利共赢。

2008年国民党重新获得执政权，同年6月两岸两会恢复商谈，马英九方面希望与大陆讨论综合经济合作协定，将两岸经贸关系正常化。在这种情况下，如何构架两岸经济合作框架成为两岸面对的一个重要议题，而建立两岸经济合作机制是推动这一进程的关键性步骤。

大陆特别重视两岸四地经济合作机制的形成。面对经济全球化和区域经济一体化的发展趋势，为促进大陆与香港及澳门经济合作在更广泛的层面上进行，逐步消除在一国之内的经贸关系中的制度障碍，中央政府分别于2003年6月29日和2003年10月17日与香港、澳门特别行政区政府签署了《更紧密经贸关系协议》（CEPA），并立即开始了具体实施工作。它标志着内地与香港、澳门进行更紧密地经贸合作，并由民间自发的松散形式，转变为官方协调，制度化的新模式。如果将这种类似的紧密合作安排扩展到台湾，就会形成一个“两岸四地自由贸易区”，从而为两岸四地更紧密地经贸合作奠定坚实的基础。现阶段，最重要的是积极利用各种经贸平台，加强沟通、协调、建立互信的基础，争取在最短的时间内克服政治障碍，推动两岸合作机制的建立，为两岸经济更紧密地融合创造条件。

马英九的活力经济蓝图是以解除对大陆的经贸往来的禁令为主，将昔日人为切断的经济链接通，透过中国大陆这个世界工厂及世界市场的经济地位，让台湾经济得以引入更多的全球资源而成长。因为台湾内部缺乏广大的市场腹地，经济发展必须高度外向，尽快融入区域经济一体化进程有利于台湾经济发展，而畅通的两岸往来是关键的一环。在新的世界经济形势下，台湾面临着在世界经济中地位与角色的重新调整。当前，加强两岸经济合作是台湾提升国际竞争力的重要途径。

3. 加强两岸合作有利于刺激台湾内需市场

经济增长缘自内需、外需两种动力，内需包括投资需求和消费需求，外需指出口需求，台湾经济增长主要靠外需，但内需作为经济体稳定性的重要支撑，同样不应被忽视，而陈水扁当政8年，内需贡献率显著下降，成为台湾经济发展中的一大隐忧。据台湾当局主计处统计，从2000到2007年，台湾经济平均增长率4.08%，其中内需仅贡献1.88%，外需贡献了2.2%。特别从2005年以后，内需贡献率大约低于外需贡献率2个百分点。

（1）做好大陆民众赴台旅游以增加商机

马英九上台后，面临国际金融危机、出口减速问题，这种状况下提振内需就显得十分必要与紧迫。台湾当局急需拉动内需的另一背景，是2007年以来岛内不断攀升的物价，物价高涨而实质薪资不涨，老百姓更加不敢消费，使得多年低迷的内需更加“雪上加霜”。刺激台湾的内需市场，提振台湾经济活力是马英九执政团队的一项重要经济政策。两岸两会恢复协商，两次“陈江会”签署的六项协议，其中开放大陆居民赴台旅游，两岸“三通”将全面实现，给了众多投资者、消费者信心。包机和大陆居民赴台游，最直接的意义当然在于刺激民间消费上。

目前，台湾旅游业产值占GDP的比率不到2%，而欧美一些国家达到了4%以上，甚至达到7%，因而台湾旅游产业至少有两倍以上的成长空间。① 大陆居民赴台旅游为久振不兴的台湾旅游业带来新的增长点，发展旅游业的效益远远超出旅游业本身，等于为低迷中的台湾经济“注入活水”，加快台湾经济的复苏和改善。将会给台湾带去很多商机，人流带去资金流，除了能够使旅行社、饭店、餐饮直接受惠，也给岛内交通、精品、零售行业带来了商机。

尽管从2008年7月4日首发团赴台以来，效果不如预期。原因诸多，比如开放大陆客到台湾旅游，要求团进团出，又加以诸多限制。再加上两岸不能直航，绕路港澳，去一趟台湾与到欧洲差不多，这在市场上就缺少了吸引力。随着两岸“三通”的全面实现以及相关配套措施的不断完善，大陆居民赴台旅游对台湾经济的影响会凸现出来。人们不会忘记大陆居民赴港游带动香港经济的繁荣。

---

① 兰文：《大陆居民赴台旅游——为重振台湾经济开出一剂良药》，《两岸关系》，2008年第9期，第31页。

香港在1997年回归祖国后，曾出现5—6年经济不景气，随后因大陆开放人民赴港观光旅游，而一举拉高香港的繁荣景象，可见开放观光的确是提升经济的一剂良药，且是能在最短时间内显现成果的特效药。受世界金融风暴影响，世界经济不景气，连带岛内传统产业和一般消费性产业不易有所表现，台湾当局此时用拉动内需的方法提振台湾经济发展，将可发挥一定效益。

（2）加大公共投入以扩大投资需求

马英九在竞选中即推出推动全台便捷交通网、桃园航空城、高科技产业新聚落方案、高雄港口再造方案、养生农业与观光发展方案、“国土”保育、离岛建设等“爱台十二建设”重点公共建设项目。由于涉及项目繁多，未来几年的公共投资将大幅增加，间接起到刺激经济增长的作用。可是民进党执政丢下的是“钱花光”、“债借光”的财政“烂摊子”和“乱摊子”，据统计，过去8年，台湾各级行政机关的负债余额急速增加，由1999年的2.3兆新台币上升至2007年的3.6兆新台币，举债空间变得相当狭小。①财政拮据严重影响到台湾当局提供公共建设与服务的能力。随着台湾当局财政赤字的扩大及失衡的总体经济情势，马英九如何解决“大建设”与财政困窘的矛盾，已成为其面临的一大难题。

修改法令让陆资入台不失为一条途径。台湾的《台湾地区与大陆地区人民关系条例》中，攸关两岸经贸、投资及金融往来的规定，有必要尽快推动松绑，目前的条例系订于1992年，经济及金融投资等的规定，仍然十分保守。面临两岸关系出现重要转机，重要条文应迅速修正，避免阻碍两岸交流及经济发展。只有更积极及更开放的两岸投资及金融政策，资金往来才能透明，台湾企业生存危机才能获得解决，大陆台商投资盈余所得才能回流，岛内经济景气才能快速复苏。

（3）提出“振兴经济方案”刺激内需

在国际金融危机冲击下，台“行政院”为提升景气发展经济，提出“振兴经济新方案”。“振兴经济新方案”包括发放消费券、扩大公共建设、推动都市更新、鼓励民间投资，以及产业再造等四大纲目。全案所需经费，除2009年消费券829亿元新台币外，另将提列2009年至2012

---

① 柳英：《马英九面临的经济难题》，《台湾周刊》2008年第18期，第6页。

年公共建设经费，每年约1000亿元新台币，4年共约4000亿元新台币。

“扩大内需方案”固然以推动能够创造就业机会的公共建设为上策，但诸多治本政策，通常旷日费时，而且往往受制于非经济因素，很难马上达到预期效果。发放消费券尽管只能带来短期效应，但限期使用，既可贴补民众，又可直接刺激消费，带动生产活络，对刺激景气应可发挥一定的效用。鉴于出口已经大幅衰退，占岛内生产毛额比重六成的民间消费，消费信心不断下滑，较诸投资意愿低迷不振的严重性，有过之而无不及，刺激消费实已到刻不容缓的地步。事实上，不只台湾，全世界都面临同样问题，最近几个月来，除了美国之外，包括日本、韩国、香港、新加坡及欧盟许多国家，都先后采取退税、发放现金或发给消费券等方式，补助人民生活负担，其目的无非希望通过刺激消费来增加经济发展的动力 。几经波折，台湾当局终于决定，将编列829亿元新台币的特别预算，在农历年前发放每人消费券3600元新台币，预计可以提升明年经济成长率0.64%。

消费券方案有助于食品、百货等快速消费品行业和建材、钢铁等基建行业纾困，但对目前受困极深且是台湾颇具竞争力的电子业却帮助不大。同时，岛内市场有限，借两岸通航的便利，助推台商开拓大陆市场，可能比单纯扩大内需更为奏效。台湾当局的一揽子方案有望减缓台湾经济下滑走势，但受美国和大陆市场影响深重的台湾，仅靠扩大内需难以真正治本。

4. 加强两岸金融合作有利台湾形成区域性金融中心

(1) 两岸金融合作现状

多年来，台湾银行业者受限于两岸政策影响，一直无法前往大陆设立营业据点、服务广大的台商，导致许多台商投资大陆须借道香港，这让台商倍感投资压力。陈水扁执政期间，尽管大陆方面政策比较宽松，但由于台湾当局意识形态挂帅，制定的经济政策不利于台湾金融业的发展，导致台湾金融机构（主要是银行）难以入股中资金融机构，台资银行在大陆没有实体，没有经营机构，只有代表处。面对大陆具有发展潜力的市场被外国金融银行业进驻，台湾银行除了坐困愁城，只能徒呼无奈。

2006年正是大陆加入WTO承诺金融业全面开放的截止期限。自那时起，全球的外资银行积极抢进大陆市场，至今外资银行在大陆成立营业性机构已超过350家，目前有30多家跨国银行入股中资银行。台湾的银行业再度受制于执政当局的限制，又错过了一班列车。

进入2008年以来，两岸的局势开始悄然发生变化，3月份岛内选举的结果令台湾实现第二次政党轮替，两岸的金融业合作开始逐渐松绑。两岸金融政策开放之后，台湾银行业将迎来一个崭新的时代。近年来，由于台湾金融市场一直处于“过度竞争”的状态，在不断被边缘化的同时，台湾银行业还面临内忧外患的尴尬，由现金卡和信用卡引发的“卡债”和“卡奴”问题，使得台湾金融业在过去两年里经历了一场波及消费和经济社会的“双卡风暴”。就当前而言，不仅消费金融“双卡风暴”的后续影响仍在持续，昔日很多企业金融客户也都在转投大陆，在一定程度导致台湾银行业盈利能力整体偏低。经济持续两位数高增长的大陆金融业对台湾银行业而言无疑意味着巨大的商机。

（2）加强两岸金融合作的必要性

一是加强两岸金融交流与合作是台湾自身可持续发展的需要。从经济全球化和区域经济一体化以及台湾自身经济金融长期可持续发展的角度看，台湾需要加强与祖国大陆经济金融的联系与融合。经济全球化和区域经济一体化不仅是当前和未来国际金融发展大势所趋，也必将在更大程度上决定一个经济体发展的速度和效率。陈水扁执政期间制造两岸对立，推行“台独”路线，在国际政治上处于孤立境地，政治孤立必然使台湾陷入经济孤立，使其不可能广泛参与国际或区域的多边金融合作机制和组织，从而也不能全面享受相应的贸易优惠、投资便利、监管协调等利益。因此，台湾作为高度外向型经济体，不可能求得与大陆在政治上长期对立、经济与金融上长期隔离状态下的双赢博弈解。台湾要取得可持续发展，更好地参与国际分工，就必须摆脱政治经济孤立，走和平统一的发展道路，加强与大陆的经济金融联系，这是经济全球化和区域经济一体化大背景下台湾未来发展的必由之路，是两岸金融合作的必要基础。

二是加强两岸金融合作是深化两岸经贸交流的必然要求。近30年来，海峡两岸的经济交流与合作，在经济全球化力量的推动下，不断突破两岸政治关系的约束，在全球化进程中日益加强。两岸庞大而活跃的经济交流与合作，必然内在衍生出对两岸货币兑换与结算、进出口融资、信用证的开立与通知以及其他形式金融服务的强烈需求，必然对两岸金融交流与合作产生巨大的推动力。

大陆是台湾最大的出口市场，台商海外投资最多的地区，两岸之间巨大资金流动的畅通无疑是台湾要成为区域或全球运筹中心的一个重要保证。① 由于岛内经济结构的演变，为经济服务的银行业的生存空间日益压缩。而随着岛内保险密度和深度的上升，保险业在岛内的发展潜力空间也逐渐缩小，竞争环境加剧，台湾保险业急于赴大陆寻求市场；台湾证券业家数多规模小，岛内证券市场比较封闭，基本属于内生性变革，上市资源缺乏，券商竞争激烈，台湾地区金融服务业的发展空间也受到限制，赴大陆求发展是解决上述矛盾的上策。

三是两岸金融业发展的互补性是两岸金融交流与合作的客观基础。一方面，台湾金融业在市场化、自由化、对外开放、国际接轨的时间与步伐方面都先于大陆，在金融创新与管理、金融机构内部控制与金融人才培养等方面的经验，可以为大陆金融机构与金融业发展提供一定借鉴；另一方面，当前大陆日益发展的金融需求市场与正在进行的金融体制改革，可以为台湾金融业提供广阔的合作空间。两岸金融业发展的潜在互补性与互利性，既是两岸金融交流与合作的内在动力与需求，也是两岸金融交流与合作的客观基础。

马英九提出要将台湾建成亚太资产管理中心与营运中心。台“行政院”进一步提出“吸引外资来台设立总部，发展金融中心”的构想，但重要的一条是，在进行两岸金融合作的同时，台湾必须采取开放的两岸经贸政策，允许大陆资本进入，才有助于资金的回流，以及两岸资本的顺畅流通与金融业合作，才可促进台湾区域性金融资产管理中心的形成。

5. 加强两岸经济合作有利于台湾新一轮产业结构转型升级

台湾以服务业为主干、制造业占重要地位的产业结构，在 20 世纪 90 年代支撑了 10 年台湾经济的稳定中速增长。但 21 世纪以来，面对迅速变化的经济形势，这种产业结构对经济的支撑力量已日益消弱。

（1）台湾新一轮产业结构转型面临挑战

台湾产业转型面临严峻挑战，表现为以下方面：

① 邓丽娟：《两岸入世后金融交流与合作问题的探讨》，《台湾研究集刊》2002 年第 3 期。

一是台湾服务业主导地位确立，但发展面临新的挑战。目前台湾服务业对经济增长的贡献率逐年降低，服务业存在“早熟”现象。“西方发达国家服务产业超过70%，服务业就业人口也占70%左右，即服务产值比重与就业人口比重基本保持一致，但台湾的情况不同。台湾服务业产值比重突破70%，但服务业就业人口比重只有58%，存在着显著不对称关系。”① 导致台湾服务业发展问题的原因是双方面的。一方面，台湾服务业具有内需导向型特征，虽比重高、规模大但发展水平较低，造成服务业对岛内需求依赖过大。而岛内需求的波动会直接影响服务业的发展。另一方面，近年来台湾消费者信心持续走低，内需严重不足。

二是台湾支柱产业单一，技术创新能力不足。上世纪90年代台湾劳动密集型产业大量外移，为台湾产业结构转型升级释放了空间，台湾工业形成了以电子信息产业为代表、技术密集型产业为骨干的发展格局。台湾高科技产业主要集中在电子信息，高科技产业结构单一。而这一领域的关键技术却始终依赖美、日等发达国家，岛内企业拥有自主品牌比例单一。

里昂证券亚太区市场部2007年8月的研究报告指，“不能拓展与大陆的经贸关系，将会把台湾置于亚洲发展最慢的行列之中”。台湾经济发展已到了一定的限度，民进党当局采取经济“自闭”政策对台湾经济有害无利，而实现两岸“三通”是突破增长极限的关键。近年来美国商会每年进行的“企业信心调查”，或欧洲商会每年提出的建议书，都将“改善投资环境”与“开放两岸直航”列为最大诉求。②

（2）加强两岸合作提振台湾服务业

目前，以内需为主要导向的台湾服务业正面临岛内市场狭小的瓶颈，迫切需追随已外移的制造业向海外特别是大陆拓展服务市场，增强国际竞争力以增加潜力。尤其面对全球金融危机的冲击，通过加强两岸合作来提振台湾服务业，无论对提振台湾经济景气还是中长期的经济结构转型，都有重大的意义。

大陆经济也正步入重要的转型期：“十一五规划纲要”提出，在经

① 曹小衡主编：《2005－2006年台湾经济与两岸经济合作研究报告》，九州出版社，2006年版。

② 王大江：《在台外商加快撤离台湾》，香港《经济导报》，2007年4月16日出版。

济增长方式上要由主要依靠投资、出口拉动向依靠消费、投资、出口协调拉动转变，特别是要扩大国内需求尤其是消费需求。在产业结构调整方面，将大力发展现代服务业，推动由以第二产业为主导的产业结构向第一、第二、第三产业协同发展的产业结构转变。在工业升级方面，通过推进信息化与工业化融合方式，走新型工业化道路。在加快发展服务业方面，国务院专门发布相关指导意见，提出到2010年“有条件的大城市形成以服务经济为主的产业结构”要求，以及到2020年“基本实现经济结构向以服务经济为主的转变，服务业增加值占国内生产总值的比重超过50%”的重要目标。并提出加快放宽服务领域市场准入、提高服务领域对外开放水平、加大服务领域资金投入力度及优化服务业发展政策环境等重要举措。①

随着两岸经贸发展进入一个难得的历史机遇期，阻碍两岸服务业合作的政治障碍正在减弱，两岸“三通”全面实现以及两岸有关金融合作协商进程的加快，将促进两岸现代服务业合作的全面深化。从长远看，如果两岸建立更紧密的经济关系，更为深远地促进两岸服务业的全面合作，并成为带动两岸经济关系的主要动力。

（3）加强两岸合作有利于台湾借重大陆市场扶植支柱产业

马英九经济政策中，台湾经济新蓝图打造“活力经济”，就是要把民进党造成的一潭死水重新活起来，让台湾民众有活路，让企业的经营有活水。台湾的产业再造有三大主轴：产业创新、新兴产业、政策松绑；其中观光业、医疗服务业、运筹服务业、农业科技化及企业化、文化创意产业、生技医药产业等等都是需要依托大陆庞大的市场。② 尤其是生物科技产业，因为台湾生物市场狭小，不具备开发新药市场规模。为了扶持下一个台湾的支柱产业——生技产业，未来两岸可共同协商制定“中草药研发合作计划”及“医疗工程应用与产制中心合作计划”等，并推动共同有效的药物审查机制与流程。还有两岸贸易正常化及特定产业保护机制、两岸投资保障及经贸纠纷调解仲裁、两岸知识财权保

---

① 2007年3月19日发布《国务院关于加快发展服务业的若干意见》（国发［2007］7号）。2008年3月13日发布《国务院办公厅关于加快发展服务业若干政策措施的实施意见》（国办发［2008］11号），参见中央政府门户网站 www. gov. cn.

② 马英九2008年竞选产业政策白皮书。

护及专利认证规范协调、产品标准规格化及标准检测认证规范协调、两岸渔业劳务合作机制等等需要建立。

马英九执政团队希望利用台湾科技产业利基及经营大陆市场优势，建筑高科技业的“双黄金三角”，以“硅谷—台北—上海”及“东京—台北—上海”的策略性连接，加快台湾的高科技发展。① 近20多年的实践证明，大陆与台湾客观上已经成为区域内贸易与投资的积极参与者与利益获得者，尤其是日益紧密的两岸产业对接与经贸合作，既有利于台湾经济升级与生产力的发展，也有利于台湾社会往更高级形态所需的各种要素，创造更有利于两岸关系的稳定与发展。

目前，大陆是台湾最大的贸易伙伴、最大的出口市场和最大的海外投资据点。“三通”后，由于成本节约及诸多便利措施等有利因素，对台湾地区的传统产业的竞争力提升将起到促进作用。此外，利润的回流可以促进新兴产业的发展，加速产业升级，增强台湾在亚太地区的产业中心地位。

两岸经贸关系日趋紧密，两岸可以为此签订综合性经济合作协议，建立具有两岸特色的经济合作机制，以最大限度实现优势互补、互惠互利。建立更加紧密的两岸经济合作机制进程，有利于台湾经济提升竞争力和扩大发展空间，有利于两岸经济共同发展，有利于探讨两岸经济共同发展同亚太区域经济合作机制相衔接的可行途径。

三、台湾主流民意要求两岸关系和平发展

民意（public opinion）是指对特定事件及人物的看法，特定事件和人物通常是指公众普遍关心的政治或社会、经济问题以及政治人物。了解民意乃至于设法探询民意，是政策制定过程中不可或缺的步骤。了解民意的途径大致有以下几种：大众传播媒介、政治利益集团、选举结果和民意调查等。一般来讲，民意调查是目前公认最科学的方法，选举结

① 谭世坪：《两岸经贸新形势与台湾的两岸经贸政策选择》，《台湾研究》2008年第3期，第32页。

果则被视为民意的最直接体现。根据台湾具有代表性的民意调查机构的调查数据，并结合此次“总统”大选的结果进行分析，可以了解台湾社会的主要民意分布，可以看到台湾主流民意要求两岸关系和平发展。

（一）有关两岸关系的民意分布

2008 年台湾社会关注的与两岸关系有关的议题主要包括“身份认同”与统独立场、两岸“三通”、政党认同等。根据台湾民众在这几个重要议题上的态度，就可以基本了解台湾社会的主要民意分布。

1.“身份认同”与统独立场

随着 2008 年台湾再次实现政党轮替，台湾民众的“身份认同”是否会发生某些变化？即台湾民众对“自我认同”的态度分布与变化趋势为何？可以根据相关民意调查数据来进行分析。

6 月，在继国民党主席吴伯雄访问大陆后，海基会董事长江丙坤赴北京与海协会展开两岸复谈，针对两岸周末包机、大陆观光客赴台等议题进行协商之际，TVBS 民调中心对台湾民众的“身份认同”进行了调查。调查数据显示，在“身份认同”上，当询问民众认为自己“是台湾人还是中国人”，但不给予“既是台湾人也是中国人”这一选项时，有近七成（68%）表示“是台湾人”，与 8 年前政党轮替时的调查相较，自认为“是台湾人”的比例增加了 10 个百分点。值得注意的是，在各年龄层中，20－29 岁年轻民众认为自己“是台湾人”的比例达 76%，明显高于其他年龄层，显示年轻人受民进党“去中国化”的“独”害甚深。① 而当进一步提示“既是台湾人也是中国人”的选项后，有 45% 民众表示自己“既是台湾人也是中国人”。②《远见》杂志 9 月的民意调查数据与这一趋势基本一致。在调查结果中，台湾民众的“自我身份”认同依序是：台湾人 95.9%、中华民族一份子 75.4%、亚洲人 73.5%、华人 67.3%、中国人 46.6%。③ 这两份调查数据显示，民众的“台湾人

① 这一趋势在陈水扁第一届“总统”任期结束时就已甚为明显。参见唐德中、王安：《台湾青年选民的政治认同与走向》，载《青年研究》，2004 年第 2 期。

② 数据来源：TVBS 民调中心。http：//www.tvbs.com.tw/FILE_DB/DL_DB/even/200806/even－20080610175239.pdf.

③ 数据来源：《远见》杂志民调中心。http：//www.gvm.com.tw/gvsrc/200809_GVSRC_otherissue_C.pdf.

认同”趋势上升是一个明显的事实，但持“双重认同”的比例仍将近一半。

需要加以强调的问题是：各种调查问卷所给予选择项中的“台湾人”、“中国人”对不同的人而言蕴含着不同的意义，他们基于各自的理解而做出选择。有些人是以族群为分类标准，他们心中认定的“台湾人”指的是“本省人”，其对比类属是“外省人”，而非中国人；有些人是从地理概念来界定“台湾人”，它指的是居住在台湾的所有人，其对比类属是居住在大陆的中国人，但这并不意味着他们认为台湾人和中国人是两个民族；有些人的“台湾人”概念则较具政治意涵，其对比类属是大陆的中国人，而且两岸分属不同的政治共同体。由此可知，如果要更为深入地了解民众的真实心态，其实还需要更为详细的问卷内容。尽管如此，依据目前问卷内容所得出的一系列数据仍有其基本的参照价值。

此外，上面所引《远见》杂志关于台湾民众“身份认同”调查数据中的一个显著特征是，除了“台湾人”广获认同外，其次是“中华民族一份子”。这一结果显示，继大陆强调“13 亿大陆同胞和 2300 万台湾同胞是血脉相连的命运共同体”后，马英九在“就职演说”提及“两岸人民同属中华民族”，并对大陆人民以同胞相称，这些能够成为两岸人民自我认知“交集”的表述被绝大部分台湾民众接受，显示政府的作为具有某种意义上的拨乱反正功效，对扭转部分台湾民众被灌输和误导的自我认知具有相当的正面意义。

与“身份认同”相近的是统独立场。由于受到外部势力的干涉，台湾问题一直悬而未决，过去半个多世纪以来两岸一直处于分裂状态，中国的完全统一尚未实现。在历经维持“中华民国法统”的国民党和主张“台独”的民进党执政及其政治社会化过程的影响后，台湾民众对两岸关系的看法究竟为何？两岸之间是要统一？还是台湾要独立？抑或是维持既有状态？

2008 年 3 月 22 日台湾“总统”选举结束后，台“陆委会”随即对台湾民众在两岸关系上的看法进行了民意调查。结果显示，在民众的统独立场方面，有高达 91.1% 的民众主张广义维持现状（包括“维持现状，看情形再决定独立或统一”、“维持现状，以后走向统一”、“维持现状，以后走向独立”、“永远维持现状”）。这一数据与过去调查结果相比大致相同，但略高一些，可能是受刚刚结束的“总统”选举影响所致。8 月的民调数据中，主张广义维持现状的比率是 82.6%，与其历来调查结果一致。①

在 6 月 TVBS 的民意调查中，关于台湾与大陆关系方面，由于问卷调查设计的问题不同，因而在维持现状方面得出的具体数据与“陆委会”民调数据相比有所差异，但台湾民众在统独立场上的变化不大。其调查结果显示，台湾民众主张维持现状的比例为 58%，与该机构之前两次所做民调结果相比没有明显变化，其后 10 月份的调查结果亦是如此。具体分布情况如下：②

台湾民众统独立场趋势

单位：%

调查时间	倾向独立	倾向统一	维持现状	没意见
2007.8	23	8	58	11
2008.4	19	6	60	15
2008.6	19	8	58	15
2008.10	24	5	58	14

2. 主流民意支持两岸“三通”

面对大陆经济的持续高速发展，台湾民众希望能够善用大陆经济腾飞的动力，实现两岸“三通”，促进台湾经济的发展。但是，李登辉、陈水扁执政的 20 年中，未能跟上时代与两岸政治经济情势的变迁，而是以“台湾安全”考量为借口，为两岸“三通”设置诸多障碍，无法发挥台湾经济发展的区位优势，出现严重的经济边缘化危机。在政党再次轮替、面临全新的政治经济情势下，台湾民众在两岸“三通”上的立场和态度呈现何种态势？

在民进党“3·22 选举”惨败后，台“陆委会”3 月 28 日公布“民众对当前两岸关系之看法”的民意调查结果。89% 的台湾民众认为应该有条件开放两岸直航，为历来调查的最高点，认为应该无条件开放的民众有 7.1%，两者相加，认为两岸应开放直航的台湾民众达到了

① 参见台湾“陆委会”网站：http：//www.mac.gov.tw/gb/index1.htm.

② 数据来源：TVBS 民调中心。http：//www.tvbs.com.tw/news/poll_center/index.html.

96.1%。[1] 这一结果显示，民进党执政时期僵化保守的政策并不符合绝大部分台湾民众的期待，民众热切盼望两岸早日实现“三通”。

国民党主张开放两岸经贸，5月重获执政权后，马上与大陆方面就两岸“三通”问题展开协商。11月3－8日，海协、海基两会首度在台北举行历史性的协商，两岸顺利签署空运、海运、邮务合作、食品安全“四项协议”。台“陆委会”就第二次“陈江会谈”所做的民调结果显示，超过七成民众支持两岸制度化的协商机制，七成到八成民众对此次两岸协商签署的“四项协议”感到满意，超过六成民众认为这些具体成果对台湾经济发展有好的影响。而且，台湾民众较关切且希望下次协商的议题，依序是两岸交流秩序（75%）、两岸投资合作（57%）、两岸产业合作（51%）、两岸金融合作（46%）及两岸文教与新闻交流合作（44%）。[2] 这一民调数据显示，国民党政府促进两岸“三通”的政策符合人民的期待，民众广泛支持攸关人民福祉及权益的民生、经济议题的协商，对于攸关民生健康与交流秩序的其他议题也有较高的期待。

3. “政党认同”中倾向支持两岸交流的国民党

政党在当代社会中扮演着极其重要的角色，尤其民主政治必须有赖政党的居间运作才能顺利施行。在代议政治下，人民利益的聚合与表达通常是由政党来完成和实现的。政党虽然肩负着集结和反映民意的功能，但在政治运作上，政党最重要的是赢得选举，以达到影响政策制定的目的。[3] 整体而言，一个政党成功与否，归根到底取决于它能在多大程度上代表尽可能多的民众，将其诉求表达出来，从而获得他们的认同。政党认同不仅对于选民投票决定具有重大的影响，而且也是左右个人政治态度与其他议题立场的关键因素，甚至是最重要的因素。

近年来台湾政坛上活跃的政党主要有四个，分别是泛绿的民进党、台联党和泛蓝的国民党、亲民党。随着“单一选区两票制”的施行，亲民党与台联党逐渐泡沫化，因此可以说主要的政党只有民进党和国民党。民进党接连在“立委”选举和“总统”选举失利，交出执政8年的

---

① 参见台“陆委会”网站：http：//www.mac.gov.tw/gb/index1.htm.

② 参见台“陆委会”网站：http：//www.mac.gov.tw/gb/index1.htm.

③ 参见孙同文：《台湾国族认同和两岸关系发展》，参见王家英、孙同文合著：《从台湾政治到两岸关系》，香港海峡两岸关系研究中心，1999年版，第204页。

政权；除“第一家庭”的弊案外，另有“外交弊案”等民进党高官集团经济犯罪等许多案爆发，民进党遭遇前所未有的重创。而国民党成为“立法院”最大党，“马萧配”胜选后，迈入“完全执政”的时代。交出执政权的民进党和重新赢得政权的国民党在民众心中的形象究竟怎样？会发生何种变化？“中央研究院”社会学研究所、政治大学选举研究中心、TVBS 民意调查中心、《远见》杂志民意调查中心、“陆委会”等机构对台湾民众的政党认同，做了长期的观察。这里将结合《远见》杂志民意调查中心和 TVBS 民意调查中心的民调数据进行分析。

《远见》杂志民调中心多年来的民众政党倾向追踪分析结果显示，近年来民众对民进党的认同度不断下降，并在 2006 年 9 月“第一家庭”弊案持续延烧时降到最低点，达到 15% 以下，显示民进党只剩下深绿的支持。其后虽然有所回升，但迄今为止仍然落后于国民党十多个百分点。具体数据见下表。①

民众政党倾向追踪分析（Party ldentification Tracking Analysis in Taiwan）

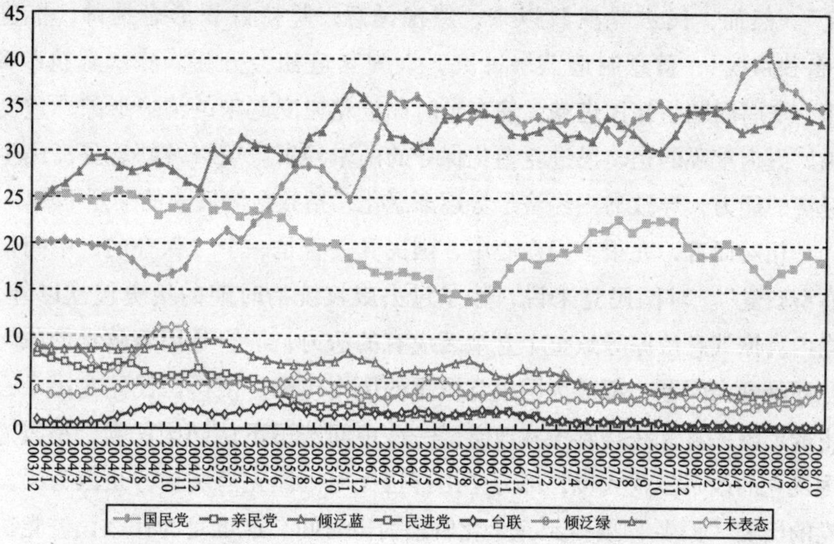

注 1：2006 年 3 月前资料系在“年代民调中心”执行且公布之资料；2004/11 及 2006/04 调查时点无相关资料，故上图未列入。

注 2：日期 2005/03 之资料值为 2005/01 至 2005/03 三个月调查之平均值，其余类推亦同。

---

① 数据来源：《远见》杂志民意调查中心。http：//www. gvm. com. tw/gvsrc/index. asp.

TVBS民调中心长期以“重视民意”、“廉洁”、“有活力”、“重视改革”、“团结”、“反省能力”等六项指标，作为民众对政党形象的评比内容。其5月的民调数据显示，在政党形象方面：民进党在“重视民意”、“廉洁”、“有活力”、“团结”等四项指标，都创历年最低。整体而言，民进党形象明显滑落，与国民党相较，民进党在各项指标的评比皆落后国民党。而国民党在“有活力程度”、“重视改革程度”、“团结程度”及“有反省能力”则获得六成民众的肯定。近八成民众认为民进党8年执政表现不好，而“5·20”民进党交出执政权后，重新扮演在野党的角色，43%民众预期民进党的监督表现不好。① 虽然蔡英文成为民进党主席后，民进党在各项指标的形象一度略有提升，但随着陈水扁涉案事证日益明显后民进党不敢与陈水扁切割、“王定宇事件”以及“11·6围城游行”中暴力事件的发生又迅速下降。

初步分析可以发现，出现这一结果的原因在于，民进党自通过“台湾前途决议文”以来，在民众心中一直是一个“改革的、中间偏左型政党”。然而，民进党执政以来，忽视民意，坚持意识形态挂帅，推进“台独路线”，蓄意制造蓝绿冲突，人为制造社会分裂。陈水扁执政8年，贪腐问题重挫民进党，使在野时民进党树立起来的清廉形象严重受损。更为重要的是，民进党僵化保守的两岸经贸政策以及缺乏提高民生经济的能力，导致岛内经济形势逐渐恶化，招致台湾民众的强烈不满。

相对而言，在很多民众心中，国民党一直是一个“保守的、中间偏右型政党”。对国民党来说，除了过去威权统治时期的历史包袱以外，党内官僚气息浓厚导致整个党缺乏应有的活力，不管是黑金政党形象问题还是党产问题，都成为国民党沉重的历史包袱，使得国民党在民众心中的形象一直无法得到根本改善。一些中间选民不认同国民党，是因为国民党的改革步伐太慢，部分中南部选民对国民党有疑虑，是因为国民党的历史“原罪”要得到完全化解还尚需时间。这也是为什么民进党执政8年来台湾经济低迷和迅速腐败，民众对民进党的不满意度上升，国民党的支持率没有得到相应大幅提升的原因。尽管民调数据显示的数字对国民党来说并不容乐观，但从比率上来看，重视民意、积极推动两岸

---

① 数据来源：TVBS民调中心。http：//www. tvbs. com. tw/news/poll_ center/index. html.

交流的国民党显然比民进党更受欢迎。

总体而言，随着2008年台湾再次实现政党轮替，台湾民众的“身份认同”并未发生重大变化，在统独立场上主流民意仍主张维持现状，并积极支持两岸“三通”，体现在“政党认同”中就是倾向支持两岸交流的国民党。

（二）赞成两岸关系和平发展成为台湾民意主流

随着民意左右当代政府运作的程度日益深化，民意调查在政府与人民之间扮演的桥梁角色也愈来愈重要。综合各种民意调查结果得出的上述台湾社会主要民意分布，可以发现，这一民意结构不仅是台湾社会发展和朝野政党相互角力的结果，也在很大程度上塑造了台湾新的政治局面和社会环境；2008年的台湾民意既表现出了其较为稳定的一面，同时亦有鲜明的变化。

1. 台湾民意的稳定性

首先，“台湾人”认同比率上扬与广义维持两岸现状持续并存。由于某些台湾民众以前被动接受官方灌输的“台湾主体性”、“一边一国”等概念，以及大陆“落后”、“不民主”等负面印象的留存，使得“台湾主体意识”膨胀，自我认定为中国人的比率有所下降，但持“双重认同”者仍占据相当比重。虽然“身份认同”与统独立场高度相关，且民众自认为台湾人的比例有逐渐升高之势，但由于塑造台湾民众统独立场的力量，并不只是源自内部、以人民的历史情感认同为基调，同时也包括源自外部、以现实利益选择为基调的国际地缘政治，因此对台湾民众来说，不管是否在情感上认同自己是台湾人，但在统独问题上大都基于现实政治的考量，对台湾走向独立有所保留。因而求安定、怕动乱而维持现状的现实主义态度，大大超越“激进台独”和“快速统一”诉求，继续成为台湾民众在统独问题上的主要立场。①

其次，主张早日实现两岸“三通”。大部分台湾民众一直主张早日实现“三通”，尤其是自去年下半年以来，受到物价上涨、全球金融风

① 参见郭艳：《国家认同与台湾政党政治的变迁》，参见《台湾政党政治发展的回顾与前瞻》，香港社会科学出版社有限公司，2006年版。

暴加剧等因素的影响，岛内整体经济形势极为低迷且近乎停滞，台湾民众对民生问题给予极大的关注，并对两岸“三通”抱有更为强烈的期待。主张给两岸关系“松绑与重建”的国民党执政后，对于两会共同推动的有利于台湾的“陈江会谈”，民众高度欢迎两会达成的一系列可以增进两岸往来便利以及节省时间、成本的协议。而对于再次沦为在野党的民进党继续以“反中”、“卖台”等政治口号号召民众上街头并爆发暴力冲突等做法，试图阻挠两岸经济的进一步合作，大部分民众表示强烈抗议。①

最后，对清廉、改革型政党有期待。由于“单一选区两票制”的施行，加上台湾特殊的政治社会环境，使得“国家认同”成为政党区隔的标准之一，台湾不存在第三势力发展壮大以抗衡国、民两党的空间，台湾日益走向两党政治。但是，前面所引民调数据显示，有近一半的民众觉得民进党不清廉、忽视民意、不重视社会正义，而这都是当年民进党在野时高呼的口号、要打倒国民党的理由，显示目前的民进党无法满足民众的期待。与此同时，尽管国民党的改革压力因马英九上台执政而有所减缓，但仍是民众关注和国民党将来要面临的重要问题。

2. 台湾民意的变化

综观2008年的台湾主要民意分布可以发现，虽然其有一定的连续性，但也有显著的变化。这一变化集中表现在，民众对民生问题的关注使得经济议题首次超越统独议题，成为“总统”选举中的主导议题，并体现在最终的选举结果中。

表达民意的根本动机是要满足人类的基本需要。正如美国心理学家亚伯拉罕·马斯洛所指出的，人的一切行动来源于动机，而动机来源于人的需要，在人类基本需要的五个层次中，生理、安全、社会等需要是基本的，自尊、归属等则属高层次的精神需要。在台湾前三次“总统”选举中，由于台海两岸现状处于一种非正常状态，与统独相关的议题与人们的情感需求紧密相连而蕴藏着巨大的催票潜能，事实上成为过去三次“总统”选举的主导议题。在1996年的“总统”选举中，国民党利用台湾民众对民进党激进“台独”主张可能导致战争的恐惧心理，将竞

① 台湾《中国时报》，2008年11月7日。

选主轴设定在稳定两岸关系上，从而主导了选举的议题竞争并获得最后的胜利。在其后的两次“总统”选举中，民进党通过出台“台湾前途决议文”弱化了民进党激进政党形象，在统独议题上抢占了有利位置，加上对国民党威权统治负面遗产的充分利用，使得民进党主打的“爱台湾”、“防御性公投”等与统独高度相关的议题成功地压制住国民党对经济议题的强调，成为民进党获胜的重要原因所在。

选民的选择使与统独相关的政治议题凌驾于经济议题之上，这可以说是台湾社会在一定阶段特有的现象，反映了台湾民众在精神层面的需要。但是，随着民进党迅速腐败、台湾经济持续低迷、社会治安恶化，民众最基本的需要得不到应有的满足时，统独议题的效力会逐渐减弱，现实的经济状况，让选民的关注点开始移向民生等共公共政策，第一次使经济议题脱颖而出成为可能。[①] 在竞选过程中，民进党将竞选主轴设定为凸显“台湾主体意识”，强力推动“入联公投”，企图继续通过民粹式的动员挑动起选民的感性需求来获取选票。国民党则将 2008 年“总统”选举明确定调为主打经济议题，利用国民党在民众心中“稳定两岸关系”和“较强的经济发展能力”形象，提出了改善台湾经济发展环境、提升台湾经济竞争力和台湾人民生活水平的愿景。台湾选民最终做出了理性的选择：执政后仍以在野党心态执政、人为制造族群矛盾、漠视民生、忽视民意的民进党惨败，主张经济优先、改善两岸关系的国民党大赢。

3. *台湾主流民意与两岸关系和平发展*

真正的民意，是那些具有正常的理智与情感的民众的意见，是在人们摈弃了自己的偏见和激情，经过理性的反思后，对一件事情所表达的意见，而且“往往在选举谢幕后高调地浮出水面”。[②] 2008 年初《天下》杂志的国情调查显示，台湾民众普遍认为，民进党执政后，台湾并未向上提升，而是逐步向下沉沦，72% 民众不满台湾经济表现，多数民众赞成务实发展两岸关系。[③] 因此，促进台湾经济繁荣、突破两岸僵局是台湾民众认为急需解决的重要议题。解决这些问题，应该是最贴切的台湾

---

① 参见郭艳：《台湾选民的 2008 抉择》，《台声》，2008 年第 1 期。
② 参见邹振东：《选举谢幕后：真正的民意才出现》，《南方周末》，2008 年 3 月 20 日。
③ 参见李雪莉：《民生优先 政治闪边》，台湾《天下》，2008 年 1 月，第 388 期。

主流民意。这不仅需要岛内政党能够制定出符合民意的政策，即“民生优先、政治闪边”，也需要有更为开放的大陆政策与和平稳定的两岸关系。基于此，国民党主打“交流牌”、“和平发展牌”赢得了选举，马英九执政后把响应大陆号召、推动两岸关系和平发展放在十分重要的位置，其推动的开放大陆观光客来台、两岸客货运直航等多项两岸政策，都获得了民众的广泛认同和支持。

由前文所做的分析，可以将台湾主流民意在两岸关系上的看法简单归纳为以下三点：一、维持现状成为统独问题上的主要立场，意味着台湾民众接受这样一个事实，即维持海峡两岸的和平稳定是台湾政治、经济和社会发展所需的重要外部环境；二、“台湾人”认同的上升，则意味着在目前的情势下，台湾方面在改善与大陆的关系时，要照顾到台湾民众对尊严和利益的双重需要；三、面对台湾经济面临的严重困境，台湾民众意识到，进一步加强两岸经贸合作，实现两岸“三通”，是改善台湾经济和自身经济状况的重要途径。

简而言之，台湾主流民意要求两岸关系和平发展，这一主流民意不是民进党用“入联公投”以及“反中”游行等就能抹杀得掉的。由于透过示威、抗议、游行等较为激烈的手段直接且主动所表达出的民意，往往会受到媒体的报导与全民的关注，有时即便只是少数人的意见表达，却会透过大众传媒的传播，让人误以为是多数民意的表现，迫使政府加速回应，[①] 民进党的用意便是如此。再次沦为在野党后，民进党组织其支持者进行了多次游行，但是这种少数的民意与民调数据和选举结果所显示的多数民意显然是不相吻合的。

---

① 参见余致力：《民意与公共政策：表达方式的厘清与因果关系的探究》，台湾《中国行政评论》，第9卷第4期。

第五章 两岸关系进入和平发展新阶段

一、大陆对台政策的发展

2008年两岸关系迅速发展，大陆对台政策进一步调整和优化，和平发展的两岸政策得到进一步贯彻和落实。在两岸共识增加的背景下，两岸交流不断扩大，两岸协商也出现了新的突破，开始向制度化方向推展，两岸正在迎来大交流大合作大发展的时代。

（一）牢牢把握两岸关系和平发展的主题

两岸关系和平发展理论是以胡锦涛为总书记的中央领导集体对台政策理论创新的成果，是将台湾问题的解决纳入国家发展视野的智慧结晶，强调了国家统一与国家发展问题的动态平衡和辩证关系，是新时期对台工作的指导纲领。

从逻辑理路上分析，两岸关系和平发展理论包括三个由浅到深的基本层次。(1) 和平与发展是两岸人民的共识，也是两岸人民都能接受的两岸关系愿景。胡锦涛总书记2005年在分别与来访的中国国民党主席连战、宋楚瑜进行正式会谈时，提出了构建和平稳定发展的两岸关系的重要主张，2006年在会见连战时胡总书记再次重申，“和平发展理应成为两岸关系发展的主题，成为两岸同胞共同为之奋斗的目标。”和平发展反映了两岸人民共同利益诉求，特别是台湾在经历了民进党8年意识形态挂帅所造成的经济困顿之后，尤其如此。(2) 两岸关系和平发展是中国整体发展战略的自然延伸。和平发展是中国的整体发展战略的基本模式和路径，是中国适应内外形势新变化、顺应人民新期待，并结合时代条件变迁，不断探索和完善适合国情的发展道路和发展模式的理论成果。① 两岸关系和平发展理论的提出其实是将国家统一问题与国家整体发展有机结合起来，形成了协调一致的关系。(3) 两岸和平发展的最终指向是中华民族的伟大复兴。两岸关系和平发展理念所追求的最佳结果，就是要在实现国家统一的过程中实现两岸共同繁荣。按照这一设想，国家统一的过程也是实现中华民族伟大复兴的过程，统一之后的中国是一个更为强大和富裕的国家，是两岸人民共有的更美好的家园。

实现两岸和平发展的必要途径是降低两岸的敌意，消除两岸民众对彼此的误解，增强两岸的政治互信，否弃以炒作两岸关系来谋求政治利益的做法，进而加强两岸交流，实现两岸从经济到社会的全面整合，创造出两岸双赢的局面。两岸和平发展能够得以实现的基本前提是双方对搁置争议、共同追求繁荣和双赢局面的默契。反观民进党在台上的 8 年，执政当局 不顾台湾人民利益，不断挑战一个中国原则，给两岸关系带来了巨大的伤害，而民进党对于大陆的妖魔化宣传对两岸关系的负面影响更是不可低估。惟其如此，民进党执政时期两岸经济交流的规模虽然仍在不断扩大，但是其对两岸关系发展的正面效果却在相当大程度上被抵消了。

大陆一贯坚持以提升台湾人民的福祉为基本出发点，实现两岸的共同繁荣。不仅如此，大陆还不断通过自身努力，营造两岸和平发展的有利环境。2005 年，由于民进党处心积虑推动“法理台独”，两岸关系处于低潮。大陆在民进党当局设置的政治迷雾中却敏锐地看到了岛内希望两岸和解的主流民意，加强了与岛内支持两岸关系缓和的民众和政治人物的交流。邀请连宋访问大陆的举措在一定程度上可以说是大陆发掘并展示台湾民众支持两岸交流与和解的民意、营造两岸关系和平发展环境的一个重要步骤。此后国共双方构建的“国共交流平台”更是成为马英九上台以后寻求两岸共识、共谋两岸双赢的一个重要渠道。

需要指出的是，把握两岸关系和平发展的主题离不开对“台独”势力的打击。打击“台独”分裂势力与促进两岸交流、保证台海和平是一体两面的关系，打击“台独势力”的胜利是保证两岸关系和平发展的必

---

① 台湾《中国时报》，2008 年 4 月 13 日。

要条件。胡总书记在十七大报告中明确表明了中国共产党坚决反对“台独”分裂活动、维护国家主权和领土完整的坚定信心和决心。“我们愿以最大诚意、尽最大努力实现两岸和平统一，绝不允许任何人以任何名义任何方式把台湾从祖国分割出去。”① 2008 年出现的两岸关系和平发展新局面也是与大陆“反独”斗争取得阶段性胜利分不开的，此后随着两岸和平发展愿景的逐步实施，特别是两岸在政治议题上的协商逐步展开，反“台独”斗争会面临许多新情况与新问题。所以，一定要坚持反“台独”斗争与和平发展两手抓、两手都要硬的政策，全面巩固“反独”斗争的成果，保证和优化和平发展的政治环境。

（二）积极推动两岸协商制度创新

新制度主义认为，制度创新往往决定了行为绩效。在台海局势近 30 年的风云变幻中，虽然两岸关系有了相当进展，但制度稀缺的局面依然存在。因此，制度创新对于两岸关系的持续良性发展殊为重要。

在两岸关系发展的历史上，两岸民间性的制度创新模式曾成功地解决了不少实际问题，两会协商模式也在两岸破冰的过程中发挥了重大作用。但是“汪辜会谈”后不久，由于李登辉推动“台独”的意图日渐明朗，两会的协商陷于停顿。进入 21 世纪以来，经过长期的努力，海峡两岸协商机制的制度创新又有了新的发展。已经形成了双轨、多元和多层次的沟通交流机制，新的时空背景下的两会协商机制则是这一系统中的重要一环。两岸政治协商机制概括说大致有以下几个方面的内容：

（1）“双轨”系指以国共交流平台和两会协商作为互相补充的政治沟通和协商轨道。毫无疑问，国共交流平台作为两岸沟通与协商的重要沟通渠道自产生之日起，在凝聚两岸共识的过程中就发挥着不可替代的作用。由于这一平台运作的时间比较长，拥有一定的成熟经验，已经成为两岸沟通和协商机制中必不可少的一部分。两会协商机制的功能在于以两岸当局授权的形式，将两岸共识转化为可以操作的具体政策。国共交流平台和两会协商机制相结合，基本上形构出了两岸政治沟通和协商机制的大致框架；（2）在交流过程中形成主要存在于民间的多种交流和

---

① 见中共十七大报告全文。

沟通渠道，包括常驻大陆台湾同胞及经常往返于两岸之间的学者等人群所构成的庞大交流群体，在两岸交流的过程中也发挥了重要作用；（3）两岸协商所牵涉的内容也越来越丰富，经济领域、文化领域的交流固然全面拓展，政治方面的合作与交流也因为新的协商渠道和两岸共识的获得而出现了突破，两岸之间交流渠道畅通和对和平发展共识的加强，已经成功降低了两岸紧张局势。

2008 年重新启动的两会协商在两岸寻求和平发展的共识下展开。两会协商是在两岸对某些议题已经有高度共识的前提下展开的。因此可以说，两会协商并非真正两岸协商的开始，而是就某些议题进行阶段性协商的最后步骤。在两会协商签署协议之前，两岸为凝聚共识已经做了大量工作。胡锦涛总书记与萧万长先生在博鳌举行的“胡萧会”、胡锦涛总书记与国民党荣誉主席连战先生举行的“胡连会”，以及随后举行的“胡吴会”，均成为两岸共识酝酿的重要环节和步骤。就两次两会协商牵涉到的六个议题而言，双方在此前的交流中已经有了充分磋商，相关的技术性问题也早已完成协商并形成了文本，两会协商和协议的签署将以前双方的磋商成果以正式协议的形式固定下来，成为可执行的两岸政策。

新的两会谈判实现的另一个较大突破是：在两会协商中，“官方授权、委托或默许，民间代理”的制度安排依然有效，但是双方的主管单位和部门的相关人员却不再隐身幕后。相应的，民间业者在谈判中不再承担一线作业的任务，而是直接由公权力部门的相关负责人进行事务性协商。这意味着，在两岸互信的基础上，双方的协商模式已经出现了重大变化。按照高孔廉的说法，在两会完成第一次复谈之后，业者将功成身退，往后不再参与谈判。

此外，2008 年 11 月两会协商在台北举行，两岸两会协商在定期化、制度化方面又迈出了重要一步。

两会制度性协商的恢复与突破说明，经过多年努力，两岸已经形成了制度创新的丰硕成果，在成功整合两岸关系方面产生了积极效果。马英九在评价今年第一次两会协商时说，这是两岸十年来中断的协商恢复后，“第一次展现出跟我们计划中完全一致的成果”。而三通直航一旦实现，“日益增加的两岸贸易会对文化、教育等各层次产生改变，这一定会涉及两岸结构性的改变，非常重要。”因此，“对两会来讲，也许只是三天谈判，是一小步，对两岸关系，绝对是一大步。”① 2008 年 11 月第二次“陈江会”所签署的中项协议已经将两岸期盼了三十年的“三通”变为现实，两岸政治结构的嬗变正在进入快车道。

（三）两岸进入“大交流大合作大发展”时代

长期以来，不管台海政治形势多么恶劣，大陆均以循序渐进的方式，推动两岸交流向全方位和制度化的方向发展。正如胡锦涛总书记在纪念《告台湾同胞书》发表 30 周年座谈会上所提出的，“两岸同胞要加强交流，两岸各界及其代表人士要扩大交流，加强善意沟通，增加相互了解。对于任何有利于推动两岸关系和平发展的建设性意见，我们都愿意作出积极回应。”在两岸关系处于紧张对立的时期，大陆不断通过单方面释出善意，从可以操之在我的部分做起，推动两岸交流不断发展。2008 年国民党上台执政以后，大陆加大了推动两岸交流的力度，加快了两岸制度化协商的步伐，两岸关系和平发展已经成为两岸关系不可逆转的基本趋势，全面改变着台海局势的基本面貌。概括起来说，大陆和平发展的台海政策的核心内容有以下几点：

（1）恪守一个中国原则和“九二共识”，增强两岸政治互信，搁置争议、共创双赢是大陆对台政策调整的要义所在。胡锦涛总书记指出，自 1949 年以来，大陆和台湾虽然尚未统一，但不是中国领土和主权的分裂，而是上个世纪 40 年代中后期中国内战遗留并延续的政治对立，这并没有改变大陆和台湾同属一个中国的事实。两岸复归统一，不是主权和领土的再造，而是结束政治对立。② 一个中国原则是保证国家不被分裂的一道重要防线，是两岸建立政治互信的基础，在这个前提下，什么事情都好商量。

搁置争议本来就是“九二共识”的基本内涵之一。1992 年，两会在香港商谈中达成了“均坚持一个中国原则，但是在两岸的事务性商谈中，不涉及一个中国政治涵义”的共识。从这个意义上说，“九二共识”

---

① 台湾《工商时报》，2008 年 6 月 15 日。

② 见胡锦涛在纪念《告台湾同胞书》发表 30 周年座谈会上的讲话。

是为解决问题而不是为了强调双方的政治分歧而出现的。胡锦涛总书记所提出的“建立互信、搁置争议、求同存异、共创双赢”的十六字方针，就是基于对“九二共识”这一精髓的深刻理解。按照胡总书记的话说，“反对‘台独’、坚持‘九二共识’”，是双方建立互信的根本基础。易言之，双方在处理两岸交流中注重的应是寻求最大公约数，而不是刻意突出分歧。

（2）大陆对台政策是以民生议题为中心展开的。提升两岸民众福祉既应该是处理台海问题的出发点，又是根本归宿。这是由大陆和平发展的基本政策诉求所决定的，也是由国家统一和发展战略所决定的。

（3）推动两岸政治互信是对台政策的一个重要目标，也成为两岸合作与和解的一个重要前提。长期以来，阻碍两岸交流扩大和两岸关系回暖的最重要因素就是两岸缺乏互信，特别是民进党当政8年来，不但不求改善两岸关系，反而将两岸的低度紧张视为凝聚支持者的工具，不断炒作两岸议题，谋求政治利益，导致两岸之间互信荡然无存。自2005年以来中国共产党与中国国民党的交流与交往虽然几经风雨，但是互信已经建立起来，双方在两岸问题基本方向上的共识成为两岸进一步合作的良好开端。

经过两岸同胞的共同努力，两岸已经具备了大交流、大合作、大发展的条件。具体来说，（1）“法理台独”的严重受挫为两岸的交流和合作提供了和平的基本保障，两岸的互信与善意增强，大幅减少了两岸交流的阻力；（2）两岸同胞对于交流的共识和热情为两岸交流和合作提供了基本动力；（3）两岸两会达成的两岸交流协议为两岸交流和合作的发展提供了基本条件，[①] 特别是随着全面“三通”的基本实现，两岸交流完成了跨越式发展，取得了实质性的突破。两岸交流新局面的出现既是两岸同胞长期以来与“台独”分裂势力斗争的成果，也是新的起点，意味着两岸交流进入了一个新的阶段。

同时，两岸交流合作与两岸和平发展形成了相互依存、相互促进、不可分割的关系，共同推动着两岸关系的良性发展。一方面，两岸交流

① 杨毅周：《抓住机遇，共同发展，迎接两岸大交流时代的来临》，见《第十七届海峡两岸关系学术研讨会论文集》。

是巩固和平发展格局的需要。两岸分隔多年，隔阂感、陌生感依然存在，台湾同胞国家认同的混乱局面并没有改变。为了铲除“台独”分裂势力的社会基础，完全消除“台独”分裂势力对两岸和平局面的威胁，海峡两岸同胞必须推动两岸的大交流；另一方面，两岸交流是为了两岸的共同发展。几十年两岸的对立对抗，使两岸关系产生了许多矛盾和冲突，这些矛盾和冲突十分复杂，解决起来也十分困难。这些矛盾和冲突只能在两岸关系的大发展中得到逐步解决。从这个意义上说，只有两岸同胞的大交流，才有可能促进两岸关系的大发展。

两岸关系经历了几十年的艰苦曲折，已经迎来了实现和平发展、共创双赢互动模式的新契机。不过不同的是，在经历了民进党“台独”路线的冲撞之后，两岸民众、特别是台湾民众对台海和平发展总方向的认知更加清晰，这种基本认知的改变与大陆推动两岸交流的努力一起，形成了巨大的合力，形成了两岸大交流、大合作、大发展的事业不断向前推进的基本动力。

二、台湾方面大陆政策的调整

陈水扁的8年执政，将两岸关系带入死胡同。8年来，两岸围绕着“统独”问题展开激烈的斗争，两岸关系冲突不断，甚至濒临战争边缘。这不仅使台湾人民深受其害，也对东亚的和平安全造成威胁，事实证明这种对抗路线是走不通的“死路”，除了会损害两岸人民的福祉之外，不会给台湾带来任何尊严和利益。8年来，台湾社会陷入族群撕裂、经济停滞、民生困苦的泥沼中难以自拔，其总根源在于民进党的“台独意识形态”以及由此产生的一套对抗性的大陆政策。马英九当选后，把两岸政策作为优先处理的课题，做出了一系列有利于两岸和解的重大政策调整，使两岸关系在短短几个月的时间内发生了重大转变。有鉴于陈水扁当局8年来一直执行一条对抗性的大陆政策，马英九当前所作出的大陆政策调整，将对台湾社会的政治生态造成重大冲击，也会对两岸关系的未来发展带来深远影响。

（一）马英九大陆政策的主要特点

综合分析，马英九对大陆政策的调整主要体现在如下几个方面：

1. 主张在“九二共识”的基础上恢复两岸两会协商谈判

明确反对“两国论”或“法理台独”。马英九表示，两岸是特别关系，非“两个中国”。① “九二共识”是两岸协商谈判的政治基础，这一共识是客观存在的，不容否认的，它对于两岸关系的和平发展至关重要。但李登辉、陈水扁等分裂势力却视“九二共识”为追求“台独”的最大绊脚石，拒不承认“九二共识”，致使两岸协商谈判中断达10年之久。两岸关系危机四伏，冲突不断。两岸要重启协商谈判，就必须要回到“九二共识”的原则基础上来。而马英九恰恰在这一问题上的立场较为明确。他一直承认“九二共识”，甚至对媒体表示，他可能是世界上讲“九二共识”最多的人。在他的“就职演说”中，也多次提到“九二共识”，主张在“九二共识”的基础上，两岸尽早恢复协商。因此两岸很容易的在“九二共识”基础上找到了协商谈判的政治基础，两岸的协商谈判之门自然打开。这也是两岸关系在马英九上任以来短时间内能够取得重大突破的根本原因。“九二共识”是马英九大陆政策的基本出发点，也是与陈水扁时期大陆政策的基本歧异点。由此而出发所制定的大陆政策，必将带来两岸关系的新面貌。

2. 主张两岸暂时“维持现状”，超越“统独”争议，在“不统、不独、不武”的基础上追求台海和平

“维持现状”是马英九大陆政策的核心理念。维持现状就是超越“统独”，“不要去追求‘台独’或者是追求统一”。他认为“绝大多数台湾民众都希望维持现状”，因此，台湾应当“把时间都花在内部的经济发展民生问题上”，“而不要整天去谈‘统’、‘独’问题”，两岸应当“维持现状、统独休兵、务实开放”②。现阶段不要去碰触“统独”议题，因为“台湾跟中国大陆都还没准备好”。“国民党反对任何‘现状的片面改变’，反对所有非和平、违宪的现状改变手段”。③ 他主张两岸应协商出一个可行的和平协议，并以此作为指引未来数十年间两岸和平互

---

① 马英九：两岸是特别关系 非“两个中国”，参见 http：//www.chinareviewnews.com 2008-09-03 16:06:01.

② 马英九：《台湾海峡的和平与繁荣：建立一个新愿景》，马英九2006年3月21日在哈佛大学发表的演讲。

③ 《马英九演讲，誓言捍卫“一中”宪法》，中评社香港2006年5月8日电。

动的基本框架。[①]“维持现状”，“不统不独不武”是马英九企图引领台湾社会摆脱过去8年来两岸关系陷入“统独”斗争泥沼而难以自拔的困境而提出的一个折中性方案。其核心是要“搁置争议，共创双赢”，打开两岸关系的死结，为台湾寻找一条活路。“不统不独不武”的关键是“不独不武”，即台湾不“独”，大陆不武，追求两岸的和平共荣。

3. 提出两岸“外交休兵”，积极寻求大陆的谅解与合作，务实争取台湾的国际空间，同时重视巩固与美日等大国的同盟关系

马英九认为，“台湾的‘外交’困境不能只以外交手段解决”，而“应从两岸关系的改善着手，台湾才能务实地争取更多国际空间”[②]。他赞同“大陆政策是外交政策的上位政策”的主张，把与两岸关系的改善作为台湾获取国际空间的前提条件。[③] 马英九的“外交”路线有别于陈水扁的“烽火外交”政策，在一定程度上避免了两岸在国际上进行不必要的恶性竞争，有利于两岸建立互信，协商解决台湾的国际空间问题。

4. 推动两岸以“九二共识”为基础进行政治对话

恢复两会协商谈判机制，同时辅之以国共交流平台，建立多层次的两岸沟通管道。马英九认为，政治谈判是化解两岸政治僵局的重要步骤，也是改善两岸关系的必由之路。马英九在当选后，抓住各种有利时机，积极谋求两岸高层的会面，先是4月12日博鳌论坛的“胡萧会”，“胡萧会”得以举行就意味着两岸关系的重大突破，萧万长并且提出双方要“正视现实、开创未来、搁置争议、追求双赢”。4月29日，胡锦涛总书记在接见国民党荣誉主席连战一行的时候提出“建立互信、搁置争议、求同存异、共创双赢”的“16字方针”，作为对此前萧万长提出的16字的回应。这两个“16字方针”，在马英九的“5·20就职演说”中明确提及，已成为未来推动两岸关系发展的基本方针。5月28日，胡锦涛与吴伯雄举行会面。“胡吴会”是稍前“胡连会”的继续，说明国共两党对国共交流平台的重视，这一平台在未来两会协商管道外仍然将

---

① 两岸签署和平协议是马英九一贯的主张，在选前及选后都多次提及。系统提出这一政见是马英九2006年2月访欧期间，可参见马英九：《跨越对立：东亚和平新愿景》，2006年2月14日马英九在伦敦政治经济学院的演讲。

② 《马英九：台争取国际空间，需先改善两岸关系》，中评社香港2006年7月5日电。

③ 《马英九：钱复告诉我 大陆政策是外交政策上位》，中评社台北4月8日电。

扮演重要作用。

在这一系列高层对话的基础上，两岸两会复谈之门迅速打开。6月11日至14日，海协会与海基会在北京举行第一次“陈江会谈”，重启中断近十年之久的两会协商谈判。双方并签署了两岸周末包机和大陆居民赴台旅游两项协议。这种效率在两岸谈判的历史上是未曾有过的，为两岸制度性协商机制的建立奠定了良好基础。11月3日至7日，海协会会长陈云林率团赴台访问，在台北举行第二次“陈江会”。虽然这次会谈遭到绿营支持者的阻挠，但两会协商仍然成功举行，并签署了空运、海运、邮政合作和食品安全等四项协议，基本实现了两岸实质“三通”，取得了两岸关系史上的重大突破。

按照“先易后难、先经后政、循序渐进”的原则，未来两会将围绕“深化两岸经济合作、实现两岸经济关系正常化”这一主轴展开，面对国际金融危机的严峻现实，两岸如何携手应对金融风暴的冲击是一个迫切问题，金融合作将是两岸下一步协商谈判的重点。此外，台湾海基会在最新提出的业务重点计划报告中也列入“建立两岸交流秩序、两岸金融合作、两岸投资合作、两岸产业合作、两岸渔业合作、两岸文教交流”等六项议题。① 预计明年两会将围绕这些议题展开协商。

至于未来两岸谈判的中期目标，需要面对签订两岸“和平协议”、“建立军事互信机制”等问题。这是马英九的大陆政策主张，这些目标的达成对于确立“两岸和平发展的制度化框架”无疑具有重要作用。但基于两岸的政治现实，短期内还无法启动如此高难度的政治议题，两岸目前需要逐步累积善意，先打开两岸交流合作的新局面，为最终签订和平协议创造条件。

5. 积极推动两岸“三通”进程，扩大两岸经贸交流合作，并最终建立两岸共同市场

从李登辉时期的“戒急用忍”策略，到陈水扁时期的“积极开放、有效管理”（2006年后改为“积极管理、有效开放”），无不对两岸经济交流加以限制。阻挠两岸“三通”，对台湾企业投资大陆采取种种限制措施，干扰两岸经贸交流，这也导致台湾经济“边缘化”危机。事实

① 《两会预定商谈议题 台海基会列出六大项》，中评社台北11月14日电。

上，由于大陆经济的崛起，台湾经济已经与大陆紧密相连，要人为割断这种联系显然是不现实的。尽快实现两岸“三通”，加强两岸经贸交流是台湾产业界的普遍要求。马英九在上台后，迅速对台湾经贸政策做出调整，包括取消投资大陆40%上限，开放大陆观光客入台，开放陆资入岛，人民币在岛内自由兑换，以及将与大陆签订类似 APEC 的两岸综合性经贸协议等。在大陆方面的积极配合和推动下，海协会与海基会迅速展开谈判，就相关经济议题进行协商，目前“三通”等议题已经基本完成。

6. 积极推动两岸交流，特别是文教交流

两岸民间交流对于两岸人民化解敌意、增进了解无疑是十分重要的，它有助于扩大两岸和平发展的民意基础。目前随着大陆观光客入台协议的签订、两岸“三通”的基本完成，未来两岸人民的交流将更为便捷和紧密。此外，马英九还主张承认大陆若干重点大学的学历，允许陆生入台就读等。这些政策都有利于扩大两岸人民的交流。

7. 认同“两岸人民同属中华民族”，认同中华文化

马英九在“就职演说”中明确提出“两岸人民同属中华民族”，这与陈水扁当局大搞“去中国化”和“文化台独”截然不同。这是马英九大陆政策上很值得称道的地方，也是两岸目前所能找到的最大公约数。这一共识在5月28日胡锦涛与吴伯雄的会面中得到再次确认，胡锦涛在会谈中高度评价台湾同胞在地震灾情中所体现出来的“同胞之爱，手足之情”，而吴伯雄也表示，“两岸同胞同属中华民族”，国民党将积极协助灾后重建工作。两岸同胞的中华民族情感在这次灾情中得到了极大的体现和升华，这对于增强两岸交流的善意有着十分重要的意义。

马英九在就任后所推行的一系列大陆政策开放措施，使两岸关系在短时间内就发生了巨大而深刻的变化，可谓是一日千里。这一变化这首先是因为两岸力量对比发生了巨大改变。随着中国大陆的迅速崛起，两岸力量的对比差距越来越大，大陆主导台海局势的能力越来越强。台湾要继续执行与大陆的全面对抗政策已经难以为继，无能为力，必须要全盘更张，台湾才能重新找回自己的位置。其次，自2005年4月连宋等访问大陆以来，两岸交流的大门骤然打开，民进党当局已经无法阻挠两岸人民的交流，两岸关系的和平发展受到了越来越多台湾民众的认可，加

强两岸交流已经成为大势所趋。这种趋势是任何政治人物都不能阻挡的。第三，国际局势有利于两岸关系缓和。由于民进党当局的对抗性大陆政策，使两岸关系时刻面临全面摊牌的危机，从而对东亚安全乃至世界和平造成严重威胁。美日等国际势力深知中国政府在台湾问题上的决心和能力，不敢轻易冒险触发这个火药桶。“台独”势力注定无法突破国际上的一个中国原则底线。第四，马英九的大陆政策本身与大陆当前的对台政策存在相当程度的交集，双方形成了很大的善意和共识。双方都承认“九二共识”，都承认两岸同属“中华民族”，都主张在一段时期内维持台海现状，都追求两岸关系的和平发展。在这些大原则上双方取得的共识，使得在具体事务上的谈判来得比较容易。因为抛开主权的争议，两岸人民事实上存在着很大的共同利益，是一个“两岸命运共同体”。两岸暂时搁置主权的争议，培养和扩大两岸的共同利益，这既符合两岸人民根本利益，也符合中华民族的根本利益。

（二）阻碍马英九大陆政策调整的制约因素

虽然两岸关系在马英九上任后取得了重要突破，但两岸关系的发展仍然存在着很大隐忧。两岸要实现彻底和解，并最终建立永久和平机制，并非是一蹴而就的。就两岸关系发展的近期及远期前景而言，仍然存在着一些制约因素。这些因素如果处理不当，还可能阻碍两岸关系的和平发展进程，甚至出现暂时逆转。

1. 如何应对和化解岛内绿营政治势力对发展两岸关系的阻挠和制约

民进党基于“台独意识形态”而拒不承认“九二共识”，并将两岸关系定位为“一边一国”，严重违背大陆“一个中国”原则的政策底线，这使得两岸失去了进行政治对话的政治基础，两岸陷入严重的“独”与“反独”的全面对抗。民进党的大陆政策也是为其“台独意识形态”服务的。不仅如此，民进党为了选举利益，还常常将两岸的对立用来挑动台湾民众的历史悲情，制造族群矛盾以赢取选票，两岸关系成为其捞取选票的工具。因此有论者指出，在民进党执政时期根本没有两岸关系，而只有两岸议题。8 年来，两岸关系冲突不断，危机四伏，走入了死胡同。台湾社会深受其害，为民进党对抗性大陆政策付出了沉重的代价。民进党也因此遭到台湾人民的唾弃，成为其下台的一个重要原因。

民进党虽然在野，但并没有彻底反省其“台独路线”和大陆政策，相反却不惜采取暴力阻挠当前两岸关系和解的进程，给马英九的大陆政策造成很大困扰。毕竟民进党虽然败选，但仍然拥有500多万张选票，马英九在推动两岸关系的时候不得不考虑这部分民意的压力。为了最大限度的寻求岛内共识，马英九启用原台联党“立委”赖幸媛出任“陆委会主委”，就是一大举措，不过却因此引起蓝营民众的反弹和大陆的疑虑。可见，面对岛内蓝绿对立的政治生态，要寻找岛内共识并非易事。应当承认，目前岛内部分绿营群众对于两岸关系的快速和解是十分抵触的，这从11月份台北第二次“陈江会”期间绿营群众的暴力对抗可以看出来。未来民进党已经扬言要重回“街头路线”，如果真如此，台湾社会将陷入新的动荡不安，对于两岸关系的正常发展也会产生一定阻碍。当然，如果民进党重回“街头路线”，其重回执政之路也将遥遥无期。因此，街头运动对于民进党而言是一柄双刃剑。面对当前两岸关系迅速改善的大势，民进党应当严肃思考其大陆政策该如何转型，以符合两岸关系的实际。而不是抱残守缺，继续用对抗性思维思考两岸关系。因为那样将会使民进党在两岸关系上被日益边缘化，除此之外它什么都得不到。

2. 如何淡化岛内民众的“台湾主体意识”

从80年代以来，特别是经过李登辉和陈水扁执政时期的刻意操作和培植，台湾社会已经形成了所谓的“台湾主体意识”。“台湾主体意识”虽然不能等同于“台独意识”，但也绝非一般意义的乡土意识，它有其特定的意涵和形成背景。它是李登辉执政时期精心构造的一种新的“台湾意识”，陈水扁执政时期又继续加以深化巩固，目前这一意识已经成为台湾社会主流认同的一部分。“台湾主体意识”并不排斥两岸交流，但又担心在两岸交往的过程中，台湾“主权”和“尊严”的流失，因此对于两岸的交流持有很强的戒心。这种群体心态在当前两岸关系大幅改善的情况下已经显示出来，一些人对两岸关系的大幅改善感到不安，这也是造成马英九民调支持度大幅下降的一个重要原因。

3. 如何化解美日等国际势力的疑虑

美日是介入台湾问题较深的国家，特别是美国，是影响台湾问题解决的关键外部因素。美国基于其东亚安全利益，长期以来把台湾作为遏制中国的桥头堡，但又不想冒与中国全面摊牌的风险，因此在台海两岸执行一种平衡战略，反对任何一方单方面改变现状，以保证美国获取最大利益。马英九虽然保证“维持现状”，但美国对于台海现状有其自身的解读，两岸未来的和解会不会冲击美国所定义的“台海现状”而招致美国的干预？这确实是一个值得关注的问题。虽然从目前看来，美国对于两岸的和解是持一种欢迎态度的，但其实私下也正在观察后续的发展及效应。目前美国刚刚实现政党轮替，民主党的奥巴马上台，未来美国的台海政策究竟如何，目前还有待观察。

日本同样是影响台湾问题的重要国际因素。日本与台湾有着复杂的历史和现实利益纠葛，历史上日本曾在台湾实行过50年的殖民统治，而现实中台日的经济联系十分紧密，台湾海峡是日本重要的战略运输航线，日本与“台独”势力有着千丝万缕的联系。近年来，日本在台湾问题的介入越来越深。早在2003年6月，日本参众两院通过“有事三法案”，就将台湾海峡列入“有事”的范畴。2005年2月，美日修改《日美防卫合作新指针》，把“台湾海峡的安全问题”作为两国的“共同战略目标”。而民进党执政时期也一直推行“联日制中”的策略，加强与日本的联系。

日本对于马英九有着很大的疑虑，特别是马英九“保钓”的民族主义立场，使得日本担心马英九当选后过分“亲中”，损害日本的利益。虽然马英九在选前曾前往日本访问说明其“维持现状”的立场，但并不能从根本上化解日本的疑虑。今年6月初发生的“保钓”事件，引起日本极右势力的高度关注。未来日本面对两岸的和解会如何调整其台海政策也值得观察。

4. 如何务实面对两岸潜藏的结构性矛盾分歧，并努力扩大彼此的共同利益

马英九的当选，极大地改善了两岸关系的气氛，加速了两岸和解的进程，但两岸潜藏的结构性矛盾在短时间内仍然难以化解，比如两岸对于“台湾主权”问题的争议，台湾谋求国际空间的活动与一个中国原则的冲突等，这些矛盾都难以在短时间内得到解决。从未来发展看，两岸需“搁置争议、求同存异”的精神，通过对话来化解歧见，努力扩大彼此的共同利益，以达到“共创双赢”的目的。

马英九上台后所作出的一系列大陆政策的调整，从根本上而言有利于两岸关系的和平稳定，解除了两岸因为“统独”斗争而面临随时摊牌的危险。两岸关系顺利渡过了2007年的“高危期”，而进入到一个和平发展的新时代。这种演变既是因为两岸实力对比日益向大陆倾斜，也是由于大陆采取了一套积极有效的对台方针政策，同时马英九个人的大陆政策理念也有利于两岸结束对抗、建立互信，寻求和平发展的双赢局面。未来随着两岸关系的进一步发展，两岸经济合作机制得以建立，和平协议的政治互动框架最终签订，两岸关系的和平发展将获得制度性的支撑，从而为未来相当长一段时期内两岸关系的和平发展奠定物质基础，并最终为两岸的和平统一创造条件。

三、两岸政治互信的增强

在台海关系的发展过程中，政治互信的建立与发展对两岸关系的影响，是最为基础且最为重要的一个问题，也是两岸能够完成制度性协商并在一些重大问题上达成协议的基础。自2005年以来中国共产党与中国国民党的交流与交往虽然几经风雨，但是互信已经建立起来，双方对两岸关系和平发展的共识将会成为两岸进一步合作的重要基础。

（一）两岸政治互信的前提

政治互信需要双方的共同努力才能达成，这与双方处理两岸关系时所持有的思维模式有密切关联，只有在双方均认同并践行合作而非对抗的思维模式，才有可能形成有效和长期的政治互信机制，台海两岸政治互信的形成尤其是这样。

在两岸关系的发展过程中，双方处理台海问题的思维模式均经历了由对抗性思维向合作性思维的转化过程，只不过双方的转变并不同步而已。以大的历史视角而言，自1949年以来，在相当长时间里，双方处理两岸问题时均采取了对抗性思维。这种思维在政策面的表现，就是军事上的对抗。其基本出发点，就是将战争作为处理两岸关系的主要方式。50年代中后期到60年代末，国际形势出现了错综复杂的变化，海峡两岸出现了长期相峙的局面，大陆根据形势的变化，提出了“以武力解决为主，争取和平方式解决”的新思路。20世纪70年代开始，国内外形势发生了一系列引人注目的重要调整，中、苏、美之间的战略关系持续变化，中美关系迅速解冻，中日关系走向正常化。

特别是自1978年以来，大陆开始改革开放，经济建设和综合实力快速增长，国际影响力进一步提高。与此同时，台湾经济在经历了长期的发展以后，产业转型和升级成为越来越迫切的需求。从经济层面上说，两岸合作达到共同双赢早已经是一个可欲的目标了。这种情势的变化也对台海局势提出了一个客观要求，即两岸均需要一个和平的环境完成发展的任务，而对抗性的两岸关系显然难以满足这个目标。同时，大陆的对台政策思维模式持续调整，两岸和平发展、共创双赢成为主流的思维模式，同时，出于对整个国家民族利益的考虑，也本着历史与现实、照顾各方面利益的考虑，创造性地提出了“和平统一、一国两制”的伟大构想，更给台湾当局增加了压力。此外，尽管有台湾当局的不断阻挠，两岸人员和各种交流及两岸经贸迅速发展起来，台湾资本通过各种渠道不断投资到大陆，在新兴的大陆市场上获得了巨大的利益。日益发展的两岸经济和各种交流说明，两岸之间的合作既是可能的，更是必要的。同时这样的合作还反映了台海关系的大势所趋。两岸之间的交流与交往，特别是经济交流，为两岸关系的发展提供了实践层面的探索经验和理论层面的启发。

但是当时的台湾当局却刻意反向操作。李登辉上台后，推行经济上的“戒急用忍”政策，限制两岸经贸关系发展，政治上推行“独台”政策，使两岸关系难以缓和。民进党上台后，更是加大力度限制两岸关系的发展，并力图在两岸交流的大环境下营造台湾岛内对抗和敌视大陆的小环境，这种对抗性思维一直到现在在民进党身上还表现得相当明显。这种思维模式指导下的封闭性和对抗性两岸政策，给台湾经济带来了严重的负面影响，经济长期低迷成为台湾社会的痼疾沉疴。

不过民进党对抗性思维的全面贯彻及其消极影响，也刺激了两岸民众探索新的两岸关系新模式。大陆通过《反分裂国家法》等措施将“台独”势力约束在可以控制的范围之后，直接将两岸关系和平发展的诉求诉诸台湾民众，以可以操之在我的部分为出发点，不断单方面向台湾人民释放出善意，得到了台湾人民的认同。同时，当时在野的国民党也展开了化解两岸敌意的大动作，从连宋访问大陆开始到现在，两岸致力和平发展的人们，筑起了互信的基础，也成功地培育出了合作双赢的两岸关系思维模式。

（二）两岸政治互信的基础

政治互信的形成需要一系列政治共识。对于海峡两岸来说，政治互信的形成尤其需要若干重要的共识为基础。

1. 两岸对一个中国框架的共同认知和“九二共识”是两岸政治互信赖以形成的最大共识

大陆一直坚持，在和“九二共识”的基础上，双方什么都可以谈。“不仅可以谈我们已经提出的正式结束两岸敌对状态和建立军事互信、台湾地区在国际上与其身份相适应的活动空间、台湾当局的政治地位、两岸关系和平稳定发展框架等议题，也可以谈在实现和平统一过程中需要解决的所有问题。”① 2005 年通过的《反分裂国家法》以法律形式再次明确：坚持一个中国原则，是实现祖国和平统一的基础。以和平方式实现国家统一，最符合台海海峡两岸同胞的根本利益。国家以最大的诚意，尽最大的努力，实现和平统一。② 胡锦涛总书记在纪念《告台湾同胞书》发表 30 周年座谈会上指出，两岸均应该恪守一个中国原则，增强政治互信③历史已经表明，只有在这个共识下寻求两岸和解，才有可能使两岸和解出现曙光。

民进党当政期间，两岸关系所出现的紧张局面最根本的原因就是民进党当局不但拒不承认“九二共识”，反而不断挑衅一个中国原则，使得两岸缓和已经失去了政治基础。

马英九上台后两岸关系的缓和也正是由于国民党承认“九二共识”。在台湾地区领导人选举之前，马英九提出的政见之一就是在“九二共识”的基础上恢复两岸协商。④ 马英九当选以后，4 月中旬，萧万长在

① 《胡锦涛关于新形势下发展两岸关系的四点意见》，中国社会科学院台湾研究所编：《新时期对台方针政策重要文献汇编》，第 2 页。

② 《反分裂国家法》，第五条。

③ 见胡锦涛在纪念《告台湾同胞书》发表 30 周年座谈会上的讲话。

④ 台湾《工商时报》，2008 年 1 月 23 日。

参加博鳌论坛时已经就“九二共识”问题达成了共识。进而，在马英九的“就职演说”中表示，“要继续在九二共识基础上，尽早与对岸恢复协商”，“正视现实、开创未来、搁置争议、追求双赢”，寻求两岸共同利益的平衡点。① 随后，国民党主席吴伯雄访问大陆，再次强化了两岸对“九二共识”的认同，“双方一致认为，应当在‘九二共识’基础上尽快恢复两岸协商，首先积极促进两岸周末包机和大陆居民赴台旅游及早实现。希望两岸制度化协商能够顺利进行，务实解决两岸之间有关问题，不断取得成果。”②因此，经过了长期的互动，两岸达成了回归“九二共识”的共识，这是两岸协商能够恢复的基础。

2. 搁置争议，关注民生、共创双赢的共识

两岸在政治层面上回归“九二共识”使得双方均可以暂时搁置政治层面的争议，而将主要精力集中于提升两岸民众、特别是台湾民众的福祉上来。提升两岸民众福祉既是处理台海问题的出发点，也是国家统一的目标与价值所在。大陆从来对两岸交流和台湾民众福祉的提升都是全心全意去推动。“只要是对台湾同胞有利的事情，只要是对促进两岸交流有利的事情，只要是对维护台海地区和平稳定有利的事情，只要是对祖国和平统一有利的事情，我们都会尽最大努力去做，而且一定努力做好。”自2005年以来，大陆不断单方面向台湾人民释出善意，出台了多项具体的惠台政策。进入2008年以来，大陆加快了推出惠台政策的速度。海协会会长陈云林访台与台湾海基会江丙坤董事长两度签署的“六项协议”，使两岸关系无论是从深度和广度上都有了比较大的突破，两岸“三通”已经基本实现，两岸经济合作的道路更加平坦，前途更加光明。

台湾方面，马英九在台湾地区领导人选举中的竞选主轴是经济议题和民生议题而不是政治议题，这决定了其以经济诉求为中心的施政方针，也决定了在两岸关系上和解和基本方向。在马英九及国民党看来，加强两岸交流是实现台湾经济复苏的一个重要“药方”。“无论是两岸直航、放宽对大陆投资40%上限、允许大陆资金来台投资，开放与松绑才

① 台湾《中国时报》，2008年5月21日。
② 台湾《中国时报》，2008年5月31日。

能为台湾经济注入活水。”① 也正是在这个意义上，两岸问题对马英九和国民党来说是一个需要解决的问题，而不是一个用来炒作的“议题”。李登辉和民进党当政期间，“严格的说并没有‘两岸关系’，只有‘两岸议题’。‘两岸’是被用来提供选举动员的消费品。”② 马英九当选后，摒弃了这一两岸关系处理模式，才使两岸互信有较大发展的可能。因此，两岸当局对两岸关系以民生为中心发展方向的认同和默契，是两岸关系能够快速发展的重要原因。

从更广阔的视角上观察，两岸这一共识的形成，其实反映了双方对各自发展战略和两岸关系未来发展走向的基本判断。从大陆方面来说，国家统一已经成为一个重要的战略目标纳入了国家整体战略发展视野，即要努力抓住本世纪头 20 年的重要战略机遇期，全面建设小康社会，努力实现和平发展的奋斗目标，在这个过程中努力促进两岸关系的发展和两岸的共同繁荣，将国家统一和国家发展有机结合起来。对台湾方面而言，由于民进党执政不断向下沉沦，整体经济发展优势不再。战略机遇期不仅对于大陆十分宝贵，对于台湾来说亦同等重要，台湾经济的再出发同样需要一个机遇期。③ 所以，双方的阶段性目标都必须以民生为中心展开，这种共同诉求虽在短期内难以打破两岸间的政治僵局，但会有助于两岸在经济发展互利互惠的基础上达成新的稳定，对两岸政治互信的增强也是至关重要的。

（三）两岸政治互信的增强

两岸政治互信的增强其实是两岸互动和善意不断释放的结果。自 2005 年春以来，在两岸的政治交往过程中，无论是台湾的泛蓝政党，还是大陆，对对方的行为均可以有比较明确的行为预期。对于大陆来说，国、亲、新三党坚持“九二共识”、反对“台独”、缓和台海局势、寻求和平发展是两岸政治互信建立的政治基础；而对于台湾泛蓝政党而言，大陆对于台湾民生问题的关注和对于和平发展的承诺是其信心之源。

---

① 台湾《工商时报》，2008 年 1 月 23 日。

② 台湾《中国时报》，2008 年 10 月 27 日。

③ 周志怀：《建立互信是开创两岸新局面首要任务》，http：//www. chinareviewnews. com，2008 - 05 - 20 15:22:49.

信守各自承诺是两岸政治互信得以存在和发展的重要前提，也是信任关系中最为基本的道义要求和基本约束规则。民进党当政期间的两岸关系不稳态固然与民进党的基本“台独意识形态”有关，同时也在很大程度上与民进党、特别是陈水扁在两岸关系上不讲政治信用、昨是今非的“政治作秀”有关。与民进党相比，马英九上台后两岸不但达成了回归“九二共识”的共识，而且有遵守各自对两岸关系承诺的默契。信守承诺当然会产生信誉，良好的信誉则能够确保双方对未来合作的信心。只有在这种情况下，双方才能保证：（1）减少对对方的行为出现误判；（2）保持比较宽广的视野，对一些暂时性的逆流和偶然事件不作过度解读，并能将其负面影响降到最小。所以，尽管大陆的“问题奶粉”事件对两岸关系产生了一定的负面影响，尽管民进党仍在不断操弄两岸议题，尽管海协会副会长张铭清与会长陈云林在访台时遭到了“台独”分子的攻击，但是两岸政治互信却没有因此而受到伤害。

从两岸政治互信建立与增强的过程来看，两岸政治互信建构的模式呈现出在互动中向前推展、由非制度化走向制度化的基本特征。新世纪两岸政治交流发轫之初，在长期缺乏政治交往的情况下，双方均对未来的两岸政治交流抱有相当谨慎的态度。对大陆来说，国民党长期的“本土化”变迁和政治角色功能的演变使其在国家认同的立场上一度趋于模糊。2005 年之前，甚至在民进党和其他“台独”势力的“本土”攻击下节节败退，在国家认同上几近溃守。国民党能否承认“九二共识”是大陆最大的担心。对泛蓝阵营来说，所担心则是两岸交流引发台湾内部泛绿民众的反弹以及对两岸政治交流所产生的结果无法预期的担忧。从这个意义上说，两岸政治互信的建构过程其实是双方在政治交流与交往的过程中不断重新认识对方的过程，也是双方不断释放善意、寻求谅解的过程。随着对对方疑虑的消除，两岸政治互信开始建立并巩固起来。

两岸政治互信制度化水平的提升也大致反映了这样一种变迁过程。在 2005 年两岸政治互信破冰之时，双方都显得非常小心谨慎。大陆方面出于一贯的和平统一原则与和平发展的方针向连战等人发出了邀请。这一时期的政治互信还比较薄弱，也谈不上制度化，它在形式上是民间的，而且相当大程度上依靠的是连战个人在国民党内和两岸间的政治声誉。按照社会学的观点，这种信任属于依靠个人声誉而出现的信任获得模式,[1]具有制度化水平比较低和不稳定的特征。随着国共交流平台的建立，两党政治互信向制度化方向迈进了一大步，稳定性也大为增强。此后，随着两岸共识的增多与互信的加强，两岸关系进入制度化协商阶段，海基会和海协会的功能性协商得到了恢复，两岸互信也随着两岸协商的进展而被推进到了一个新的阶段。

政治互信的建构最重要者是互信原点的确立。一旦两岸开启了政治互信的进程，并使政治互信的制度化水平不断提升，政治互信本身就可以具备某种程度的自我强化功能。只要两岸的台海政策不发生改变，两岸当局对和平发展和共创双赢的共识依然存在，两岸政治互信的长期存在是可能的。这对两岸关系的发展无疑具有正面的促进作用。

四、两会制度化协商的恢复与发展

在大陆的长期努力下，两岸关系迎来难得的战略机遇期，两会在“九二共识”基础上实现复谈和签署“六项协议”，两岸“三通”取得实质进展，两岸人员往来和各项交流出现扩大趋势，两岸关系开始步入和平发展新阶段。

两岸关系和平发展离不开海协会与海基会事务性协商，而两会重启制度化商谈又离不开国共两党领导人达成的重要共识，这是两会重新开始制度化商谈的基础。2005 年 4 月胡锦涛总书记会见中国国民党主席连战时就发展两岸关系提出重要主张，达成坚持“九二共识”和反对“台独”等重要共识，共同发布《两岸和平发展共同愿景》，决定共同促进恢复两岸谈判，建立党对党定期沟通平台等。国共两党开展多种形式交流对话，在落实两党领导人共识和“两岸和平发展共同愿景”方面取得实质性进展。

2008 年台湾实现政党轮替后，中国共产党与中国国民党之间互动得以加强，直接促成两会重开制度化商谈。4 月 15 日，国家主席胡锦涛在博鳌会见出席论坛的台湾两岸共同市场基金会董事长萧万长，萧万长表

---

[1] 西方学者祖克尔（Zucker）区分了三种机制：一是由声誉产生信任；二是由社会相似性产生信任；三是由法制产生信任。见彭泗清：《信任的建立机制：社会运作与法制手段》，《社会学研究》，1999 年 2 期。

达了拓展两岸直航、陆客来台、经贸关系正常化、恢复两岸协商机制的愿望。胡锦涛指出，大陆将继续推动两岸经济文化等各领域交流合作，继续推动两岸周末包机和大陆居民赴台旅游的磋商，继续关心台湾同胞福祉，切实维护台湾同胞正当权益，继续促进恢复两岸协商谈判。4月29日，胡锦涛总书记会见国民党荣誉主席连战时，提出“建立互信、搁置争议、求同存异，共创双赢”的两岸关系发展“十六字方针”，强调两岸在“九二共识”基础上尽早恢复协商谈判，务实解决各种问题，切实为两岸同胞谋福祉、为台海地区谋和平。

5月20日，马英九在“就职演说”中重申，在“九二共识”基础上尽早恢复两岸协商，秉持“正视现实，开创未来，搁置争议，追求双赢”的原则，寻求共同利益平衡点，两岸走向双赢起点是经贸往来与文化交流全面正常化，称台湾已做好协商准备，希望七月开始周末包机直航与大陆观光客来台，能让两岸关系跨入一个崭新时代。①

从2005年4月国共两党领导人共同发布“两岸和平发展共同愿景”，共同促进尽速恢复两岸谈判，到2008年5月国共两党领导人达成在“九二共识”基础上恢复两岸谈判，达成促进两岸关系和平发展共识，可以看出两岸恢复协商谈判是两岸关系改善的关键一步，国共交流平台成为两岸谈判对话管道之一，而两岸重启两会制度化协商则是两岸谈判对话的重要管道，诸多管道同时发挥作用对两岸关系和平发展意义重大。国共两党领导人会谈成为推动两岸两会恢复协商的重要动力，而在“九二共识”基础上恢复两会协商则是开启两岸关系新格局的重要标志。

为尽速落实国共两党领导人关于恢复两岸两会协商谈判的共识，海基会和海协会互致信函为两会领导人恢复会谈做准备。5月26日，台湾海基会改组，由江丙坤担任海基会董事长、高孔廉担任副董事长兼秘书长。6月3日，中共中央决定王毅任中台办、国台办主任。同时推选原中台办、国台办主任陈云林任海峡两岸关系协会会长。6月9日，马英九、萧万长接见海基会协商代表团时表示：此次两会复谈具有重大历史意义，这是自10年前“辜汪会晤”后首次两岸协商，而两会复谈后未

① 台湾“中央社”2008年5月20日电。

来也不仅限于特定问题协调，两岸的看法与理念已愈来愈接近，这次恢复协商就是依据“九二共识”进行，双方都同意用这样共识进行就不会有其他争议，相信两岸关系会有非常正面的结果。①

6月11日，海基会董事长江丙坤率团前往北京进行协商，展开“互信协商之旅”。12日，大陆海协会会长陈云林与台湾海基会董事长江丙坤在北京钓鱼台宾馆举行会谈，这是两会中断协商联系9年来首次正式互动，象征两岸两会恢复制度化协商。13日上午，海协会会长陈云林与海基会董事长江丙坤共同签署《海峡两岸包机会谈纪要》和《海峡两岸关于大陆居民赴台湾旅游协议》。当天下午，胡锦涛总书记会见海基会董事长江丙坤及代表团成员，指出江丙坤董事长率海基会代表团来到北京同海协会会谈，是两会商谈中断9年后举行的首次会谈，是两岸关系发展中的一件大事。两会经过协商就两岸周末包机、大陆居民赴台旅游签署两项协议，实施这两项协议有利于增进两岸同胞往来交流，有利于推动两岸直接“三通”，有利于扩大两岸互利合作。当前两岸关系发展面临难得历史机遇，比以往任何时候都更有条件携手合作共同发展。希望维护两会交往商谈的政治基础，积极务实地解决存在问题。②

海协会和海基会在“九二共识”基础上恢复商谈并取得实际成果，标志着中断9年的两会制度化协商正式恢复，开创了两岸良性互动新起点。马英九对两会协商取得丰硕成果表示欣慰，认为此次海基会与海协会谈判只有3天，但对两岸关系“绝对是一大步”，这是1949年以来“两岸首见的重大发展”，“未来随着两岸往来不断增加一定会创造新纪录”。两会签署关系两岸人民权益两项协议和达成若干共识，符合两岸人民对两会恢复对话的期待，表明两岸有智慧通过协商谈判解决问题，有能力开创两岸关系和平发展新局面。海内外舆论高度评价两会复谈及成果，认为胡锦涛就发展两岸关系提出的十六字方针，是表现当代中国领导人诚心诚意解决重大问题的务实举措，称赞两岸两会北京复谈并签署协议是两岸关系历史性转折点，是台海局势朝和平方向迈出一大步。

两岸两会恢复制度化协商后，秉持先经济后政治、先易后难、循序

① 2008年6月10日台湾“总统府”新闻稿。

② 新华网，2008年6月13日。

渐进原则，在增强互信及既有协商基础上，务实规划近期协商议题和步骤，开启两会制度化协商新里程。

继第一次“陈江会”后，两岸两会加紧陈云林访台各项准备。11月3日中午11点45分，陈云林会长率海协会协商代表团飞抵台北桃园机场，开始“台湾之行”。陈云林会长说，两会在台北举行领导人会谈是两会成立以来第一次，将成为两岸关系积极改善和发展的重要标志。相信在两会共同努力下，两岸同胞渴望30年之久的通航、通邮将变为现实。根据会谈共识，陈云林会长与江丙坤董事长共同签署《海峡两岸空运协议》、《海峡两岸海运协议》、《海峡两岸邮政协议》和《海峡两岸食品安全协议》。陈云林会长在台期间，先后会见了马英九、连战、吴伯雄、宋楚瑜和辜振甫夫人辜严倬云等许多新老朋友，与社会各界进行了广泛接触，妥善顺利的处理了泛绿阵营的闹事问题，胜利的完成了访台任务。

11月7日，海协会会长陈云林及协商代表团回到北京。国台办主任王毅在机场迎接陈云林及协商代表团时表示，陈会长和代表团全体成员不辱使命、不负重托，很好地完成了这次历史性两会商谈任务。这是一次开拓之旅，两会从此进入制度化协商轨道，推动两岸关系向前迈出重要一步；这是一次合作之旅，两会签署四项重要协议并举行一系列有益交流活动，为两岸同胞带来实实在在的利益；这是一次和平之旅，陈会长和海协会代表团带去大陆同胞对台湾同胞的亲切问候，表达大陆期待两岸关系和平发展的最大诚意。当前两会制度化协商已站在一个新的出发点上，两岸关系发展呈现出前所未有的光明前景。

海内外舆论积极评价陈云林会长访台及其成果。大陆舆论普遍认为，两会领导人首次在台北举行会谈，是两会制度化协商的新突破，四项协议给两岸同胞带来实实在在利益，为两岸关系和平发展注入新动力。台湾舆论认为，陈云林会长访台是两岸60年来深具里程碑意义的大事，从中看出两岸互动主轴线是民意与和平，两岸人民感情、血缘、实质经济利益冲破了政治藩篱，拉近了两岸同胞距离，对两岸关系、台海和平都具有高度意义，广受国际瞩目。台当局表示，这次会谈成功象征两会协商管道制度化，两岸关系发展正式迈向协商合作代替对抗冲突的历史性关键时刻，对未来两岸关系发展有极正面深远意义。港澳媒体普遍认为，陈云林赴台是历史性访问，标志两会沟通管道进入制度化常态化模式，为两岸关系长远发展奠定坚实基础。两岸签署四项协议，为台商往来大陆节省大量时间，为两岸客货运节省大量资金成本，是力推台湾经济走出低谷的火车头，是雪中送炭的救生圈。国际舆论普遍认为，海协会陈云林会长访台搁置了两岸政治歧见，双方逐步建立互信，两岸经贸实务合作，宣告“三通”终将实现，消除两岸经贸交往中最大障碍，将愈来愈广泛地惠及台湾民众，成为两岸关系一大历史里程碑，有助于区域稳定繁荣。

陈云林会长率海协会协商代表团第一次访问台湾，两会领导人第一次在台湾会谈，海协会领导人第一次与台湾地区领导人会面，这标志着两岸关系发展走出重要一步。两岸两会持续推动两岸制度化协商，有利于开创两岸关系和平发展新局面。

1. 两会领导人台北会谈开启了两会制度化协商的新里程

如果说在“九二共识”推动下，海基会董事长江秉坤成功访问北京并重启两会制度化协商大门，那么海协会会长陈云林成功访台则象征着两会制度化协商迈入有来有往的新里程。通过台北会谈进一步落实两会制度化协商机制，使两岸两会会务交流更加定期化与常态化，已经回归到机制性运作阶段，为两岸交流与合作、两岸关系和平发展提供制度性保障。

2. 两会领导人台北会谈突出现阶段两岸制度化协商重点

两岸两会台北会谈解决了当前两岸急需的直航通邮、食品安全等攸关两岸人民福祉及权益的重要议题，极大地便利两岸人民往来，促进两岸经贸交流，强化两岸食品卫生安全。两会在协商中秉持先经济后政治、先易后难、循序渐进原则，检查两会既有协议的执行成效，并针对后续协商议题达成许多共识，合理务实地规划近期协商议题与步骤，包括两岸金融合作、共同打击犯罪、渔工劳务合作、双向投资及保护协议、动植物检验检疫合作、产业合作、知识产权保护、两岸媒体记者常驻等问题，还确认两会人员制度化常态化的联系与交流方式，不断推动两岸两会制度化商谈的进程。

3. 两会领导人台北会谈体现出两岸制度化协商的新模式

两会秉持建立互信、搁置争议、求同存异、共创双赢精神，在商谈中做到平等协商、善意沟通、积累共识、务实进取，不把自己意志强加于对方，充分考虑对方实际情况，消除不必要疑虑，实事求是地寻求都能接受的两岸交流中各项问题的解决办法。特别是两岸业务主管部门官员和两岸工商交通金融业人士参与本次两会制度化商谈，开展面对面交流，探讨应对国际金融风暴和加强两岸合作办法，有助于实质性解决两岸关系中具体问题。

4. 两会领导人台北会谈标志两岸以协商合作代替对抗冲突

陈云林会长赴台会谈取得丰硕成果，使两岸直接通航通邮变为现实，给两岸同胞带来实际利益，象征着两岸进入以协商对话代替对抗冲突的新阶段，促进两岸交流与合作，积累两岸同胞互信和共识，展现两岸同胞改善两岸关系的信心和能力，没有辜负两岸同胞普遍期待。据台行政当局大陆事务主管部门公布的民调“民众对两会签定协议与两岸交流等看法”：有71.79%的民众支持以两岸制度化协商机制来处理两岸交流衍生的问题。对此次两会协商成果，近7成以上民众表示肯定，有61.76%的民众认为对台湾经济发展有正面影响。66.92%的民众不赞同陈云林会长来台会谈会损害台湾尊严的说法。① 可见，大多数台湾民众支持陈云林会长与江丙坤董事长台北会谈及成果，支持两岸两会继续制度化商谈，解决两岸交流秩序问题，加强两岸交流与合作。

五、两岸“三通”取得重大突破

2008年11月4日，大陆海协会会长陈云林与台湾海基会董事长江丙坤在台北签署的四项协议，宣告了两岸同胞盼望几十年之久的“三通”取得重大突破，有力地促进两岸经济文化交流合作，把两岸人民更加紧密地联结在一起，为厚植共同利益，形成紧密联系，实现互利双赢创造了条件，为中华民族的伟大复兴奠定了基石。

（一）两岸空运截弯取直方便民众往来

在两岸两会签署的《海峡两岸空运协议》及附件中，双方同意开通

---

① 台“陆委会”民意调查：《民众对第二次“江陈会谈”结果之看法》，2008年11月5日-11月8日。

台湾海峡北线空中双向直达航路，建立两岸空（航）管部门直接交接程序，继续磋商开通台湾海峡南线空中直达航路及其他便捷航路。在两岸周末包机基础上增加包机航点班次，调整为客运包机常态化安排。视情开办非营利性商务（公务）包机。在货运包机方面，双方各自指定二或三家航空公司经营货运包机业务，大陆开放上海（浦东）、广州作为货运包机航点，台湾开放桃园、高雄小港，双方每月共飞 60 个往返班次，每方 30 个往返班次，按需求可以进行调整。在客运包机方面，大陆在北京、上海（浦东）、广州、厦门、南京五个周末包机航点基础上，开放成都、重庆、杭州、大连、桂林、深圳、武汉、福州、青岛、长沙、海口、昆明、西安、沈阳、天津、郑州等 16 个客运包机航点；台湾将已开放的桃园、高雄小港、台中清泉岗、台北松山、澎湖马公、花莲、金门、台东 8 个航点作为客运包机航点。双方每周 7 天共飞不超过 108 个往返班次，各飞不超过 54 个往返班次。春节期间可视情适量增加临时包机。该协议及附件自 2008 年 11 月 4 日起 40 天内生效。

两岸空运直航对于加强两岸交流交往非常必要。两岸经贸往来越来越密切，大陆是台湾最大出口市场及台商投资最重要地点，人员和货物运输需求量非常庞大。据台湾当局“陆委会”统计，2007 年两岸贸易金额达 1302.4 亿美元，比 2000 年增长 2.8 倍。台湾对大陆顺差金额达 705.6 亿美元，增长 2.5 倍。台湾对大陆出口金额占台湾总出口额比重的 40.7%，增长 1.7 倍。台湾赴大陆投资金额达 648.69 亿美元，占台商海外投资总额 55.4%，增长 3.8 倍。台湾赴大陆投资人数达 39426 人，增长 1.7 倍。两岸旅行人数近 495 万人次，增长 1.5 倍。两岸空运货物进出口量约 29 万公吨，占台湾空运货物进出口总量的 28%。2008 年，上述各项持续增长。可见，两岸经贸交流与合作成为已经成为两岸经济重要组成部分，尤其对于台湾经济非常重要。而两岸直航前空中客货运输不能直接运输而均需飞经香港中转，费时费力增加成本，影响两岸经贸经济正常运作，不符合市场原则及经济效益，使台湾经济失去许多商机。两岸民众支持两岸空中直航，台湾民调超过 70% 以上民众支持两岸直航，台湾企业界支持直航比例超过 90%，实现两岸直航共识早已形成，实现两岸空运直航具有坚实的民意基础。

签署两岸空运协议是两岸空中运输的重大突破。两岸空运上开通台湾海峡北线空中直达航路，继续磋商开通台湾海峡南线空中直达航路及更便捷航路，实现两岸空运双向往来，节省时间和资金。实现两岸空运直航也将大幅提高空中运输效益，减少运输时间和运输成本，2008 年 7 月前台湾民众到大陆多经香港转机，如由桃园机场飞往上海机场需耗时 4 个小时，加上转机时间长达数小时，开办周末包机后虽无需在香港落地，但仍须飞经香港飞航情报区，桃园至上海航程仍需 2 小时 24 分，而两岸建立新航路后桃园至上海只需 1 小时 22 分钟。据台湾方面估测，实现两岸空运直航从台北、桃园、高雄飞往至北京和上海（浦东）等地较此前飞经香港飞航情报区节省航路 319 至 959 公里，节省时间 13 至 64 分钟，节省燃油 40% 到 45%，总计每年航空公司及旅客节省成本达新台币 30 亿元以上。两岸空运直航也将大幅提高货物运送效率，直航前桃园至上海的货机单程运输含停港澳转机时间需要 12 – 16 小时，而实现货运包机直航后仅需要 1. 3 小时，大幅度节省运输时间，大大降低两岸运输成本。实现两岸空运直航后周末包机改为平日包机，航班从每周 36 班增为 108 班，加上大陆共开放 21 个航点，有利于增加大陆居民到台湾旅游观光的人次经济效益，到台湾经济发展有利。

（二）两岸开放海运直航节约资金成本

在两岸两会签署的《海峡两岸海运协议》及附件中，双方同意两岸资本并在两岸登记的船舶经许可得从事两岸间客货直接运输，依市场需求等因素相互开放主要对外开放港口。台湾方面开放基隆、高雄、台中、花莲、金门料罗、马祖福澳、澎湖马公等 11 个港口。大陆方面开放大连、秦皇岛、天津、青岛、连云港、上海、宁波、福州、厦门、蛇口、广州、珠海、钦州、海口等 48 个海港，开放太仓、南通、南京、芜湖、九江、武汉等 15 个河港。双方同意视情况增加开放港口，并且对海上直航所涉及的管理、保障、问题处理等相关事项做出有利双方往来的规定。

两岸开放海运直航是经贸发展的迫切需要。两岸越来越密切的经贸关系呼唤着两岸实现海上客货直接运输。据台湾方面统计，2007 年两岸海运货物进出口量达 137 万个 20 英尺标准集装箱（TEU），散杂货达 1662 万公吨，多数需要弯靠第三地间接运输。目前 30% 以上的亚洲货源来自大陆，但在海运直航前往来两岸的船舶从大陆港口载货后，必须弯靠第三地才能进入台湾港口，大幅增加运输时间和运输成本，也造成台湾港口在全球集装箱港口排名逐年下滑，不利于台湾航运业发展，也不利于两岸经贸发展。大陆方面一直主张尽快实现两岸空运海运直航，两岸早就形成实现直航共识，开放两岸海运直航具有坚实的民意基础。两岸自 1997 年 4 月起开始试点直航，准许两岸“权宜轮”于高雄港与大陆福州、厦门港间直航，但只限于载运转口货。2004 年 5 月，台湾当局公布海运便捷化措施，高雄港、台中港、基隆港可与大陆各开放港口间直航，但两岸进出口货载运仍需弯靠第三地转运并限制极多，迫切需要推动两岸海运直航。

两岸海运协议是两岸水上运输的重大突破。两岸开展海运直航大大地提高了经济效益。台湾方面统计，两岸海运直航后台湾船舶不须再弯靠琉球石垣岛，平均每航次节省时间 16 至 27 小时，节省运输成本 15% 至 30%，节省弯靠第三地签证费，每年如 4000 航次可节省 12 亿元新台币。定期货柜航线的每艘万吨级货柜船每年可节省新台币 6.2 亿至 13 亿元，散装不定期船全年节省成本可达新台币数十亿元。海运直航可使企业利用港埠或外围地区发展物流产业，联结机场创造海空复合型态物流配送等高附加价值活动，发展物流枢纽港口建设。两岸海运直航缩短台湾农产品销往大陆运输时间，水果从台湾至上海不经第三地可由 8 天缩减为 4 天，运输毁损可由 15% 降至 5%，货物上架可增加 4 天，优质新鲜和节省成本。据台农业主管部门估计，实现海运直航使农产品运输成本减少 15% –30%，台湾水果对大陆出口量可提高 20%，果农收益约可增加 10% –15%。花卉可利用海运方式进入大陆市场或转运俄罗斯，台湾冬季蔬菜可拓销大陆东北及出口至俄罗斯，养殖观赏鱼石斑鱼可扩大在大陆市场，为台湾农产品营销增加契机。

（三）两岸扩大通邮业务便利民众联系

据两岸两会签署的《海峡两岸邮政协议》条款，双方同意开办两岸直接平常和挂号函件（包括信函、明信片、邮简、印刷品、新闻纸、杂志、盲人文件）、小包、包裹、快捷邮件（特快专递）、邮政汇兑等业务，加强其他邮政业务合作。台湾方面邮件封发局为台北、高雄、基隆、金门、马祖；大陆方面邮件封发局为北京、上海、广州、福州、厦门、西安、南京、成都。双方可视需要增加或调整邮件封发局，并由增加或调整一方通知对方。双方同意通过空运或海运直航方式将邮件总包运送至对方邮件处理中心，并建立邮政业务账务处理直接结算关系。

两岸邮政合作对便利两岸民众联系非常必要。两岸民众信函邮件往来大量频繁，实现直接通邮是两岸人民的普遍需求。两岸自 1988 年 4 月 18 日起开办间接通信，1993 年 4 月第一次“汪辜会谈”签署了《两岸挂号函件查询、补偿事宜协议》，使两岸民众可以通过大陆海协会和台湾海基会查询挂号信件及要求赔偿。随着两岸关系发展，往来两岸的邮件越来越多，1988 年到 2008 年 6 月台湾寄大陆信件为 1.3 亿件，大陆寄台湾信件为 1.7 亿件，总共来往两岸信件达近 3 亿件 ，数量极为可观，邮件须经由香港日本等第三地转运，运递耗时费日，而且两岸邮件封发局少，影响邮件准确达到的准确性和时效性，也不方便两岸邮政账务结算，影响邮政公司营运，迫切需要配合两岸海空通航而实现两岸通邮，为提供两岸民众更快捷便利的邮政服务。

两岸邮政协议在两岸邮政合作上有重要进展，扩大两岸邮政合作范围具有突出的实际效益。两岸交往交流越来越密切，两岸邮政服务范围增加小包、包裹及快捷邮件等业务，可以满足两岸广大民众的需求，提高两岸交流往来效益。双方封发局数目增加便利邮件收发业务，两岸邮件利用空中海上直接运输大幅节省运输时间和成本。从台湾邮寄到北京和上海的邮件由原 7 - 8 天送达可短为 5 - 6 天送达，其他地区平均可提前 1 天送达，特别是两岸邮件经由海空直接运输大幅提高邮件安全性，并且方便两岸民众透过两岸封发局直接查询，确保了两岸民众的切身利益。过去两岸邮件经第三地转运，相关责任较不易厘清，挂号函件遗失被窃毁损由寄件方邮局赔偿而不互相结算，两岸邮件寄送数量重量不同使费用不一致而形成双方处理困扰，两岸邮政业务直接往来后双方参照万国邮政公约及邮政惯例明订赔偿责任，并相互结算函件小包到达费、包裹分摊费、快捷邮件费等，让两岸邮政业务营运常态化。同时，两岸通邮后将开办直接汇兑业务，简化作业流程，提高汇款时效，让民众享受到便利汇款服务，大幅节省相关费用支出。

（四）两岸食品安全机制维护民众健康

两岸两会签署的《海峡两岸食品安全协议》规定，双方相互通报涉及两岸贸易的食品安全信息，并就影响两岸民众健康重大食品安全信息及突发事件实时通报，提供完整信息。两岸建立两岸重大食品安全事件协处机制，具体措施有：（一）紧急磋商、交换相关信息；（二）暂停生产、输出相关产品；（三）实时下架、召回相关产品；（四）提供实地了解便利；（五）核实发布讯息（信息），并相互通报；（六）提供事件原因分析及改善计划；（七）督促责任人妥善处理纠纷，并就确保受害人权益给予积极协助；（八）双方实时相互通报有关责任查处情况。双方同意建立两岸业务主管部门专家定期会商及互访制度，就双方食品安全制度规范、检验技术及监管措施进行业务交流及信息交换。

建立两岸食品安全机制非常必要。2008 年 9 月，发生大陆出口台湾的奶粉检出三聚氰胺事件，对台湾民众健康构成危害，造成台湾消费者恐慌及台湾业者损失，引发台湾民众对大陆进口食品的不信任感，要求大陆责任人赔偿台湾受害者的损失，凸显加强两岸食品安全管理十分必要和迫切。事件发生后两岸于 10 月 6 日初步建立食品安全直接联系管道及通报机制。此次两岸两会领导人台北会谈签署《海峡两岸食品安全协议》，建立两岸食品安全制度化处理机制，有助于增进双方对食品安全信息的及时交流与沟通，扩大两岸双方互信，深化食品安全合作范围，落实食品安全管理目标，有效保障两岸食品卫生安全及民众健康权益。

两岸食品安全协议措施切实可行。两岸食品安全协议确定对涉及两岸食品安全的重大事件和重要信息必须实时相互通报，而且必须采取紧急磋商、暂停生产输出、下架召回产品、提供实地了解便利、分析原因改善计划、处理纠纷确保权益、实时通报责任查处等八大措施来及时妥善处理，并请业务主管部门专家会商及互访，就双方食品安全制度规范、检验技术及监管措施交换信息，这就确保了涉及两岸经贸的食品卫生安全和两岸民众身心健康。

建立两岸食品安全机制具有实效。依据两岸食品安全协议，未来双方就涉及两岸贸易食品安全讯息和影响民众健康重大突发事件及时相互通报，以达到预警效果。双方建立常态化业务交流机制，了解双方对于食品卫生制度规范、检验技术及监管措施，有助于从源头上赌注漏洞，降低不安全食品风险。建立重大食品安全事件处理机制及时处理危机，则会避免类此事件再次发生，督促责任人妥善处理纠纷，积极协助受害人求偿，以使双方受害消费者及业者权益获得保障，双方实时相互通报有关责任查处情况，能重新建立对两岸相关产品的信心，有利于两岸经贸交流与合作。

这次两会“四项协议”的签署，在迈出历史大步的同时，也承前启后为下轮商谈制订了初步议程。在“三通”的基础上，双方将积极建构两岸经济关系正常化、紧密化和制度化，并进一步在经贸、金融、社会、民生等各领域加强交流，包括两岸金融、渔工劳务、动植物检疫、产业等的合作，以及共同打击犯罪、双向投资及投资保护、知识产权保护和媒体记者常驻等问题。由此开启建立的两岸间更多的互惠、互信，必将拉近双方差异，减少分歧，为日后更多新型合作奠基铺路。

六、两岸交流继续推进

祖国大陆一贯支持两岸交流。胡锦涛总书记指出，我们愿意以最大的包容与耐心化解和疏导台湾同胞中存在的对大陆的误解和对两岸关系发展的疑虑，更愿意采取更加积极的措施让越来越多的台湾同胞在推动两岸关系和平发展中增进福祉。[①] 经过了长期发展，两岸交流的规模越来越大，对两岸关系和平发展的促进作用也越来越显著。

2008 年，在两岸关系迎来战略机遇期、两会制度化协商机制建立的同时，两岸经贸交流稳中求进，两岸团体和人员往来交流依然热络，并且出现台湾同胞积极援助赈灾四川汶川特大地震、两岸体育健儿共同参加北京奥运等可喜亮点，为两岸关系和平发展锦上添花。

（一）两岸政党交流继续前进

改善与发展两岸关系离不开国共两党交流沟通平台作用，中国国民党在台湾地区重新执政后，国共两党在继续强调“九二共识”的基础

① 见胡锦涛在纪念《告台湾同胞书》发表 30 周年座谈会上的讲话。

上，共同推动两岸关系和平发展。

早在2005年4月，中共中央总书记胡锦涛在会见中国国民党主席连战时就发展两岸关系提出重要主张，即建立政治上的互信，相互尊重，求同存异；加强经济上的交流合作，互利互惠，共同发展；开展平等协商，加强沟通，扩大共识；鼓励两岸民众加强交往，增进了解，融合亲情。此次会谈后国共两党着手建立沟通平台，后正式定名为“两岸经贸文化论坛”，其间开展多种形式的交流与对话，积极落实两党重要共识和“两岸和平发展共同愿景”，取得了实质性进展。

2008年，国民党先后赢得“1.12立委选举”和“3.22总统选举”后，中国共产党与中国国民党加强互动，实现两岸执政党领导人高层会谈并达成共识，直接促成海协会与海基会重开制度化商谈并达成诸多重要成果，开启了两岸关系和平发展新局面。

3月28日，马英九赢得台湾地区领导人选举后接受岛内媒体专访，表示要在“九二共识”基础上推动海基会和海协重启两岸商谈机制，两岸谈判不必到第三地，就在台湾，两岸复谈后国共论坛可以继续存在。不久，国民党方面宣布以海基会与海协作为两岸谈判对话第一轨道，国共论坛和其他交流管道作为第二轨道，准备重启两岸两会协商对话。

在国共关系与两岸关系越加改善的氛围下，中共中央总书记胡锦涛于4月12日在博鳌会见萧万长先生率领的台湾“两岸共同市场基金会”代表团，就两岸经济交流与合作问题交换意见。萧万长表示，两岸关系发展要做到“正视现实、开创未来、搁置争议、追求双赢”，希望实现两岸直航和两岸经贸正常化，希望两岸尽速恢复协商以及大陆观光客尽快赴台旅游观光。

在认真听取萧万长意见后，胡锦涛表示，开展两岸经济交流合作是两岸关系发展中最有活力的因素，是增进两岸同胞福祉、扩大两岸共同利益的有效途径。在当今世界经济竞争更为激烈形势下，两岸同胞应该抓住难得机遇、共同应对挑战、切实加强合作、努力共创双赢。胡锦涛以“四个继续”回应萧万长的四个希望：我们将继续推动两岸经济文化等各领域交流合作，继续推动两岸周末包机和大陆居民赴台旅游的磋商，继续关心台湾同胞福祉并切实维护台湾同胞的正当权益，继续促进恢复两岸协商谈判。

4月29日，胡锦涛总书记在会见前来北京参加台湾艺术品“水袖”安放仪式的国民党荣誉主席连战先生时，提出“建立互信、搁置争议、求同存异，共创双赢”的“十六字方针”，成为两岸关系和平发展的基本方针，希望两岸在反对“台独”和坚持“九二共识”基础上建立互信，实事求是地搁置两党和两岸一时不易解决的争议问题，从促进两岸关系和平发展大局出发去求同存异，创造对双方都有利的双赢局面，共同实现中华民族伟大复兴，这对于凝聚两岸同胞共识和推动两岸关系和平发展至关重要。

马英九就职后不久，中共中央邀请中国国民党主席吴伯雄访问大陆，商讨两会复谈和如何开创两岸关系和平发展新局面等议题。5月28日，胡锦涛总书记会见吴伯雄主席率领的中国国民党大陆访问团全体成员。在大陆忙于四川地震救灾和重建时，胡锦涛总书记邀请吴伯雄率团访问大陆，凸显两岸同胞血脉相连的民族感情。会谈在诸多方面达成一致的重要共识，为推动两岸关系往前迈进关系注入重要动力。这次两党领导人会谈再次向两岸同胞展现推动两岸关系和平发展的决心和诚意，进一步夯实国共两党之间互信基础，搁置两岸关系中一些一时不能解决的争议问题，务实解决实现两岸两会制度化协商和交流合作中亟待解决的重要问题，拉近两党两岸之间距离，国共两党关系走上新的历史起点，对促进两岸关系和平发展产生了重要影响。

12月20日至21日，为期两天的第四届两岸经贸文化论坛在上海胜利召开。这是在国民党取得执政权后国共两党召开的首次论坛，具有十分重要的意义。与会代表300余人，中共中央政治局常委、全国政协主席贾庆林出席并发表重要讲话。大会的主题是“扩大和深化两岸经济交流与合作”，在这个主题之下安排了三项议题：一是拓展两岸金融及服务业合作；二是促进两岸双向投资；三是构建两岸经济交流的制度化安排。第四届国共经贸文化论坛，权威性更加增强，代表性更为广泛，研讨更加务实，透明度更加提高，已经成为两岸有识之士倾心对话的著名讲坛，成为两岸各界真诚交流的重要平台。论坛汇集民意，凝聚共识，从而为两岸决策提供必要参考，为两会协商探寻可行方案。为此，第四届论坛提出9项共同建议，会议期间大陆再次出台10项惠台政策，使得惠台政策达到72项。国共论坛，为两岸关系写下新的篇章，充分证明在两会协商谈判恢复之后，国共交流平台作为民间性的辅助性沟通渠道，仍然具有十分重要的作用。

从国共两党领导人共同发布“两岸和平发展共同愿景”，到第四届国共论坛举办，国共两党交流沟通不断深化，实现了“胡萧会”、“胡连会”、“胡吴会”，开始两岸执政党之间的互信与合作，加深促进两岸关系和平发展共识。国共两党之间深化交流与合作，是两岸关系改善和发展的关键一步，也是两岸谈判对话的重要管道。国共两党领导人会谈达成的诸多共识，成为推动两岸关系新发展的重要动力。没有国共两党交流与合作，就不会有两岸关系和平发展新局面。

（二）两岸文化交流仍保持热络

2008 年两岸关系的转折，为文化交流在和平发展主题下继续推进创造了良好的条件。通过两岸团体人员的交流与合作，为两岸拉近距离、建立感情、取长补短、共同发展打下了基础。

1. 新闻出版领域

媒体在现代社会生活中扮演着重要角色。两岸关系的和平发展，为两岸新闻交流与合作提供了更为广阔的天地。在新形势、新机遇面前，海峡两岸新闻领域的交流进一步展开，两岸新闻交流的事件可圈可点。6 月 24 日，“2008 海峡两岸广播交流研讨会”在北京举行。这一研讨会自 1995 年首次举办以来，已经分别在大陆和台湾举行了 8 届，是两岸广播界规格最高、范围最广、参与人数最多的交流活动。国台办副主任叶克冬在这次会议中提出：“我们正面临着改善和发展两岸关系的大好时机，两岸新闻交流合作，应该有利于进一步增进两岸同胞的感情融合，有利于扩展两岸各领域交流合作的范围，有利于促进两岸和平发展。”①6 月 30 日，台湾行政当局新闻主管部门宣布恢复新华社、《人民日报》等到台湾驻点，大陆媒体驻点采访停留时间由过去的 1 个月延长到 3 个月，最长可驻台半年，这是马英九提出两岸媒体互相驻点采访正常化政策迈出的可喜的第一步。目前，在台湾驻点的大陆媒体有新华社、《人民日报》、中央电视台、中新社和中央人民广播电台。8 月，两岸媒体聚

① 叶克冬：《在 2008 海峡两岸广播交流研讨会上的讲话》。

焦北京奥运会，通力合作、优势互补，实现了奥运报道资源的共享和互补，为两岸人民提供了北京和北京奥运会的全面信息服务。10月，中华全国新闻工作者协会、河南人民广播电台、湖北人民广播电台、上海《新民晚报》等单位也赴台采访。在和平发展的新阶段，两岸新闻媒体本着建设共同家园的目的拓展交流合作领域、提高交流合作层次是必须的。

新闻与出版是信息传播领域的双子星座，均肩负着信息传播的重要任务，在海峡两岸的交流互动中起着重要的作用。跨入和平发展之年的2008年，是海峡两岸出版交流20周年。1988年，台湾出版界人士打破封锁，赴上海参加“首届海峡两岸图书博览会”，为两岸出版交流拉开帷幕。此后，两岸出版交流从间接到直接，从单向到双向，从一般交流到实质性合作，取得了突破性进展。回首二十年前，检视今年的两岸出版界交流，两岸已经从版权、图书逐渐扩展到期刊、音像和印刷等各个领域，并逐渐形成规模化、制度化态势；两岸的出版合作范围也从版权贸易、合作出版发展到现在的整合资源、优势互补、携手共进。

随着祖国大陆经济的飞速增长，中国的国际影响力不断增强，世界上中文出版市场不断扩大。在今年4月27日召开的纪念海峡两岸出版交流20周年座谈会上，祖国大陆、台湾、香港、澳门出版界人士一致认为，随着两岸和平发展时期的来临，应抓住这个机会，共同推进中文出版事业的繁荣发展。

2. 宗教领域

两岸宗教同宗同源、法乳一脉。两岸信仰宗教的同胞有互动交流的共同愿望和要求。两岸宗教领域的交流不仅使两岸信众增进沟通、了解，而且对两岸共同推进慈善事业有着重要的作用，通过5月四川汶川地震时台湾宗教界所起的作用可见一斑。2008年，随着两岸民间交流的不断深入，两岸宗教界的各种交流也一直通过各种渠道进行。其中，“妈祖文化”已经成为海峡两岸交流的重要桥梁和精神纽带。2月下旬，第二届“妈祖文化节”在福建连江拉开序幕；4月上旬，中华文化联谊会和福建省广播电视集团组团赴台中县和台南市演出“妈祖之光”大型综艺晚会；“妈祖故乡”福建莆田湄洲岛更是台湾妈祖信众朝拜的圣地。两岸妈祖文化交流的日趋活络，推动了两岸民间交往、经贸合作，在两岸关系进入和平发展阶段后将会发挥越来越重要的作用。

台湾佛教，根在大陆，两岸佛教徒的交流自然、亲切。4月，两岸40余位法师齐聚北京，出席“2008汉传佛教讲经交流会”，祈愿人民幸福、祝愿中国经济发展、繁荣昌盛，预祝北京奥运会圆满成功。这成为今年两岸佛教交流的亮点。另外，“两岸暨港澳佛教圆桌会”、“2008佛教外语交流会”、“两岸弥勒文化研讨会”以及其他两岸佛教交流活动都为两岸佛教界在两岸关系和平发展阶段共同开发佛教精神宝库，为提高中华民族凝聚力等方面继续作出贡献。此外，两岸道教和其他宗教的交流随着和平发展时代的到来也在继续推进。

事实上，宗教是社会的局部，是社会系统的一个子系统，它受制于社会群体，又反作用于社会，对社会能否和谐运行有着重要的影响。两岸宗教界的健康交流是构建两岸和平发展的重要内容。让两岸关系因两岸宗教的健康交流而更加和谐，让宗教交流因两岸和平发展而更加圣洁祥和是伴随和平发展阶段的重要任务。

3. 学术领域

学术交流可以带动两岸人民观念的改变，两岸知识分子进行学术文化交流对整体未来中国的发展产生影响和帮助。2008年，两岸学术领域的交流继续进行。两岸学者在政治、经济、文化等诸学术领域开展了广泛的交流。6月，“海峡两岸知识产权论坛”成为两岸知识产权界合作的新起点；7月，两岸学术界在北京大学共商中国金融改革与发展问题，为农村金融改革提供参考数据和建议；10月，由北京联合大学台湾研究院举办的“八年来台湾政治发展的省思与前瞻”学术研讨会在北京举行，两岸民法典研讨会在台北的东吴大学举行，“李时珍医药文化与产业发展研讨会”在武汉举行。随着两岸进入和平发展阶段，两岸学术交流的范围越来越广泛，各方面的学术交流不一而足。通过学术交流，两岸各界可以学习与对方相处的方法、了解对方的想法，可以互相学习和追求新知识和新观念，可以互相学习做事的方法与能力，可以互相学习对方的长处并达成自我实现。

4. 文艺体育领域

两岸体育交流始于1989年，虽然受政治因素的影响，两岸体育交流一直在互动中提升。自1996年中国奥委会主席伍绍祖和中华台北奥委会主席张丰绪签订两岸体育交流“五来五往”协议之后，每年两岸各派5个体育代表团队互访，交流经验，并且召开体育高层领导会议。今年8月，第29届奥运会在北京开幕，两岸体育健儿相聚在五环旗下，第一次在华夏大地共同参与世界最高体育盛会的角逐，这是2008年两岸体育交流中又一最突出的亮点。

年内，两岸文艺交流恢复热络。大陆专业戏剧团体赴台交流传统剧目、两岸书画界人士交流展示书画工艺精品、两岸影视界合作创作拍摄优秀影视作品、两岸文艺工作者同台展现文艺风采、两岸开展地方文艺周交流成为今年两岸文艺交流的重点。通过文艺交流，密切了两岸文化往来。据文化部不完全统计，仅上半年两岸文化交流项目共有249项，2164人次，推动了两岸文化交流与合作。

（三）台湾同胞积极援助四川救灾和重建

四川汶川大地震给华夏大地带来巨大伤痛，包括台港澳海外华人在内的中华儿女在抗震救灾中体现出血浓于水的同胞之爱，体现浓浓的中华民族情怀，为两岸和平发展奠定了坚实的情感基础。

5月12日14时28分，四川汶川发生建国以来破坏性最强、波及范围最广、救灾难度最大的地震。地震发生后，党中央、国务院指挥解放军和武警部队迅速抢险救灾，全国人民援助抗震救灾。同时，当地台办和四川省有关方面指示全力救助地震灾区台湾同胞，4天内除2名台胞不幸身亡外，其余2896名台胞撤离至安全地带并于5月20日安全返台。

台湾同胞一直高度关注四川地震灾情，社会各界慷慨解囊，自发捐款捐物援助，其情其景感人至深。国民党主席吴伯雄、荣誉主席连战，亲民党主席宋楚瑜，新党主席郁慕明在震后第一时间来函来电表达关切和慰问。5月15日，海协会致函海基金：四川发生特大地震以来，台湾各界纷纷表示关切和慰问，踊跃捐款捐物，多次表示愿派遣搜救人员前往协助救援，充分体现两岸同胞血浓于水的手足情谊。同日，国台办主任陈云林对记者表示，充分理解台湾各界急灾区同胞之所急的心情，对台湾同胞和社会各界为四川地震灾害救援提供大力协助表示最诚挚感谢。

5月16日，台湾首支获准进入四川灾区的搜救队搭乘华信航空包机从桃园机场直飞成都，抵达灾区后立即加入救援行列。台湾搜救队由具有1999年“9·21大地震”救灾经验的“高铁公司”执行长欧晋德任领队，共22名成员，携带自给自足7天的粮食饮水及生命脉动探测器、光纤影像探测器等搜救器材和医疗卫星通讯、后勤器材。5月18日晚，台北举办赈灾募款晚会，现场开放123条电话线路接受捐款，晚会共募得赈灾善款2.27亿元新台币。5月20日，台湾红十字组织医疗团一行30多人，携带破伤风疫苗、止痛药、消炎药等2.5吨紧急医疗救援物飞抵四川地震灾区，提供专业医护救助任务。台湾法鼓山、慈济等团体募集物资并派出救援队参与救援。

5月28日，胡锦涛总书记在会见来访的中国国民党主席吴伯雄时指出，广大台湾同胞的爱心和善举感人至深。汶川大地震给我们带来巨大伤痛，使全民族更加紧密地团结在一起。包括台湾同胞在内的全体中华儿女在患难之时体现出的同胞之爱、手足之情格外珍贵。这不仅是中华民族团结互助、共克时艰的精神力量，也将成为两岸同胞相互扶持、携手合作、共同开创两岸关系美好未来的强大动力。

截至11月25日，台湾同胞积极捐资援助四川灾后重建，共向四川地震灾区捐款10.1亿元人民币，其中5亿元已落实到96个灾后重建项目。四川地震牵动着港澳和海外华人的心，更牵动着2300万台湾同胞的心。广大台湾同胞慷慨解囊捐钱捐物，两岸同胞血浓于水手足情深的感情，体现中华民族团结互助共克时艰的精神力量，再一次在两岸架起新的桥梁，成为两岸同胞携手合作共同开创两岸关系美好未来的强大力量。

（四）台湾同胞热情支持和参与北京奥运

2008年北京奥运会期间，中华台北奥运代表团带着台湾同胞对奥林匹克运动的热爱来到北京，两岸体育健儿相聚在五环旗下，第一次在华夏大地共同参与世界最高体育盛会奥运会角逐。

台湾同胞通过各种方式宣传支持奥运，为北京奥运增光添彩。其中，在4月间，寄托台湾同胞支持北京奥运美好心意的台湾雕塑家作品雕塑“水袖”安放在北京奥林匹克中心，中国国民党荣誉主席连战和夫人出席安放仪式。台湾知名音乐人鲍比达为奥运火炬传递创作很有中国味的歌曲《点燃激情传递梦想》，周华健作曲并演唱的《我是明星》当选为北京奥运会志愿者主题歌，许多台湾歌手录制宣传演出奥运歌曲。台北街头公汽车身、闹市区广告、年轻人T恤和纪念品等都看到北京奥运印记。象征着和平、友谊、进步、和谐的奥运火炬，在北京、上海、惠州、南京、天津、郑州、石家庄、沈阳、青岛、西安等城市传递，都有来自台湾的火炬手参与其中。

北京奥运会临近，从全国200万名报名者中挑选出17万名志愿者分赴北京及其他奥运协办城市开展服务。北京奥组委共收到台湾3000多份志愿者申请表，从中正式录用91位奥运会志愿者，其中包括周华健与18岁儿子入选，他们分赴奥运场馆开展服务。已在北京工作生活8年的45岁台商徐幸暄有幸成为北京奥运会五棵松棒球场赛会志愿者，台湾棒球队将在这里参赛。

北京奥运会终于迎来台湾体育健儿身影。由总领队蔡赐爵率领的中华台北奥运代表团8月3日在北京一下飞机就受到北京市民热烈欢迎。早在1989年台湾体操队到访大陆时，蔡赐爵就是成员之一。中华台北代表团第一次到同文同种的祖国大陆参加奥运会，对北京来说这支海峡彼岸运动队也最心意相亲，因为两岸同胞是一家人，大陆同胞对台湾同胞自然有着发自内心的感情。中华台北奥运代表团中有80名运动员，他们参加了田径、游泳、柔道、跆拳道、帆船、举重、赛艇、射箭、射击、乒乓球、羽毛球、网球、女子垒球、棒球和自行车等15大项比赛。8月4日，中台办、国台办主任王毅就台湾同胞参加北京奥运会接受中新社记者专访说，奥运会第一次在中国举办，圆了中华民族百年梦想，自然格外受到两岸同胞共同关注与热切期盼。我们热烈欢迎台湾体育健儿和各界人士到来，期待两岸体育健儿弘扬奥林匹克精神，顽强拼搏，共创佳绩，为中华民族争光。

岛内政要和各界人士络绎来北京出席奥运会开闭幕式和观看比赛，大批台湾观众游客接踵而至，这是台湾同胞热爱奥林匹克运动和两岸同胞共襄北京奥运盛举的体现。国民党荣誉主席连战夫妇、亲民党主席宋楚瑜、国民党主席吴伯雄等先后抵达北京观礼奥运会开幕式。王毅主任、陈云林会长分别会见了他们。

8月8日晚北京奥运会开幕式前，台“立法委员”高金素梅率领台湾原住民文化演出团队在“鸟巢”表演歌舞“我们都是一家人”，他们载歌载舞，向大陆同胞及全世界观众们展示台湾原住民别样风情文化，包括布农部落“八部合音”演唱、卑南部落舞蹈“卑南跳跃”和兰屿达悟部落女性“头发舞”，原汁原味的台湾传统文化博得现场7万观众热烈赞赏。他们于7月27日从台湾启程到北京训练，是台湾唯一受邀在鸟巢演出的文艺团体。他们在京奥鸟巢所展现出的台湾原住民艺术，使北京奥运会期间两岸文化交流达到新高潮，获得了观众一致好评。

在8月8日第29届奥运会开幕式代表团入场式上，中华台北代表团刚入场就博得现场7万多观众欢声雷动的欢迎，北京热情欢迎骨肉同胞。在四川地震灾难面前，两岸同胞自发地站在一起；面对荣耀，两岸同胞当然要共同分享。北京同样是台湾体育健儿主场。8月9日，中华台北女子举重队队员陈苇绫以总计196公斤总成绩摘得铜牌，这是中华台北队在本届奥运会首面奖牌。北京奥运会开幕后，中华台北选手拼劲十足，无论最后是不是能夺牌，都值得北京观众同声喝彩。参加羽毛球项目的郑韶婕受膝盖旧伤影响，在羽球女单32强赛中败给大陆选手谢杏芳，尽管差距愈来愈大，但她没有丝毫退缩气馁，铆足全力拼搏到最后，这种旺盛斗志和坚持不懈的运动精神感动了台湾观众，大陆观众也为她加油。特别令人感动的是台湾跆拳道选手苏丽文在比赛中脚前十字韧带断裂受伤倒地11次，还奋战不懈地站起来拼搏，展现出极大的勇气、耐力与顽强意志，看后令人热泪盈眶。中华台北奥运代表团在北京奥运会共获得4枚铜牌，奥运成绩和大家预期有差距，但台湾选手已尽了最大努力，他们在实践奥运精神上的确是可圈可点的。

（五）两岸经贸交流与合作在稳中求进

2008年下半年以来，两岸关系雨过天晴，拨云见日。在两岸关系逐步迈向和平发展的时代大潮涌动下，台商投资大陆继续扩展，两岸贸易不断发展，两岸全面直接“三通”取得重大突破，两岸间货物、资金、信息交流规模持续扩大，两岸经贸关系发展前景值得乐观期待。

1. 台商投资继续扩展，投资区位、产业出现调整

2008年是大陆改革开放30周年，也是台商投资大陆30年。在这30年中，大陆台资企业从无到有，从小到大，获得前所未有的发展。台商在大陆的投资活动逐步向高层次转化，规模不断扩大，并呈现出越来越

明显的产业集聚效应。2008 年 1 至 10 月，台湾“经济部投审会”共核准台商对大陆投资件数 435 件，较上年同期减少 48.76%，核准投资金额为 83.57 亿美元，较上年同期增加 9.04%。截至 2008 年 10 月，台商对大陆投资核准件数累计达 36973 件，核准金额累计达 649.53 亿美元，占到台湾对外投资总额的六成，投资比重远远超过其他国家和地区。据大陆有关部门统计，截至 2008 年 7 月，大陆台资企业累计有 76526 家，台商数量超过 150 万人，协议投资金额超过 1000 亿美元，实际到资达 468.45 亿美元。另据台湾有关部门统计，在大陆外资总额中，台资的比重超过 6%，排名第五；若加上台商通过英属中美洲群岛、港澳、东南亚等第三地的转投资，比重已接近 10%，排名第二，仅次于港资。①

表 1　台商对大陆投资统计

年份	台湾统计数据			大陆统计数据			
	件数（项）	核准金额（亿美元）	单项规模（万美元）	件数（项）	协议金额（亿美元）	单项规模（万美元）	到资额（亿美元）
1991－99*	22134	144.95	65.49	41874	424.53	101.38	234.84
2000	840	26.07	310.36	3108	40.42	130.05	22.96
2001	1186	27.84	234.74	4214	69.14	164.07	29.80
2002*	3116	67.23	215.76	4853	67.40	138.88	39.71
2003*	3875	76.99	198.68	4495	85.58	190.39	33.77
2004	2004	69.41	346.36	4002	93.06	232.53	31.17
2005	1297	60.07	463.15	3907	103.58	265.11	21.52
2006	1090	76.42	701.10	3752	97.30	259.33	21.36
2007	996	99.71	1001.10	3299	—	—	17.74
2008.1－10*	572	89.77	1569.41	—	—	—	—
累计	37110*	738.46*	198.99	—	—	—	—

注：（1）“*”含补办额；

（2）大陆 2007 年数据为初步估计数。

资料来源：台湾数据来源于台湾“经济部投资审议委员会”，大陆数据来源于中华人民共和国商务部《外商直接投资金额统计》。

① 台湾“经济部投资审议委员会”：《2008 年 10 月核准侨外投资、国外投资、对中国大陆投资统计新闻稿》，http://www.moeaic.gov.tw/system_external/ctlr?PRO=Newsload&id=617，2008－11－20.

由于交通、经济、人文等综合因素，台商在大陆分布呈现明显的集中性。从分布比例来看，目前大陆台商主要集中在从珠三角到海峡西岸经济区，从长三角到环渤海地区的东部沿海地区。长三角近年来已经取代珠三角而成为台商投资大陆的最热点区域，其中江苏（32.44%）、上海（15.21%）和浙江（6.93%）等省市是台商投资大陆的最主要聚集地，合计占总投资比重将近1/2，几乎占去大陆台资的“半壁江山”；珠三角的广东省（24.55%）虽然台商投资热潮逐渐褪去，但仍然占到大陆台资的近1/4；北京（1.75%）、天津（1.91%）、河北（0.8%）、山东（1.82%）等环渤海地区以及海西区的福建（7.39%），是大陆台商投资的下一波热点区域，合计占到总额的约15%，因此东部沿海共集中了80%以上的大陆台资。此外，重庆、湖北等内陆地区的台商投资比重则相对较小，合计近10%，但近年来呈现出不断增长的趋势。①

台商投资领域仍然主要集中于制造业，但在服务业及其他产业投资比例有所提高，而农林及渔牧业比例则有所下降。截至2008年10月，制造业领域的台商投资核准项目金额约占总金额比重的88.31%，涉及电子及电器产品、基本金属制品、化学品、塑胶制品、食品及饮料、纺织、矿产品、运输工具、机械以及精密仪器等行业，对大陆信息技术产品、生物科技等高技术制造业的投资也在加速增长；服务业领域投资约占总投资的9.86%，主要集中于娱乐服务、交通运输、商贸、物流、房地产、医疗以及教育等行业；而农业投资比重则仅为0.35%，主要分布于养殖业及园艺业等行业。越来越多的台资企业在大陆沿海地区经济中心城市设立分公司或代表处，大型投资项目不断涌现，出现数亿以至10多亿美元的投资项目。截至2008年第1季，台湾1100多家上市（柜）公司中，已有900家赴大陆地区投资，市值达11兆元新台币，占台湾全体上市（柜）公司总市值的60.87%。② 7月，台湾“行政院”通过方案，放宽台湾企业赴大陆投资上限至60%，由此，台资西进将“化暗为

① 台湾“经济部投资审议委员会”：《2008年10月份对华侨及外国人投资、国外投资、对大陆投资统计月报》，http://www.moeaic.gov.tw/system_external/ctlr?PRO=DownloadFile&t=4&id=201，2008-11-20.

② 台湾“行政院大陆委员会”：《“行政院”通过〈放宽“国内”企业募资赴大陆投资限制〉方案》，http://www.mac.gov.tw/gb/gb/gov/970717e.htm，2008-07-17.

明”，总部设在台湾的企业投资大陆额度获得松绑，台商投资大陆有望大幅度加码，更有台商开始回流台湾，扩张岛内投资，积极布局两岸。①

值得注意的是，2008 年，大陆经济环境出现变化，一系列涉及税收、劳动等问题的政策法规相继出台，台商投资大陆格局面临新一轮的调整。尤其是东南沿海地区的台商，在这一年中所面对的“三缺”（缺民工、缺水电、缺土地）、“四涨”（原料、油电、工资、租金上涨）、“五法”（《劳动合同法》、《企业所得税法》、《调整出口退税政策》、《调整加工贸易政策》、《调整土地从严政策》）以及“六荒”（生态荒、人才荒、融资荒、治安荒、优惠荒、利润荒）等政策环境的变化甚为突出。② 在加工出口贸易型台商密集的珠三角地区，部分台资企业或是“南流”，转战越南、柬埔寨等东南亚地区；或是“西征”，转移到生产成本相对低廉、投资政策更为优惠的内陆与中西部地区；也有一些缺乏竞争力或经营困难的台资企业被迫倒闭或关厂。大陆经济发展转型，为台商带来挑战，让台资企业感受到前所未有的“阵痛”。然而，若应对得当，挑战就意味着机遇。随着经济全球化的发展和国际产业分工的加深，在今后相当长的一段时间内，传统制造业仍然符合大陆经济发展的需要，仍会在大陆整体经济布局中占据不可替代的重要地位。因此，台资企业在大陆从事制造业仍将拥有广阔的发展空间。新形势下，利用大陆惠台新政策，加快产业升级转型或空间布局转移，推进投资大陆的深耕和调整，将产业投资方向转向高新技术产业、新材料制造业、服务业、环保产业等高技术、高品质、高附加值的产业，有望成为下一波台商投资大陆新热潮的最鲜明特色。

2. 两岸贸易持续发展，“直接双向”趋势日益明显

2008 年以来，尽管国际经济景气陷入低迷，外部环境因素发生变化，但在台商赴大陆投资热潮带动下，两岸贸易继续呈现快速发展势头。据台湾贸易部门统计，2008 年 1 至 8 月，两岸贸易金额为 770.1 亿美元，较上年同期增长 19.6%。其中，台湾对大陆出口额为 547.2 亿美

① 据台湾证券交易所调查，包括旺旺和富士康在内的 17 家境外台商企业，均有意回台进行第一或第二上市。

② 杨乃仁：《理念升级 布局未来》，http://www.tmasinv.com/Class/News/200811030933526817 9.asp，2008－11－29.

元，较上年同期成长 18.1%；台湾自大陆进口额为 222.9 亿美元，较上年同期成长 23.4%；台湾对大陆贸易顺差为 324.4 亿美元，较上年同期成长了 14.6%。[①] 截至 2008 年 8 月，两岸贸易总额达 8052.05 亿美元，其中，台湾对大陆出口总额达 6569.36 亿美元，台湾自大陆进口总额也达到 1482.14 亿美元的规模，台湾从与大陆贸易中总共享受到 5087.22 亿美元的顺差。[②]

表 2　两岸贸易发展统计　　单位：亿美元

年度	台湾对大陆出口		台湾自大陆进口		贸易顺差（台湾）		进出口贸易总额	
	金额	增减(%)	金额	增减(%)	金额	增减(%)	金额	增减(%)
2000	254.90	30.52	50.40	27.60	204.50	31.27	305.33	30.04
2001	273.40	7.26	50.00	-0.79	223.40	9.24	323.40	5.92
2002	380.30	39.10	65.90	31.80	314.40	40.73	446.60	38.10
2003	493.70	29.82	90.00	36.57	403.70	28.40	583.70	30.70
2004	647.80	31.21	135.50	50.56	512.30	26.90	783.30	34.20
2005	746.84	15.29	165.50	22.14	581.34	13.48	912.34	16.47
2006	871.10	16.64	207.40	25.32	663.70	14.17	1078.5	18.21
2007	1010.22	15.97	234.58	13.11	775.64	16.87	1244.80	15.42
2008.1-8	547.24	18.06	222.88	23.44	324.36	14.64	770.12	19.57
累计	6569.37	—	1482.14	—	5087.23	—	8052.05	—

注：（1）增减（%）系指与上年同期比较；

（2）累计值为自 1978 年开始计算值。

资料来源：根据台湾“行政院大陆委员会”《两岸贸易金额之各种统计》、“国际贸易局”《2008 年 8 月份两岸贸易情势分析》相关数据整理得到。

两岸贸易的迅猛发展为双方，尤其是台湾创造了巨大的贸易利得，同时也在两岸间建立起日趋紧密的贸易相互依赖度。从台湾方面来看，其对大陆的进口依赖度由 1978 年的 0.42% 上升至 2008 年 1 至 8 月的 12.7%；其对大陆的出口依赖度由 1978 年的零上升至 2008 年 1 至 8 月

① 台湾“国际贸易局”：《2008 年 8 月份两岸贸易情势分析》，http：//ekm92.trade.gov.tw/BOFT/web/report_ detail.jsp？data_ base_ id = DB009&category_ id = CAT525&report_ id = 159832，2008-10-28。

② 根据台湾“国际贸易局”《2008 年 8 月份两岸贸易情势分析》、“行政院大陆委员会”《两岸贸易金额之各种统计》相关数据整理得到。

的30%；而台湾对大陆进出口总额的依赖度则由1978年的0.19%上升至200年1至8月的21.5%。从大陆方面来看，其对台湾的进口依赖度由1978年的0上升至2008年1至7月的9.61%；其对台湾的出口依赖度由1978年的0.47%上升至2008年1至7月的1.94%；其对台湾的进出口总额依赖度则由1978年的0.22%上升至2008年1至7月的5.46%。由此可知，台湾对大陆日益表现出高度的市场依赖，而其对大陆的供应依赖也在不断加深；相比之下，大陆对台湾的市场依赖还不明显，对台湾的供应依赖也增幅较缓。目前，大陆已成为台湾最大的贸易伙伴、出口市场和贸易顺差来源地，而台湾则是大陆第七大贸易伙伴、第七大出口市场，第五大进口市场以及最大的贸易逆差来源地。两岸间贸易并未因为国际经济走势下行而放缓，相对于美国、日本和欧洲等发达国家和地区与台湾的贸易往来，两岸贸易在台湾总体外贸发展的增幅仍然最大，依然是支撑台湾经济成长的最大动力。

两岸贸易结构主要表现为台湾机器设备及生产原材料和零组件与大陆农工原料及半成品之间的交流模式。由于台商在大陆设厂日益增多，其工业原材料、半成品、零组件以及机械设备等生产资料源源不断地输往大陆，结构比重高达90%左右，多属中游工业所需半成品；而大陆输往台湾的商品主要为农工原料及半成品，多属上游工业所需初级产品。根据台湾海关统计，2008年1至8月，台湾输往大陆前10大货品项目依次为电机设备及其零件、光学产品及其零件、塑料及其制品、有机化学产品、机械用具及其零件、矿物燃料、铜及其制品、钢铁、人造纤维丝、杂项化学产品等，以上输出货品合计达479亿美元，占台湾出口大陆总金额的87.5%。其中，光学产品及其零件、有机化学品、矿物燃料等产品的出口增幅均超过50%以上，表现突出；塑料及其制品、杂项化学品等产品的出口虽分别成长了13%和14.7%，但增幅较上年同期有趋缓现象；电机设备及其零件产品出口增幅仅为2.5%；其余机械用具及其零件、铜及其制品、钢铁与人造纤维丝等产品的出口则均有微幅衰退。

在台湾自大陆进口部分，2008年1至8月前10大进口产品依次为电机设备及其零件、机械用具及其零件、钢铁、矿物燃料、光学产品及零件、杂项化学产品、有机化学品、塑料及其制品、无机化学品、车辆及其零组件等产品，合计金额为175.7亿美元，占台湾自大陆进口比重的78.8%。这10类产品进口额增长均达到两位数，其中矿物燃料、杂项化学品和无机化学品等增幅最大，分别达到78.6%、88.5%和77%。此外，由于台湾资讯厂商及其周边产业在近两年内加速向大陆迁移投产，岛内对机械用具及其零部件需求增加，该类产品进口保持了近两年来年均23.9%的高速增长。

由于台湾当局的人为限制，两岸贸易至今仍处于“间接、单向”的不平衡状态，大陆市场对台湾商品全面开放，台湾却对进口大陆商品设置了诸多限制，导致大陆长期对台湾巨额逆差。目前，台湾所有可贸易货品共计10936项，其中农产品2246项，工业产品8690项。截至2008年2月15日，台湾允许自大陆进口（含有条件进口）的农工产品为8721项，占全部货品总数的79.8%，其中农产品1415项（占全部农产品的63%，占全部货品的12.9%），工业产品7306项（占全部工业产品的84.1%，占全部货品的66.8%），也就是说，目前台湾当局仍然限制大陆2215项商品对台出口。然而，值得期待的是，随着两岸贸易规模的不断扩大、两岸经济合作制度化协商机制的逐步建立，两岸间贸易形式由间接逐渐向直接转变的趋势会越来越明显。

七、台湾涉外事务

台湾涉外事务一向受到岛内民众的高度关注，也一向为大陆所重视。2008年12月31日，在纪念《告台湾同胞书》发表30周年座谈会上，胡锦涛总书记就两岸关系和平发展提出“六点意见”，全面系统地阐述了关于台湾涉外事务的原则立场与基本构想，提出通过两岸协商、合情合理解决台湾参与国际组织活动问题，充分显示出大陆的诚意和善意。

（一）大陆对台湾涉外事务的基本立场

“六点意见”全面系统地阐述了大陆通过两岸协商、妥善处理涉外事务的原则立场与基本构想，具有十分重要的指导意义：

1. 维护国家主权，是处理两岸涉外事务的基本原则

维护国家主权和领土完整是国家核心利益。世界上只有一个中国，

中国主权和领土完整不容分割。在处理两岸涉外事务上，首先应坚持一个中国原则，不能损害国家的主权与领土完整。在这个事关中华民族根本利益的大是大非问题上，大陆的立场是坚定的、一贯的。胡锦涛提出将“坚持大陆和台湾同属一个中国”作为推动两岸关系和平发展的政治基础，就是要表明，中国是两岸同胞的中国，是两岸同胞的共同家园。两岸在事关维护“一个中国格局”这一原则问题上应形成共同认知和一致立场，并由此建立互信基础，并在互信基础上协商涉外事务。

2. 维护台湾同胞在国外的正当权益，帮助解决海外台胞的实际困难

大陆一贯致力于维护台湾同胞在国外的正当的权益。长期以来，中国驻外使领馆始终把保护台胞正当合法权益放在重要位置，同时利用中国日益增强的国际地位和不断提高的国际威望，通过各种途径，积极帮助海外台胞排忧解难，在为台胞服务、维护台胞合法权益方面做了大量有益的工作。今后，大陆驻外使领馆应加强同台湾同胞的联系，当所在国发生重大、紧急的事件或台胞遇到实际困难时，要像对待大陆同胞一样，对台胞一视同仁、热情接待、倾力相助，使他们能同大陆同胞一道，共享一个伟大国家的尊严和荣耀，以做堂堂正正的中国人而骄傲和自豪。

3. 倾听台湾同胞的呼声，重视解决台参与国际活动问题

胡锦涛总书记在讲话中指出，我们了解台湾同胞对参与国际活动问题的感受，重视解决与之相关的问题。这反映了我们对台湾同胞感情和利益的尊重，更多体现“以民为本”的政策理念。以台湾同胞利益为出发点和落脚点，真心实意为台湾同胞着想，急台湾同胞之所急，想台湾同胞之所想，有助于加深两岸同胞感情，争取和凝聚人心，促进两岸同胞积极推动两岸关系和平发展。

4. 避免两岸间不必要的内耗，增进中华民族整体利益

台湾同胞的命运同整个中华民族的命运紧密相连、休戚相关。长期以来，由于李登辉、陈水扁当局挑衅一个中国原则，冲击“一个中国格局”，造成两岸在国际社会的摩擦和对抗，无谓的耗费大量资源，有损中华民族的整体利益。这不仅不利于争取台湾民心，无助于增进两岸互信，也不利于两岸关系的稳定。在处理台湾涉外事务时，避免两岸间不必要的内耗，增进中华民族整体利益，必将有利于逐步推动祖国和平统

一进程，早日实现中华民族伟大复兴。

5. 协助台湾发展与有关国家的经济文化关系，协商安排台湾参与部分国际组织活动

一直以来，台湾与世界上许多国家和地区保持着广泛的经贸和文化联系，台湾对外的经济、文化、贸易、科技、旅游体育等方面的交流往来空间相当充裕。大陆考虑到台湾经济社会发展的需要和台湾同胞的实际利益，对台湾同外国进行民间性质的经济、文化往来不持异议。对台湾民众关心的参与国际组织活动问题，只要不会造成“两个中国”或“一中一台”，都可以通过两岸务实协商作出合情合理的安排，展现了大陆的包容性和灵活性。必须强调的是，台湾问题是中国的内部事务，是两岸中国人自己的事情。台湾涉外事务，也要靠两岸在“九二共识”基础上，通过协商予以解决。

（二）马英九当局调整对外政策

马英九上台后，结束陈水扁的“台独外交”，提出“活路外交”政策。“活路外交”概念是2007年6月马英九以国民党“总统”参选人的身份首次提出的。当年11月20日，马英九在为竞选需要而撰写的“外交白皮书”中正式提出“活路外交”政策理念及总体构想。2008年5月20日就职后，马英九在有关场合较为系统地阐述了“活路外交”理念，并逐步部分付诸政策实践。“活路外交”的核心内容是在“九二共识”的基础上，与大陆通过协商实现“外交休兵”，寻求彼此可以双赢的平衡点，“替台湾外交寻找一个出路”。具体而言，“活路外交”政策的主要内容有：

基本理念是“替台湾外交寻找一个出路”。“活路外交”的基本构想是，“台湾并非在国际社会每个场域，都与中国大陆对立与冲突”，相反有必要“在国际间找出一个双方可以互动、对话的模式”，“让台湾与大陆各自的双边关系以及多边关系，不但能保持现状，还能扩大基础”；同时希望把两岸的“和解精神”延伸到国际事务，把两岸关系改善的成果和经验，延伸到“外交领域”，并以此作为思考的出发点，为台湾在

国际社会寻找新的出路。①

协商基础是在“九二共识，一中各表”的原则下搁置主权争议。马英九在“就职演说”中呼吁两岸双方“在九二共识的基础上尽早恢复协商”，尽管这仅是“重申”他以前的讲话，但却是他“就职”后、第一次在重要场合亲口承认“九二共识”。马英九认为，只有在“九二共识”的基础上，才能寻求台湾的“活路外交模式”，没有“九二共识”，就没有“活路外交”。②

具体策略是将“活路外交”建构在两岸“外交休兵”基础上。就双边关系而言，即两岸双方“不在对方的‘邦交国’进行恶性竞争，不浪费资源挖对方的‘邦交国’，同时在自己的‘邦交国’处理对方人民的相关事务时，能秉持人道原则”。至于多边关系领域，“两岸在国际组织、国际活动中，相互协助、彼此合作，两岸人民同属中华民族，应该各尽所能、齐头并进、贡献国际社会，而非恶性竞争、虚耗资源”。③

总体目标是“巩固邦谊、扩大友谊、参与国际与维护尊严”。马英九在阐述“活路外交”理念目标时表示，既要维护“中华民国”权益，又要能巩固“邦交”，同时让无“邦交”而对台湾有重要影响的国家，恢复高层互信，放心台湾。至于参与国际组织部分，马英九除重申持续推动参与联合国，也锁定包括世界银行、国际货币基金、世界卫生组织等三个政府间国际组织为首要目标。他还表示台湾应该积极参与亚太区域合作，希望能分别与东盟国家签订“自由贸易协议”，最后达成“东盟10+3+1（台湾）”的目标。在这个过程中应和大陆沟通，让务实的台湾与弹性的国际组织结成伙伴，为发展全球经济出力。④

基本原则是“尊严、自主、务实、灵活”。台“外交部长”欧鸿炼将“尊严、自主、务实、灵活”原则解释为“中华民国与中国大陆在国际社会互不否认，彼此尊重，各尽所能，将外交资源用于参与国际间共

---

① 参见：台湾“行政院大陆政策委员会”网站发表的马英九在台“外交部”阐述“活路外交”的理念与策略讲话全文。

② 参见：台湾“行政院大陆政策委员会”网站发表的马英九在台“外交部”阐述“活路外交”的理念与策略讲话全文。

③ 参见：台湾“行政院大陆政策委员会”网站发表的马英九在台“外交部”阐述“活路外交”的理念与策略讲话全文。

④ 张迪：《试析马英九当局的“活路外交”政策》，《台湾周刊》，第37期。

同议题的解决”。在“外交”原则上，马英九把“尊严”放在了首位。后3条在内核上看都是为“尊严”服务。而“尊严”的前提是在国际上享受平等地位，不“平等”就没有“尊严”可言。① 马英九强调，“活路外交”的本质是务实主义，“和过去的‘务实外交’在精神上是一致的，都是以务实主义为原则”。②“尊严、自主、务实、灵活”四者的关系自就任后以弹性务实、身段柔软见长的马英九关于台湾“国际空间”的多次表态足见一斑：“参与国际组织，只要符合台湾利益，名称可以保持弹性”；“只要能符合台湾尊严与利益，以‘中华民国’、‘台湾’或其他名义加入国际组织，都可接受”；“不管用什么样名称参与国际活动，都要遵循平等互惠原则，坚持‘台湾尊严’”。③

（三）台湾当局调整对外政策的背景

马英九方面结束“台独外交”推行“活路外交”的原因主要如下。

1. *“活路外交”是对过去“外交”政策及“外交”挫折反思的产物*

马英九认为，两岸在“外交战场”上多年的竞争、斗争乃至对立冲突造成了台湾在“外交”上的困难。这场始自1949年10月1日的两岸争取国际社会承认的竞争或斗争，当中起起伏伏，台湾“邦交国”最多的时候是68个，现在是23个。④ 在此期间，大陆在30年前摆脱意识形态的束缚走上改革开放发展道路，让大陆的综合国力、人民的生活水平和国际地位快速提高。迄今为止，已有171个国家与大陆建立了外交关系，国际社会普遍理解与支持一个中国的政策。与之形成鲜明对比的是台湾在30年前本土民主化的浪潮中，形成以意识形态挂帅的政治对立和敌视，已使台湾在区域经济一体化，以及东亚经济整合过程中失去了诸多机会，台湾当局在国际社会制造“两个中国”、“一中一台”的各种图谋屡遭失败。台“外交部长”欧鸿炼在向“立法院”“外交及国防委

---

① 申煊：《评析马英九“活路外交”的背景特点》，《台湾周刊》，第41期。

② 参见：台湾“行政院大陆政策委员会”网站发表的马英九在台“外交部”阐述“活路外交”的理念与策略讲话全文。

③ 参见：2007年11月20日，马英九竞选期间公布的“外交白皮书”。

④ 台湾“中央社”台北6月20日电。

员会”所作施政报告中也指出，中国大陆在全球和区域的政治影响力愈来愈大，如果台湾仍选择以“改变政治现状”作为外交的主战场，不仅缺乏相应的综合实力及国际支持，也会造成两岸不必要的紧张与冲撞。台湾若能暂时搁置政治面的争议，以全球第 21 大经济体身份及民主活力发挥国际影响力，台湾的外交就能走出一条活路。① 马英九进而强调，在“外交”领域里和大陆“零和”对决，只能被动消耗日渐减少的资源，“外交不应是一个‘零和游戏’而是‘务实主义’”，两岸必须结束这场因外交承认问题而产生的恶性竞争。②

摆脱台湾“外交”目前困境的必由之途是重新回到“九二共识”基础上，积极寻求两岸关系的改善，此乃台湾突破“外交”困境的前提和基础。在马英九看来，如此方能与大陆通过协商实现“外交休兵”，降低两岸在国际社会的摩擦和对抗，让台湾的“对外”关系从长期的困境中逐渐回转，改变台湾在国际社会中所处的越来越不利的地位。

2. 改变陈水扁执政 8 年造成的“外交”新困境的迫切需要

陈水扁执政 8 年，全面推行“台独”政策，追求“法理台独”，不断制造事端，大搞冲撞式的“烽火外交”与“金援外交”。从实际效果来看，台湾的“外交预算”大幅增加，“邦交国”数量却由 8 年前的 29 个减少到 23 个。非但如此，与中美洲国家的“邦交”关系频亮红灯。8 年来，陈水扁当局通过用金钱开路、硬着头皮闯等手段，图谋加入只有主权国家才能加入的国际组织，无一例外地遭到了惨败。民进党当局损耗了大量资源，不但没有改善台湾的国际地位，反而换得了“麻烦制造者”称号，伤害了台湾的对外形象，可谓得不偿失。更为严重的是，2007 年 6 月起，陈水扁为一党一己之私而罔顾全世界 160 多个国家的反对③，执意推行“入联公投”，不仅恶化了台海气氛，更是“刷爆了台湾的国际信用”，严重冲击台美互信，使台湾在国际社会处于前所未有的孤立和边缘化困境。选后曝光的民进党当局的众多“金援外交”弊案丑闻，于业已负面的台湾国际形象不啻雪上加霜。马英九在当选后也感

---

① “中央社”台北 6 月 20 日电。

② 参见：台湾“行政院大陆政策委员会”网站发表的马英九在台“外交部”阐述“活路外交”的理念与策略讲话全文。

③ 参见：《香港商报》2007 年 12 月 3 日报道。

慨，“传统的金援外交模式让台湾成为国际间揶揄的对象”，他上任后将会以“台湾的实质利益优先，用弹性名称加入各项国际组织，不再只是斤斤计较邦交国的数字，并将拓展外交与两岸谈判做密切结合，为台湾开创新的空间”。①

3. 争取岛内民意支持，巩固执政地位的需要

台湾“国际空间”问题既是两岸关系中历史积累、遗留的问题，也是岛内民众高度关注的一个议题。在台当局长期所谓“台湾主体意识”的灌输下，台湾民众希望在国际社会增加能见度，希望在国际间能得到更多的“空间”。但民进党当局的“烽火外交”、“金援外交”非但无助台湾拓展“国际空间”，反而让台湾的“国际空间”愈发窄化。在岛内经济持续不见起色的情况下，民进党高层围绕“金援外交”的弊案层出不穷，愈益招致岛内民众的强烈反感。这一切促使马英九与陈水扁当局失败的“外交”政策划清界限，通过改变策略，避免和大陆正面对抗。马英九也惟有和大陆协商逐步巩固并改善台湾现有的“国际空间”，才能赢得岛内民众的支持，从而巩固国民党在岛内的执政地位。

（四）台湾当局开展对外活动的主要举措

马英九当局上台后，积极实践“活路外交”，主要包括四个方面：积极推动两岸“外交休兵”；低调出访中南美洲，巩固既有“邦交”关系；努力修复与提升与美、日等“非邦交国”的实质关系；弹性、务实、低调争取参与国际组织及国际活动。

1. 提出两岸“外交休兵”

为落实“外交休兵”，也为避免重回陈水扁当局“金援外交”的老路，马英九当局尝试改变“固邦”方式，调整对外援助政策，试图以经贸、投资及对外援助在内的综合性手段取代单纯以钱买“邦交”的做法。同时也表示，会继续执行与“邦交国”已有的合作计划，但未来双方的合作必须遵照“目的正当、过程合法、执行有效”的原则来推进，以便与“金援外交”有所区隔。

① 《马英九：上任后将就经贸议题、和平协议及国际空间与对岸谈判》，台湾《中国时报》，2008年5月11日。

马英九曾公开表示，台湾与大陆是一种“特别关系，但不是国与国关系”，甚至以“宪法”为据将两岸关系定位为“台湾地区与大陆地区的关系”。岛内舆论普遍认为，马英九对两岸关系的新定位，是对李登辉“国与国的特殊关系”以及陈水扁“一边一国”的说法的“拨乱反正”。

为推动“外交休兵”的实施，马英九当局还削减了 2009 年“国际事务活动”及防卫预算。2009 年防卫预算编列 3256 亿新台币，比 2008 年法定预算减少 83 亿元，其中防务机密预算大幅减少约四成，军事投资经费也出现负增长。[①] 有媒体评论，在马英九“外交休兵”的“国安”战略下，“外交”政策已明显采“消极战术”。马英九当局进而确定“五不外交”主轴：包括“友邦不增、机密预算不涨、不强调国家参与联合国、不主动建交、不墨守 121 个外馆数字”等。[②] 不过，马英九也公开表示，如果大陆“不休兵”，台湾就恢复“交兵”。[③]

2. 低调出访中南美洲，巩固既有“邦交”关系

中南美洲是台“邦交”重镇，目前台当局 23 个“邦交国”中有 12 个在此地区。早在陈水扁执政时期，台与中美洲多数“邦交国”的关系几近摇摇欲坠。马英九执政后，这一状况并未有实质好转。马英九上任后，为尽快稳住“邦交”阵地，于 8 月 12－19 日，赴中南美洲“邦交国”巴拉圭、多米尼加展开“敦睦之旅”。为达“固邦”目的，马英九不仅利用出席巴拉圭、多米尼加总统就职典礼的场合，积极与中美洲国家“博感情”，还主动邀请洪都拉斯、危地马拉等国元首与其共乘包机，借机与这些国家展开双边及多边会谈。

相较于陈水扁出访时的奢华阵容和排场，马英九的首次出访十分低调。随团正式成员仅 45 人，无一企业界人士，没有“文武百官”大阵仗接送场面。为压低出访开销，马英九特意舍专机改搭民航班机。其间，低调“过境”美国洛杉矶和旧金山，采行所谓“不办侨宴、不安排侨胞大规模接机、不安排媒体公开采访”的“新三不模式”，仅在旅馆内与美少数议员低调会面或打电话联系。《中国时报》评论称，“单纯、

① 参见汪曙申：《马英九推行“守势防卫”政策》，《台湾周刊》，2008 年第 36 期。

② 《外交休兵祭五不》，台湾《中国时报》，2008 年 9 月 2 日报道。

③ 参见汪曙申：《“活路外交”：马英九的新思路》，《世界知识》，2008 年第 19 期。

自然是此行最大的变化”。

3. 努力修复与提升与美、日等“非邦交国”的实质关系

重建台美互信，巩固双边关系。美国出于维持东亚现有战略格局，确保其东亚战略的考虑，冷战结束以来，一直推行以保持台海地区稳定、维持两岸“不统、不独”现状为主要目标的台海政策。① 但台美关系在陈水扁执政后期因其不顾美方劝阻甚至警告而执意挑衅大陆受到严重损害。马英九为了修补台美关系，有意识地配合美国长期推行的这一政策，力求扩大双方的共同利益。一方面，马英九以“不统、不独、不武”、“有生之年看不到两岸统一”的表态，打消美国对“终极统一论”的疑虑；以“对美关系是台发展‘对外关系’的重中之重”的定调，呼吁双方能发展成“没有意外的关系”；以积极与大陆发展经济关系、推动民间交流并取得积极成果正面回应美方长期对两岸对话的呼吁；借低调“过境”之机向美展示其不愿充当“麻烦制造者”的诚意；以积极推动两岸直航“三通”，让台湾成为美商及其他国际企业进入大陆的跳板的表态，争取美国对其两岸经贸政策的支持；同时在重大政策宣示前，加强台美双方各种管道的沟通，寻求共识，避免发生有损互信的“意外”。另一方面，马英九积极推动对美军购，并多次向美方强调，要做一个“负责任的利益攸关方”，支持“美日安保条约”，“改善两岸关系不会影响与美方在安全与军事方面的关系”，表示会信守承诺，展现出自我防卫的决心，合理地向美采购武器，积极争取与美签署自由贸易协定。9 月，马英九当局派“国防部长”陈肇敏参加在美国举办的“美台国防工业会议”，以提高与会官员层级的方式向美展示深化美台军事交流的诚意。11 月 5 日，美国民主党候选人奥巴马当选美国新一届总统，马英九第一时间向奥巴马表达贺意，并期盼台美关系在既有稳固基础上持续发展。

马英九改善两岸关系、稳定台海局势、大力重建台美互信，得到了美国赞许。7 月 30 日，美国总统布什在白宫接受媒体联合采访时表示，对台海局势非常满意，并对马英九的方针给予了积极评价。马英九低调“过境”美国的表现也深得美方认可，“美国在台协会理事主席”薄瑞光

① 参见《台湾 2005》，修春萍：《2005 年台湾对外关系综述》，九州出版社，2006 年版。

称对马英九“没什么可抱怨的”，并暗示其表现已让美台关系回暖。[①] 9月初，台湾“国安会秘书长”苏起在美国与布什政府进行“国安”高层对话，美台恢复了1996年台海飞弹危机后建立、陈水扁执政最后两年中断的美台“国安对话机制”。11月3日，台《联合报》报道，“美国在台协会台北办事处长”杨苏棣会见马英九，转达美国国务院希望恢复陈水扁执政后中断的台美经贸高层对话信息。杨苏棣指出，经济合作是台美关系的重要支柱，“政府采购协定”、改善投资环境、加强知识产权保护、全面开放美国牛肉、猪肉与米进口，都是美方目标。

推动台日“特别伙伴关系”。马英九就任前就曾表示台湾与美国及日本的关系是最重要的双边关系。马英九上任后不久，6月10日，台湾“联合号”海钓船在钓鱼岛海域遭日本巡防舰撞击沉没，船长遭日方扣留，引发岛内“反日”情绪高涨。台日之间一度剑拔弩张，紧张关系升高到台“外交部长”欧鸿炼召回“驻日代表”的抗议强度。最终，在马英九和日本首相福田康夫的共同干预下，日方很快在放人、道歉与赔偿上与台湾达成协议。事情告一段落后，日本外相高村正彦公开肯定了马英九对“联合号事件”的处理方式。“联合号”事件不但没有伤害到台湾和日本的关系，反而透过这件事让双方建立了更好的互信。7月9日，马英九会见“日本交流协会台北办事处代表”池天维时称，他会尊重自己的公开宣示，做一个“知日派”、“友日派”，“维持台日的友好关系”。8月4日，在台“外交部”阐释“活路外交”理念策略时，马英九进一步表示非常重视台日传统友谊，希望做一个“知日派”、“友日派”而非“反日派”。8月20日，台“外交部”宣布，由前“驻多米尼加大使”冯寄台担任“驻日代表”。舆论分析，拥有在日本读书的经历、深厚的国际事务历练、马英九的高度信任，是冯寄台能出任“驻日代表”的重要原因，显示马英九对台日关系的重视。9月15日，台“立法院长”王金平应日本冈崎研究所邀请赴日活动，会见前首相安倍晋三，呼吁台日应建构“特别伙伴关系”，并期望美、日协助台湾争取“国际活动空间”。为消除“联合号”事件给日台关系造成的隔阂，9月19日，马英九会见了日本记者团，马英九称台日是“特别的伙伴关系”，

① 潘飞：《评马英九执政后的首次出访》，《两岸关系》，2008年第9期。

不排除双方在安保领域发展关系的可能，并提出搁置主权争议，联合开发钓鱼岛及附属岛屿。这是马英九上任以来首次集中会见特定国家的记者，体现马英九当局对日本的重视。① 12 月，国民党主席吴伯雄一行访问日本。

马英九在接受《印度暨全球事务》季刊专访时表示，“希望在稳定成长的台日关系中，继续推动下列计划：一、推动台日恰签自由贸易协议或经济伙伴协议；二、落实‘万马奔腾’计划（促成每年 1 万名学子赴海外，2 万名外国学子赴台交流），强化台日文化交流，特别是青少年交流。三、早日实践‘东北亚黄金航圈’的‘域内直飞’计划，加速推动松山机场与东京羽田、首尔金浦及上海虹桥机场的联结，促进航圈内三国观光人口增长及区域经济发展”。

4. 弹性、务实、低调争取参与国际组织及国际活动

马英九当局积极寻求参与国际组织，明确提出把世界银行、国际货币基金组织和世界卫生组织等国际组织作为台优先参与目标，试图以“从观察员到正式会员”两步走的方式达成实质加入的目标。针对参与世界卫生组织问题，马英九认为，应以“尊严、弹性方式循国际组织规则推动，希望把两岸和解精神延伸到国际事务”。岛内舆论将此视为“活路外交”成败的重要指标。10 月 27 日，马英九在接受台“中央社”记者专访时指出，为了台湾的经济前景，未来应努力与东盟国家签署自由贸易协议，但要实现该目标有两个先决条件，一是要跟大陆改善经贸关系，二是签署时要弹性使用名称，以“中华台北”名义比用“台湾经济体”的机会大得多。

马英九当局虽然继续推动“联合国涉台提案”，但做法务实和低调，不仅放弃直接挑战联合国会籍的做法，仅提“有意义参与联合国专门机构活动的权利”，且弹性处理参与名称，操作手法温和，未像以前一样在岛内及国际社会大肆炒作。岛内媒体称这是台当局“联合国推案历来最温和的一次”。② 在“台湾参与联合国专门机构案”被联大总务委员会正式否决后，马英九当局并未做出激烈反弹，而是低调处理此结果，

① 日本《每日新闻》，2008 年 9 月 20 日报道。

② 鲁彬：《台低调推动“参与联合国案”》，《台湾周刊》第 32 期。

强调“外交休兵”方针不变，未来不会放弃“从多边或双边方式继续努力的可能性”。

胡锦涛总书记关于大陆通过两岸协商妥善处理涉外事务的原则立场与基本构想进一步廓清了大陆处理台湾涉外事务的方向，为未来两岸协商外部事务奠定了良好的基础。有理由相信，两岸的中国人有智慧、有能力把两岸关系的前途掌握在自己手中，妥善协商涉外事务，共同书写两岸关系双赢发展的新篇章。

第六章 2009 年度两岸关系展望

2008 年是两岸关系转折性的一年，可谓高潮迭起，捷报频传，一扫过去 8 年来紧张对抗的阴霾，迎来了和平发展的春天。两岸关系在 2008 年呈现出一种大开大阖的新气象，正式进入了和平发展的新阶段。展望 2009 年的两岸关系，仍将延续 2008 年的良好势头，推动两岸关系和平发展继续向前。

一、继续推动两岸关系和平发展

经过 2008 年两岸的善意互动和共同努力，两岸关系已经进入了和平发展的新阶段。如果说 2008 年是两岸和平发展的奠基和开创时期，那么 2009 年就正式进入两岸和平发展的进一步深化和完善阶段。这一阶段最重要的就是透过两会协商谈判，逐步建立两岸和平发展的经济、政治等互动机制，使两岸关系向制度化、常规化方向发展，从而为两岸在未来一段时期内的和平稳定创造物质基础。总体而言，2009 年仍然是两岸关系发展的黄金时期，机遇远大于挑战。

（一）有利于两岸关系和平发展的因素继续增长

自 5·20 马英九就职以来短短不到 7 个月的时间，两岸关系已经发生了翻天覆地的变化。两岸关系不仅一举突破延续十余年的“统独”对抗格局，而且通过一系列两岸高层互动以及两次“陈江会谈”，打开了两岸关系和平发展的新局面。

目前两岸关系已经进入了一个良性互动的稳定期，和平发展已经成为两岸共同遵循的理念，特别是胡锦涛的“六点意见”，确定了未来两岸关系和平发展的基本框架，将对两岸关系的发展产生深远影响。在可预见的将来，两岸关系在这一框架下稳步推进，不会有大的波动和冲突。

两岸关系之所以能继续保持和平发展的良好局面，从根本上说是由以下几个方面决定的。首先，两岸都十分珍惜这得之不易的历史机遇，并对于改善和推进两岸关系抱有高度的善意和诚意。在这种情况下，两岸必定能本着“求同存异，共创双赢”的精神，精心呵护两岸关系和平发展的势头。其次，两岸的沟通渠道畅通，不容易因为误判而损害两岸关系。目前两岸已经形成了以两会协商渠道为主，辅之以国共交流平台的两岸互动交流格局。两岸沟通联系的渠道十分畅通，这使得两岸可以随时沟通，避免因为误判而做出损害两岸关系的事情。第三，两岸关系的改善符合两岸人民的根本利益，并受到两岸人民以及国际社会的肯定和支持。目前两岸的主流民意都是欢迎两岸关系改善的，国际社会也持肯定和支持的态度。因此即使岛内有民进党等“台独”势力的阻挠，也无法扭转两岸关系和平发展的局面。第四，台湾经济要走出当前困境，改善和加强两岸关系显得尤为重要。台湾经济经过十多年来的人为限制和捆绑，已经日益陷入边缘化和空洞化的危机，急需给予松绑，以恢复台湾经济的活力和生机。特别是在当前世界性经济危机的冲击下，两岸的携手合作对于台湾度过这场危机十分重要。因此，在未来一段时间内两岸关系维持和平合作、共创双赢的局面，这是可以预期的。

（二）两岸经济合作机制逐步建立

在“三通”基本实现后，如何实现两岸经济关系正常化和经济合作制度化，将成为两岸下一阶段协商谈判的重点。实现经济关系正常化是建立两岸经济合作机制的前提。目前两会已将明年协商谈判的重点锁定在实现两岸经济关系正常化方面，两会正在围绕相关议题进行紧张的前期作业，据媒体披露，台湾方面已经提出六大类十余项议题，如两岸金融合作，台商投资保障，两岸共同打击犯罪，两岸渔业谈判，两岸农业合作，两岸文教交流等议题都在进行前期作业。两岸围绕这些议题也已经开始进行沟通协商的工作，相信在明年上半年的第三次“陈江会谈”中，两岸将签订一批协议，从而逐步实现两岸经济关系正常化。在国际经济危机日益严重的局面下，两岸如何携手合作，特别是加强金融领域的合作就显得特别重要，也是明年两会谈判优先考虑的议题。下一次

"陈江会谈"，两岸签订金融监理合作协议（MOU）的可能性应当很高。除了签订金融监理合作协定之外，诸如两岸双向投资保障、避免双重征税、加强两岸产业合作等都是必须要解决的问题。相关协议的签订可能使两岸金融领域的合作机制率先建立，为两岸经济关系正常化迈出坚实一步。两岸经济合作的最终目标是建立两岸经济合作机制。台湾方面认为，为了避免台湾经济边缘化，两岸需签署"综合性经济合作协议"，即 CECA（Comprehensive Economic Cooperation Agreement）作为两岸经贸合作的基本架构。大陆对于签订类似协定也有积极意愿，"六点意见"中明确提出，"两岸可以为此签订综合性经济合作协议，建立具有两岸特色的经济合作机制"，可见，未来两岸签订 CECA 应当是可以预期的。目前两岸正在围绕此一议题展开讨论，明年协商两岸综合性经济协议取得成果也在情理之中。

两岸经济合作制度化的建立，将对两岸经贸关系带来深远影响。首先，这将使两岸经济合作形式实现直接、双向、全面。两岸在人流、物流、资金流等方面都将实现自由流通，两岸经济关系全面正常化。其次，两岸经济合作基本实现"建制性"安排，使原先自发、松散、不稳定的经济交流，逐步发展成"规范化"的经济合作关系。两岸经济一体化进程将从自发转向自觉。第三，两岸经济合作制度化的建立将使台资投资布局大陆的进程加速，同时大陆资金也可以循合法渠道进入台湾，两岸的产业布局将出现结构性调整，两岸经济合作关系将进一步深化。第四，两岸经贸合作、优势互补，有利于台湾经济提升竞争力和扩大发展空间，有利于两岸经济共同发展，有利于探讨两岸经济共同发展同亚太区域经济合作机制相衔接的可行途径。

（三）两岸交流走向多元化、常态化

两岸关系大幅度改善，在积极谋求两岸经济关系正常化外，也要积极推动两岸其他方面交流的正常化。未来随着两岸经济关系正常化的逐步推进，两岸其他交流也必将同步实现正常化。因此，2009 年也应是两岸交流取得重大突破的一年。

长期以来，由于两岸沟通渠道不畅，两岸交流基本上处于一种自发状态，而迟迟不能形成一套规范化的交流秩序。随着两岸交流的加深，

这一问题的解决已经越来越重要。据台湾“陆委会”民调显示，在两会即将在下一步讨论的六项议题中，“规范两岸交流秩序”成为台湾人民最为关心的问题，排在其他议题之首。① 两岸在具体交流领域内的制度规范，需要两岸通过谈判签订具体的协议来逐步确立，如两岸农业合作协议、两岸金融合作协议等等。这些问题在明年两会谈判中将逐步解决。

目前两岸已经基本形成了多元交流格局。就两岸交流的形式而言，包括民间交流、政党交流、两会协商等不同层次的交流渠道。民间交流一直是两岸交流的主流。自 2005 年连、宋访问大陆以来，两岸开辟了政党交流的新渠道，国共两党建立起“国共论坛”这一政党交流平台，极大地提升了两岸交流的层次和内容，对两岸关系的和平发展产生了积极而重大的影响。在国民党重新上台执政后，通过两岸的积极努力，又迅速恢复和重建了两会协商谈判平台。未来两岸民间交流将进一步加强，而国共交流平台仍然将在两岸关系中扮演重要角色，两会谈判机制也将进一步完善。需要注意的是，在“胡六点”中明确加强了对“台独”人士的喊话，提出“对于那些曾经主张过、从事过、追随过‘台独’的人，我们也热诚欢迎他们回到推动两岸关系和平发展的正确方向上来”，并呼吁民进党“认清时势”，“停止‘台独’分裂活动”，并表明，“只要民进党改变‘台独’分裂立场，我们愿意作出正面回应”。可以认为，未来大陆将加强对民进党的工作。

在两岸交流的内容方面，目前既有区域间的交流，如闽台交流、沪台交流、京台交流等；也有各专业领域的交流，如金融、农业、医疗、科技、教育、学术、传媒、文化、宗教等等，可谓种类繁多，异彩纷呈。未来随着两岸关系的进一步改善，两岸交流的内容将更加丰富，内涵也更将深化。比如陆生入台问题，台湾承认大陆学历问题等都可能得到解决。

就两岸交流的重点和热点而言，未来两岸在文化层面的交流可能成为继经贸交流后的下一个交流热点。“胡六点”明确提出，“两岸同胞要共同继承和发扬中华文化优秀传统，开展各种形式的文化交流，使中华

① 见台湾“陆委会”民调，2008 年 11 月 8 日。

文化薪火相传、发扬光大，以增强民族意识、凝聚共同意志，形成共谋中华民族伟大复兴的精神力量。”两岸如何共同弘扬中华传统文化，共同培育两岸的文化根基，共同书写近代以来中国的历史记忆等等，对于促进两岸人民的彼此了解，增强两岸人民的民族凝聚力和向心力，并最终实现祖国的和平统一具有重大意义。两岸的交流，尤其是青年的交流具有十分重要的意义，“胡六点”特别提出“尤其要加强两岸青少年交流，不断为两岸关系和平发展增添蓬勃活力。”两岸青年交流将成为未来两岸交流的亮点。

增强两岸人民的交流，这是大势所趋，是不以人的意志为转移的，归根结底是由两岸的血缘、族缘、地缘关系等决定的，是实现两岸最终统一的强大基础。随着“三通”的实现，两岸人民往来的日益频繁，两岸经济利益的日益连接，两岸交流将成为日常所需，成为两岸人民的一种生存状态，两岸关系的和平发展才能更加稳固、持久。

（四）有利于两岸进行政治对话的因素在增加

目前，虽然两岸达成默契，暂时搁置争议，不去碰触敏感的政治议题，但事实上有利于两岸进行政治对话的因素正在累积，在不远的将来，两岸进行政治对话应当是可以预期的。首先，两岸重新建立了“九二共识”的政治基础，为两岸进行政治对话创造了前提。承认“九二共识”是国民党和马英九的一贯主张，在国民党重新上台执政后，两岸在此基础上达成了共识，使两岸关系迅速取得突破。有了这个前提，两岸政治对话就有了无限可能。其次，两岸两会协商机制已经重新建立，为两岸进行政治对话搭起了桥梁。两会协商机制是根据两岸的政治现实而建立起来的一个对话平台，两岸透过这个平台可以进行准官方性质的对话谈判，解决各类问题。两会协商机制的重新建立，为两岸进行政治对话打开了通道。第三，两岸政治互信正在逐步累积，有利于两岸开展对话。两岸目前都十分珍惜这难得的两岸关系发展机遇，彼此释放出高度善意，共同推动着两岸关系和平发展。这些都有利于两岸互信的建立，为未来的政治对话创造条件。

目前两岸进行政治对话的氛围正在逐步形成，特别是对于两岸“结束敌对状态，达成和平协议”等问题，两岸已经具有高度共识。“六点意见”明确提出，要就国家尚未统一的特殊情况下的政治关系、两岸“军事安全互信机制”，以及“协商正式结束两岸敌对状态，达成和平协议，构建两岸关系和平发展框架”等议题进行探讨。启动政治谈判，还需要考虑到台湾的政治现实，必须要小心推动，其过程不可能是一蹴而就的。这主要是因为：其一，两岸目前仍然处于“先经后政”的经贸谈判时期，两岸经济合作制度化还需要一段时期去完成，两岸的互信也还有待进一步的建立。按照“求同存异、共创双赢”的原则，两岸在一定时期会尽量避免碰触政治性议题，而集中精力去推进落实两岸经济关系正常化谈判进程，从而为下一阶段可能的政治谈判打下坚实的基础。其次，“拼经济”是马英九的主要政见，在当前台湾经济低迷的情况下，如何快速改善台湾的经济状况，已经成为马英九执政的重中之重，将对其政权的稳固及其两岸政策造成重大影响。因此，目前两岸的重点是尽量帮助马英九尽早摆脱经济困境，稳固其执政基础，以为将来的政治对话创造条件。第三，岛内目前的氛围还不利于两岸进行政治对话，岛内的“台湾主体性意识”对两岸关系的快速改善本来就充满疑虑，要台湾民众改变思维重新看待两岸关系还需要时间，特别是当前民进党正强力杯葛两岸和解进程，甚至扬言走街头抗争路线，对于两岸进行政治对话可能引起的岛内政局动荡也要有充分认识。因此，两岸还需要时间进行充分的沟通与交流，化解敌意，寻求合作，为两岸的全面和解创造条件。

二、要看到两岸关系的复杂性

虽然总体而言2009年两岸关系仍将沿着和平发展的道路前进，但同时也要看到两岸关系的复杂性。毕竟两岸关系牵涉的因素十分复杂，数十年的敌对情绪不可能一夕化解。岛内政局的复杂多变，国际势力对两岸关系的介入，两岸之间的结构性矛盾等都将对两岸关系造成巨大冲击，这些因素都是横亘在两岸关系健康发展道路上的巨石，如果不能有效应对，将对两岸关系带来立即的负面影响，破坏两岸关系的和平发展进程，甚至造成两岸关系的倒退。具体而言，2009年两岸关系将面对以下一些负面因素。

（一）台湾参加国际组织活动问题要合情合理安排

虽然两岸目前仍然处于“先经后政”的经贸谈判时期，本着“求同存异、共创双赢”的精神，为了维持两岸关系和平发展的良好局面，两岸都尽量避免碰触政治性议题。但2009 年5 月召开的世界卫生大会是无法回避的，台湾加入 WHA 的问题将被迫提上议事日程。在李登辉、陈水扁执政时期，两岸围绕这一问题展开激烈斗争，成为两岸“统独”斗争在国际上的自然延伸。但马英九上台后，两岸关系已进入和平发展时代，有必要务实协商客观面对台湾加入 WHA 问题。处理不好，对于当前两岸关系的健康发展会带来一些负面影响。两岸有必要在“九二共识”基础上进行协商，寻求一个稳妥的办法。总体而言，如何处理2009年5 月台湾参与 WHA 的问题，是对两岸关系和平发展的一大挑战。就目前两岸的政治氛围来看，我们对此持审慎乐观的态度。

（二）县市长选举对两岸关系的影响

2009 年底举行的县市长选举对蓝绿双方都十分重要。对于绿营而言，能否巩固甚至扩大其地方执政版图，对于其稳住阵脚，凝聚基本盘相当重要。如果在这次选举中失败，则绿营将陷入新的权力重组阶段，激化内部分歧。因此，这场选举对于绿营来说可谓是生死之战。对于蓝营来说，这场选举可以看做是对于马英九执政的一个中期信任投票。马英九推行的一系列政策调整，包括公共政策和两岸政策等方面能否得到选民的认可，将在这场选举中有所反映，其结果必将对马英九的施政造成相当大的影响。特别是马英九在上台后大幅度改善两岸关系，加速推进两岸经济合作进程，这些政策究竟能不能给岛内民众带来实惠，台湾民众也正在观望。另外马英九的经济政策究竟能不能见效，将台湾早日带出当前的经济困境，岛内民众也充满疑虑。这些社会心态都将会影响投票的结果。可以认为，如果这场选举国民党大输，将沉重打击马英九的政策合法性，可能迫使马英九在两岸政策上作出某些调整，从而对两岸关系造成不利的影响。如果国民党大赢，则将使马英九的施政更加顺畅，其政策的合法性更加稳固。目前看来，这场选举蓝绿阵营维持现有执政版图的可能性更大，选举结果不至于对两岸关系造成太大冲击。

（三）继续化解绿营对改善两岸关系的强力杯葛

民进党基于其“台独意识形态”，一直以对抗性的思维面对两岸关系，在其8年执政中将两岸关系带入死胡同。如今虽然在野，但其“台独”意识形态和大陆政策并未见检讨，反而变本加厉，加大两岸对立。由于其权力版图大幅萎缩，通过合法渠道已经很难对国民党形成有效制约，所以转而走街头抗争路线，从而对台湾的社会稳定造成威胁。从10月21日台南的“张铭清事件”，到11月初陈云林访台期间绿营群众的街头抗争，民进党诉诸暴力的倾向已经越来越明显。两岸目前的协商谈判还仅仅涉及经济、民生议题，如果未来涉及政治议题，则民进党的反弹力道可想而知，这也对马英九的两岸和解政策造成巨大压力。马英九能不能有效应对和化解这种压力，对两岸关系的未来发展会产生很大影响。

（四）如何应对美日等国际势力对于两岸和解的疑虑

美日在台湾都有特殊利益，并存在复杂的历史渊源，二者对于台湾问题的介入也很深。两岸的适度对抗有利于美国玩弄两岸平衡，而日本对两岸和解也抱有很大戒心。因此，对于当前两岸缓和的大势美日等国际势力虽然表示乐观其成的态度，但私底下却充满担忧。如美国国务卿莱斯在接受媒体采访时表示，美国虽鼓励两岸关系，但也提醒，美国和台湾也有关系，明显可以看出美方的警惕①。美国私底下对两岸和解划线的举动时有所闻。日本同样对马英九的两岸政策充满疑虑。可见，美日对于两岸和解是存在戒心的。未来不排除美国做出破坏两岸关系的举动，如2008年8月美国推动对台军售就对两岸关系造成冲击。2009年美国将实现新旧政权轮替，民主党的奥巴马政府会不会调整其台海政策，对于两岸关系还是一个未定之数，需要密切注意。

虽然2009年两岸关系存在着以上一些负面因素，但相信当前两岸关系和解合作的大趋势是无法轻易改变的。两岸关系和平发展符合两岸人民的根本利益，从根本上来说也是符合中华民族的根本利益的。两岸

---

① 台湾“中央社”台北2008年10月23日电。

关系和平发展是大势所趋，人心所向。两岸都将珍惜当前得之不易的历史机遇，以最大的善意和诚意化解彼此的分歧，推进两岸关系继续沿着和平发展的道路继续前进。

附录

2008 年两岸关系大事记

1 月

1 日

胡锦涛主席在中国人民政治协商会议全国委员会举行的新年茶话会上发表重要讲话，指出在新的一年里，我们要牢牢把握两岸关系和平发展的主题，真诚为两岸同胞谋福祉、为台海地区谋和平，继续实施和充实惠及广大台湾同胞的政策措施，同包括台湾同胞在内的全体中华儿女一道努力，继续推进祖国和平统一大业。

2 日

厦金航线自 2001 年 1 月 2 日正式开通已满 7 周年。7 年来，厦金航线已运送出入境旅客 244 万 7 千多人次。马尾至马祖海上客运航线开通 7 周年。7 年间“两马”航线的总客流量已突破 17 万人次，其中 2007 年客流量达到 58097 人次，同比增长 24.5%。

4 日

在南昌边防检查站执勤官兵的帮助下，病情危重的台胞郭璟隆先生及随行家属、医护人员顺利搭乘直飞台北的航班，前往台北接受进一步治疗。这是江西南昌与台北之间进行的首次双向直飞。

5 日

刚在美国大选爱荷华州初选中拔得头筹的民主党总统候选人奥巴马，在以书面方式回答该州华人社区的提问时，首次对台海问题表达立场。奥巴马表示，如果担任美国总统，他将继续奉行“一个中国”政策，并“确保”台海不会发生军事冲突。

9 日

国民党 2008 年“总统”副手参选人萧万长跨海到金门辅选，他强调，开放的两岸政策是振兴金门经济的最有效药方。

12日

台湾地区第七届“立法委员”选举今天举行，在总共113个“立委”席次中，中国国民党获得81席，民进党获得27席，其他政党及无党籍人士获得5席。与本次选举同时举行的“反贪腐公投”和“讨党产公投”因投票人数未达总投票权人数的一半，均被宣布无效。

14日

两岸春节包机航班已排定，两岸共有12家航空公司总计安排94个往返航班，航点仍为北京、上海、广州、厦门和台北、高雄6城市。这是自2003年以来两岸第五次实施春节包机。

针对非洲国家马拉维宣布和台湾“断交”一事，国民党2008年“总统”参选人马英九表示，民进党当局的“烽火外交”策略遭到国际社会的公开谴责，如果他当选，未来会以“九二共识”为基础，寻求可与大陆双赢的平衡点。

中国外交部发言人姜瑜就陈水扁“过境”美国阿拉斯加答记者问时说，我们要求美方恪守在台湾问题上对中方所作承诺，不允许陈水扁以任何方式利用美领土从事“台独”分裂活动，停止向“台独”势力发出任何错误信号。

15日

台湾最大的食品业上市公司——统一企业集团的大陆总部大楼在上海奠基开工。

厦门长庚医院试营运。厦门长庚医院是台塑集团在大陆第一家、也是唯一一家医院，医院设有2000张床位，为三级甲等综合医院。

17日

美国副国务卿内格罗蓬特在美国驻华使馆举行的新闻发布会上明确表示，搞“入联公投”是错误，是台湾当局的挑衅性政策。

19日

由菲律宾中国和平统一促进会主办的第三届“中国和平统一亚洲论坛”开幕。来自大陆、台湾、香港、澳门以及泰国、马来西亚、老挝、日本和欧洲、美洲、大洋洲等国家和地区的中国和平统一促进会以及菲律宾当地一百多个华人华侨团体的代表，共商反“独”促统大计。会议发表了题为“坚决反对‘台独’分裂活动 推进两岸关系和平发展”的宣言。

20 日

台湾“内政部”统计处公布的最新数据显示，去年与台湾民众登记结婚的大陆、港澳配偶人数达 1500 多人，在台湾涉外、涉大陆、港澳婚姻中居首位。

21 日

2007 年，闽台经贸合作得到拓展，全年福建省共签订台资项目 431 项，实际利用台资逾 18 亿美元。闽台经济文化交流取得新突破。台湾有代表性的行业工会相继组团来闽考察，福建共有 1400 多人次赴台进行经贸考察；全年来闽台胞达 70.3 万人次，福建有 2400 多人入岛交流演出。

美国历史上第一位女国务卿奥尔布莱特在她刚出版的一本新书中说，美国未正式承诺如果台湾受到攻击时将救援台湾，因为美国不希望台湾因有恃无恐而挑衅北京。

23 日

近日，台当局“国防部副部长”柯承亨接受日本《读卖新闻》专访时宣称，台湾“实有必要”自行开发巡航导弹，以对抗大陆的导弹。他并表示，台湾确实是有开发“雄风 2E”型导弹的计划，目前只能说“正在开发中”，射程还无法对外公布。

24 日

福州马尾经济文化交流合作中心筹集的一批急需生活用品，经“两马”航线运往马祖，以慰问 20 日在马祖南竿山陇村发生重大火灾中的灾民，表达大陆同胞对马祖乡亲的关爱之情。

25 日

商务部台港澳司最新统计显示，2007 年 1 至 12 月两岸间接贸易额达 1244.8 亿美元，同比增长 15.4%。台湾是大陆第七大贸易伙伴、第九大出口市场和第五大进口来源地。

28 日

台湾当局经贸部门表示，2007 年 1 - 11 月，台湾对大陆的出口总额为 672.9 亿美元，占台出口总额的 30.1%，比前年同期增加 1.9 个百分点，显示2007年全年台湾对大陆的出口依存度应突破三成，再创历年新高。

2月

1日

2007年两岸农产品贸易额达8亿美元，增长40.3%，占大陆农产品贸易总额的1%。大陆对台出口6.1亿美元，自台进口1.9亿美元，同比分别增长46.6%和23%。

2日

中台办、国台办就陈水扁当局公告举办“入联公投”发表受权声明表示，“入联公投”是变相的“台独公投”。大陆和台湾同属一个中国，任何涉及中国主权和领土完整的问题，必须由包括台湾同胞在内的全中国13亿人民共同决定。希望广大台湾同胞认清陈水扁当局举办“入联公投”的险恶用心和必将给台湾同胞带来的严重后果。只有坚决遏制“台独”冒险行径，才能维护两岸关系和平发展的前景和台湾同胞的福祉。

3日

北京市台协发起“在京台胞为灾区献爱心募捐活动”。现场募捐的台胞表示，希望通过募捐，让南方的同胞能早日战胜冰雪灾害，过上一个温暖的春节。

据厦门检验检疫局统计，截至2月份，厦门东渡口岸已进口台湾水果24批，共计219.7吨，货值33.3万美元。

南方地区10多个省区遭遇罕见的雨雪冰冻灾害袭击。知名台企“统一”集团、台湾食品巨头旺旺集团、顶新国际集团下属康师傅控股有限公司、长沙台资企业协会等各地台企及台资企业协会纷纷解囊相助，用实际行动支援灾区群众渡难关。

4日

美国副国务卿内格罗蓬特针对台湾“入联公投”议题表示，这项“公投”可能被国际社会解读为台湾在未与大陆达成协议的情况下试图改变现状，因此美方认为“入联公投”是“挑衅”。除公开表达此一立场外，美方与台当局私下对话中也传达出类似看法。

10日

近年来，大陆从台湾农渔民的利益出发，出台了台湾渔船自捕和养殖的水产品、水果等农渔产品允许进入大陆销售等15项惠民政策。许多台湾农渔民和商人因此受惠，收益明显增加。春节期间，不少台湾同胞特地赶回故乡福建省东山岛过年。

12日

随着大陆经济快速崛起，台湾越来越多的人希望到大陆发展，前往大陆报考各类证照的人数也日渐攀升，平均每月达近百人，相关的推广教育课程与补习班也应运而生。

被称为史上最大规模的大陆观光团结束了台湾观光之旅。与台湾当局如临大敌、处处设限不同，岛内媒体和商界均异常兴奋，称这是“春天来台的第一只燕子”，呼吁当局尽快取消对大陆游客的限制。

13日

台当局“教育部”通过九年一贯语文领域“微调”内容，将“中文”改为“汉字”、“国语文”则变为“华语文”。对此，学者认为，台当局的作法是想把和中国有关的东西都丢弃。

14日

在400余位厦门市政协委员中，新增了5名正式出席会议的台商代表。此举不仅标志着厦门市从此将有台商委员出现在民主政治的舞台上，更意味着在厦数以千计的台资企业，从此多了一个与地方政府沟通联系的桥梁和纽带。

15日

2008年两岸春节包机的全部往返航班顺利完成。两岸多家航空公司的有关人士表示，此次包机能够克服部分航点的不利天气顺利实施，再次证明两岸包机在技术上已无任何难点，对两岸民众来说，尽早实现两岸空中直航是众望所归。

台湾“经济部”召开政策审查会议，通过准许台塑集团一亿美元投资大陆福建福欣特殊钢公司，以及日月光封测（上海）三千万美元增资案。这是近六年来最大规模的台资钢铁企业投资大陆案。

16日

针对近日岛内议论有关大陆学历认可问题，国民党2008年“总统”

参选人马英九表示，开放认可大陆学历是大势所趋，但必须有配套措施。

19日

2008年两岸春节包机共运送旅客31442人次，运输行李28893件、452194公斤。

21日

国泰人寿保险有限责任公司北京分公司举行开业典礼。国泰人寿保险有限责任公司由大陆东方航空集团公司与台湾国泰人寿股份有限公司共同发起成立，是海峡两岸第一家合资寿险公司，也是台湾第一家进入大陆市场并正式获得营业资格的金融企业。

23日

台湾连锁加盟促进协会理事长王国安表示，看好大陆庞大的内需商机，包括欧得家具、生活工场、阿瘦皮鞋等岛内知名连锁加盟品牌2008年都将登陆投资；大陆资金与外资则有意加码台湾连锁加盟业，分食大陆内需商机。

25日

在桂林开幕的第十一届海峡两岸旅行业联谊会上，国家旅游局副局长张希钦指出，2007年到大陆旅游的台湾同胞达462.79万人次，同比增长4.86%。

26日

国家主席胡锦涛会见了美国国务卿赖斯。提到台湾问题，胡锦涛表示，2008年是中美关系发展极为重要的一年，中方愿与美方共同努力，始终从长远角度和战略高度把握两国关系，坚持发展中美建设性合作关系的大方向，加强对话与磋商，增进了解与互信，扩大共识与合作，妥善处理彼此重大利益关切。特别是慎重处理台湾问题，坚决遏制“台独”分裂势力的冒险行径，维护台海及亚太地区和平稳定，确保中美建设性合作关系持续健康稳定发展。赖斯表示，美方在台湾当局推动的“入联公投”问题上多次表明立场，认为“入联公投”不应举行。

为纪念两岸出版交流20年，两岸民间组织首度在台北举办“海峡两岸著作权保护研讨会”。

27日

在国台办例行新闻发布会上，新闻发言人范丽青明确指出，陈水扁当局顽固坚持“台独”分裂立场，给大陆居民赴台湾地区旅游设置政治障碍，这是导致大陆居民赴台旅游至今未能实现的根本原因。

在此次新闻发布会上，卫生部办公厅副主任、新闻发言人毛群安发布了关于欢迎台湾医师来大陆从事医疗服务的相关事宜；教育部港澳台事务办公室处长刘建丰，就有关台胞子女在大陆中小学和幼儿园就读的政策措施对外做了说明；商务部机电和科技产业司副司长周若军女士，就广大台商所关心的祖国大陆加工贸易政策调整进行了介绍。

中央军委副主席、国务委员兼国防部长曹刚川会见来访的日本自卫队联合参谋长斋藤隆海军上将一行。谈到台湾问题，曹刚川希望日方旗帜鲜明地反对“台独”。斋藤隆则表示，日方坚持一个中国的原则立场没有改变。

28日

大陆方面依两岸金门协议，遣返潜逃藏匿于大陆的台湾刑事嫌犯共25人。

29日

中国外交部发言人秦刚回答记者提问时说，美国国会众院外委会不顾中方交涉，执意通过所谓“支持台湾民主选举”决议案，违反了美国政府的“一个中国”政策，向陈水扁当局发出了错误信号。中方对此表示坚决反对。

3月

2日

为期40天的两岸海上客运直航航线春运圆满结束。据统计，春运期间马尾至马祖航线、泉州至金门航线共通行旅客14572人次，其中台胞11073人次，占旅客总数的76%。

4日

胡锦涛主席看望了参加全国政协十一届一次会议的民革、台盟、台联委员，并参加联组会。他强调，要牢牢把握两岸关系和平发展的主题，真诚为两岸同胞谋福祉、为台海地区谋和平，维护国家主权和领土完整，维护中华民族根本利益。

5日

国务院总理温家宝在十一届全国人大一次会议上作政府工作报告时指出，两岸统一是中华民族走向伟大复兴的历史必然。温家宝强调，坚决反对“台独”分裂活动，绝不允许任何人以任何名义、任何方式把台湾从祖国分割出去。

6日

国家旅游局局长邵琪伟参加人大台湾代表团审议时表示，大陆居民赴台旅游是两岸同胞共同的迫切愿望，大陆方面“赴台游”的准备工作进行顺畅，陈水扁当局的政治障碍是导致大陆居民赴台旅游至今未能实现的根本原因。

10日

大陆将正式恢复天然砂对台湾地区的出口。台当局“经济部矿务局”对此表示，截至3月2日止，台湾砂石供需平稳，砂石价格已趋稳，预计大陆天然砂来台将有助于进一步稳定物价。

国家人事部出台《关于支持海峡西岸经济区建设推动福建人事工作发展的意见》，明确规定大陆高校毕业的台湾学生可在闽展开就业试点。

11日

美军太平洋军区司令基廷在美国国会指出，台湾“大选”后至新任台湾地区领导人就职这段时间是“不确定期”，美方呼吁陈水扁以及新的当选人展现负责任的行为，不要有煽动性的言词。

13日

全国政协十一届一次会议投票选举产生25名政协第十一届全国委员会副主席，其中，台盟中央主席林文漪首次当选政协副主席。台湾《工商时报》报道指出，林文漪成为政协核心中首位女性台籍代表，是大陆政治体系中为台湾发声的代表性人士。

14日

大陆银监会副主席王兆星向台湾地区银行发出邀请，希望台湾地区银行能够早日到大陆设立机构，开展业务，共享大陆在改革开放过程当中的繁荣。

15日

最高人民法院副院长黄松有在接受中外记者的集体采访时指出，自1998年以来，各级人民法院依据《关于人民法院认可台湾地区有关法院民事判决的规定》，受理申请认可台湾地区民事判决、仲裁裁决调解书、支付令等已经达到了200余件，处理结果均得到台湾同胞的称赞和肯定。

16日

中国国家食品药品监督管理局局长邵明立在两会新闻中心接受中外记者采访时表示，海峡两岸在药品的安全监管方面有着非常好的合作。随着药品安全监管事业的发展，两岸同胞的健康和生命安全的保障程度都在不断提高。

17日

据第十一届全国人大台湾代表团介绍，截至3月16日，台湾团13位代表向大会提交建议共计30件，内容涉及两岸、民生、经济等各个领域。其中涉台建议19件，占建议总数的一半以上。

18日

中国国务院总理温家宝在北京表示，关于台湾问题，现在确实是个敏感时期。“我所关心的就是要维护台海的和平与稳定，促进两岸的共同发展，这应该成为两岸关系的主题和主旋律”。他还表示，大陆将继续扩大同台湾经贸交流的范围，包括投资、贸易、旅游、金融，提高合作的层次，在这些问题上，双方都可以本着平等互利的原则进行协商。温家宝总理中外记者会引发台湾媒体高度关注。有台湾媒体评论指出，温家宝在记者会上有关“结束两岸敌对状态这样重大的问题都可以谈”的表述，“为僵局已久的两岸情势开了一扇窗”。

19日

美国国务院副发言人凯西在新闻发布会上说，在台湾当局推动“入联公投”问题上，美国国务卿赖斯已在去年12月和今年2月对美国的立场进行了阐述，美国的立场至今没有改变，美国反对台湾举行“入联公投”。

对于台湾即将举行的选举，美国国务院副助理国务卿柯庆生表示，美国最关切的是台湾“大选”公平自由的进行，至于“公投”，美国已经公开表明，反对台湾当局推动毫无帮助且造成不稳定的“入联公投”。

22 日

台湾地区领导人选举举行投票。中国国民党籍候选人马英九、萧万长获胜，得票 765.87 万张，得票率为 58.45%；民进党籍候选人谢长廷、苏贞昌得票 544.52 万张，得票率为 41.55%。

台湾“中央选举委员会主委”张政雄宣布，“公投”第五案（“入联”）的投票率为 35.82%，第六案（“返联”）的投票率是 35.74%，两项“公投”案的投票率都未达到“法定”门槛的 50%，均遭否决。

在台湾地区领导人选举和“入联公投”结果揭晓后，国务院台湾事务办公室发言人李维一发表谈话指出，陈水扁当局推动的所谓以台湾名义加入联合国的公投遭到失败，再次说明“台独”分裂势力搞“台独”是不得人心的，期盼为两岸关系和平发展共同努力。

台湾地区领导人选举结束后，美国、日本、德国等世界各国政府纷纷发表声明，重申“一个中国”立场，并期待两岸展开直接对话。

针对前一日美国国会议员罗拉巴克在台北召开记者会，公开支持台湾举行“公投”参与联合国一事，美国国务院发言人麦考马克在华府重申，美国并不支持台湾“公投”参与联合国。

26 日

国家主席胡锦涛应约同美国总统布什通电话。关于台湾问题，胡锦涛赞赏布什总统和美国政府多次表示坚持“一个中国”政策、遵守中美三个联合公报、反对“台独”、反对“入联公投”、反对台湾加入联合国及其他只有主权国家才能参加的国际组织的明确立场。胡锦涛希望中美双方继续为维护台海和平稳定共同努力。胡锦涛表示，在“九二共识”的基础上恢复两岸协商谈判是我们的一贯立场。

针对美国国防部把一批不含核物质的洲际弹道导弹部件误运到台湾一事，外交部发言人秦刚表示严重关切和强烈不满，已向美方提出严正交涉，要求美方彻底调查此事，及时向中方如实通报详细情况并消除由此产生的消极影响和恶果。中方再次敦促美方恪守在中美“八·一七”公报中向中方作出的严肃承诺，停止售台武器和美台军事联系，以免损害台海和平稳定和中美关系健康稳定发展。

28日

两岸民航专业人员交流协会在台湾“中华技术学院”正式成立。该会由台湾“中华技术学院”董事长孙永庆担任理事长，多名资深的台湾航空界前辈参与，期望透过协会加强海峡两岸民航专业人员的交流。

30日

大陆中粮公司应台湾有关部门的请求，以较低价格向台湾提供20万吨饲料玉米，台湾禽畜业者希望此举能有助于舒缓近来高涨的肉蛋价格。

31日

中国人民解放军副总参谋长马晓天在北京同日本防卫省事务次官增田好平举行了第8次中日防务安全磋商，双方在台湾问题、防务交流等方面达成多项共识。在台湾问题上，增田针对中方的关切一一进行了解释，并重申，日本政府在台湾问题上的立场是一贯的，日方在日中联合声明等政治文件中作出的有关承诺没有改变。

4月

1日

国务委员兼国防部长梁光烈会见美国海军陆战队司令詹姆斯·康威。他指出，希望美方继续恪守一个中国政策、遵守中美三个联合公报和反对“台独”承诺，停止售台武器和美台军事联系，与中方一道共同维护台海和平稳定。康威则强调，美方对台湾的政策是一贯的，不会因为最近台湾地区的选举而改变。

2日

2008年两岸清明包机拉开序幕。据中国民用航空局介绍，两岸共11家航空公司将在清明节前后执飞21个往返航班，航点包括北京、上海、广州、厦门和台北、高雄6座城市。不少台胞表示，两岸包机为台胞回台祭祖提供了莫大方便，希望两岸包机能尽快实现常态化。

3日

台当局“行政院金融监督管理委员会”宣布，通过富邦金融控股公司申请由岛外子公司富邦银行（香港）转投资厦门市商业银行，投资金额3400万美金。“金管会”表示，这件投资案为第一宗岛内金控公司通过岛外子银行转投资大陆银行案件。

8日

“第十二届海峡两岸机械电子商品交易会暨厦门对台进出口商品交易会”在福建厦门开幕。台湾企业和台资企业参展规模扩大，共有近200家企业布置了500个展位，比上届展位增加20%。

台湾“经济部”召开政策面审查会议，通过菱生精密工业、京元电子、硅格、硅品精密工业公司等四家封测厂申请大陆投资案，四家业者承诺未来三年在岛内加码投资超过新台币472亿元。

10日

针对台湾地区银行在第三地设立的法人机构来大陆开展业务一事，银监会新闻发言人近日表示，银监会将积极受理相关申请，并完全视其为第三地的法人机构。

12日

中共中央总书记胡锦涛在博鳌会见了董事长萧万长率领的台湾两岸共同市场基金会代表团一行，就两岸经济交流合作问题交换了意见。胡锦涛强调，当前，两岸经济交流合作面临着重要的历史性机遇，需要双方共同努力，大力推进。会见结束时，胡锦涛请萧万长代为转达对马英九、吴伯雄、连战等人的问候。

13日

博鳌亚洲论坛2008年年会所举办的“台湾经济与两岸经贸展望”圆桌会议在海南省博鳌举行，台湾两岸共同市场基金会董事长萧万长和大陆商务部部长陈德铭共同主持会议。两岸企业界、学术界的30多名代表在会上交流了各自对两岸经贸关系现状的观感，并提出了改善、发展两岸经贸关系的具体建议。

14日

由中国国民党副主席江丙坤召集的“两岸经贸议题项目小组会议”，端出两岸开放的具体内容与时间表。根据该时间表，两岸直航时间定在7月4日启动，每周五至周一对飞。初期以桃园、小港为对口航点，飞航北京、上海、广州及厦门4个机场；台中清泉岗和松山则在第二阶段。名称将以“直航包机”取代现行的“周末包机”，并在年底完成天天包机直航。

对于胡锦涛在海南博鳌与萧万长会面，美国国务院官员表示，乐见这项会晤，这符合美国政府支持两岸和平解决歧见的长期政策，美国会持续呼吁两岸进行建设性对话。

15日

台湾地区领导人选举当选人马英九在接受新加坡中英文三家媒体联访时表示，未来两岸直航不是国外航线，而是特别的“两岸航线”。关于直航协商可能遭遇政治障碍，他说：“其实有许多方法，通过一个双方可以接受但未必满意的方式，避免敏感和尴尬的问题。”马英九指出，由于时移势转，未来两岸协商应该会在大陆或台湾举行，而无需在第三地进行。

16日

司法部国家司法考试司司长丁露在新闻发布会上宣布，司法部经研究决定，自2008年起台湾居民可报名参加司法考试。丁露并就报名方式、报名考试地点和报名费用等问题进行了解答。

17日

岛内“台视”、“中视”、“华视”、“民视”等4家无线电视台举办“北京奥运业务说明会”。据相关人士介绍，届时岛内观众可通过无线4台以无线频道加上数字频道共8个频道，欣赏到零时差、多频道、时段佳、数字电视转播的北京奥运会赛事，整个播出时数至少超过2220小时。

26日

福建省委常委、副省长陈桦在厦门会见了来访的中国国民党副主席江丙坤一行。陈桦说，福建在两岸交流交往的诸多领域有着良好的实践基础和充分的合作经验，有条件有优势在两岸未来的交流合作中起到先行示范作用。江丙坤表示，闽台两地有着特殊的渊源联系，希望海峡西岸经济区在两岸交流合作中扮演更重要的角色。

28日

国民党荣誉主席连战搭机前往大陆出席“第三届两岸经贸文化论坛”，随行的台湾企业家包括鸿海集团负责人郭台铭、“中信”金控负责人辜濂松、润泰集团负责人尹衍梁、华新丽华负责人焦佑伦、裕隆集团负责人严凯泰、前“中华开发工商”董事长胡定吾等，及国民党副主席林丰正、国民党“国政研究基金会”执行长蔡勋雄等。

29日

中共中央总书记胡锦涛会见中国国民党荣誉主席连战和夫人及随行的访问团成员。胡锦涛指出，当前台湾局势发生了积极变化，两岸关系呈现出良好发展势头。两岸双方应当共同努力，建立互信、搁置争议、求同存异、共创双赢，切实为两岸同胞谋福祉、为台海地区谋和平，开创两岸关系和平发展新局面。

30日

国台办新闻发言人李维一指出，当前台湾局势出现积极变化，两岸关系呈现良好发展势头。李维一表示，大陆方面期望在“九二共识”的基础上，早日恢复“汪辜会谈”所开创的海协会与海基会制度化协商谈判的机制；期望双方共同努力，积极改善和发展两岸关系。

此外，李维一指出，为帮助台资企业在大陆更好发展，国务院台湾事务办公室会同江西省人民政府，将在5月中旬共同举办“台资企业产业转型升级和产业转移研讨暨推介会”，这也是为台商提供切实服务所举行的一次活动。

5月

1日

台湾内定“陆委会”主委赖幸媛召开记者会声称，“新政府”是一个团队，两岸政策走的不是李登辉路线，而是“新政府路线”。

2日

美国国会研究处的报告指出，马英九上任后，可能限制台湾正在研发的对地攻击巡弋飞弹“雄2E”，这个作法可望减少台湾与美国间的摩擦。

4日

马英九昨晚邀宴多名退役军方大老，并向他们重申蓝绿和解、两岸和解的政策。马英九又高度肯定日前中共总书记胡锦涛与中国国民党荣誉主席连战会面时所提“建立互信、搁置争议、求同存异、共创双赢”十六字箴言，认为这是开启两岸关系新页极为重要的方针。

6日

外交部发言人秦刚在例行记者会上指出，中方反对台湾当局在国际上推行“两个中国”或者是“一中一台”的活动，反对台湾当局进行“金钱外交”。关于台湾民众关心的参与国际活动的问题，主张在促进恢复两岸平等协商后，讨论台湾民众关心的参与国际活动的问题。

13日

四川汶川地震灾害发生后，中共中央台湾工作办公室、国务院台湾事务办公室立即向灾区台办发出紧急通知，要求迅速采取有效措施，全力救助受伤受困台湾同胞。

台湾海基会致函大陆海协会，向四川地震灾区民众表达慰问之意，并愿促请台湾方面救灾人员前往协助。

15日

国务院台湾事务办公室主任陈云林在接受新华社记者采访时表示，欢迎台湾红十字组织派遣救援队参与四川地震灾区救援，对台湾广大同胞和社会各界为四川汶川特大地震灾害救援提供大力协助，表示最诚挚的感谢。并对两位台湾同胞不幸遇难深感悲痛。

台湾即将上任的领导人马英九接受美国媒体专访时称，两岸统一在“我们这一生”不太可能发生。

16日

台湾第一支获准进入四川地震灾区的搜救队前往灾区参与救援。

17日

由国务院台湾事务办公室和江西省人民政府共同主办的“台资企业转型升级和产业转移研讨暨推介会”在南昌召开。来自广东、福建、江苏、上海等地的260余位台商与会，商务部、国家发展改革委有关业务司局负责人和专家应邀为参会代表作了政策辅导。国务院台湾事务办公室常务副主任郑立中宣布了国台办为支持和帮助台资企业实现转型升级与产业转移的9项具体措施。

18日

由福建省政府、国台办、贸促会等单位所主办的“第十届海峡两岸经贸交易会”于福州市揭幕。次日，台北市观光传播局局长羊晓东与福州市代表，就经贸、文化交流等议题，签署双边“联合声明”。

受地震影响受阻、受困的2897名台湾游客，除一人不幸身亡外，其余2896人均已撤离至安全地带。

当选的新任民进党主席蔡英文接受《联合晚报》专访时表示，大陆如果没有提出任何前提，她愿到大陆访问。

20日

马英九正式宣布就职“总统”。在其“人民奋起. 台湾新生”的就职演说中，马英九指出，以符合台湾主流民意的“不统、不独、不武”理念，在“中华民国的宪法”架构下，维持台湾海峡现状。他还提到“一中各表”，表示两岸要尽早恢复协商，让两岸关系跨入崭新时代。

21日

马英九召开国际记者会说，不会和大陆进行军备竞赛，台湾不会发展或购置核武。之前的入联公投都失败，根据法例，同一题目3年内不能再举行公投。

22日

中共中央台湾工作办公室、国务院台湾事务办公室主任陈云林就当前两岸关系问题发表谈话。他指出，2005年中国共产党和中国国民党领导人共同发布的“两岸和平发展共同愿景”，指明了两岸关系发展的正确方向。我们希望，两岸双方以两岸同胞福祉和中华民族整体利益为重，建立互信，搁置争议，求同存异，共创双赢，扎实推动两岸关系不断改善和发展。他还指出，对于那些曾经对“台独”抱有幻想、主张过“台独”甚至从事过“台独”活动的人，我们热忱欢迎他们回到两岸关系和平发展的正确道路上来。

26日

中共中央台湾工作办公室主任陈云林前往南京禄口机场，迎接中国国民党主席吴伯雄及其率领的中国国民党访问团。访问团与现场欢迎人员一起为四川汶川大地震遇难人员默哀一分钟。

28日

中共中央总书记胡锦涛在北京人民大会堂会见中国国民党主席吴伯雄及其率领的中国国民党大陆访问团全体成员。胡锦涛强调，在国共两党和两岸同胞共同努力下，台湾局势发生了积极变化，两岸关系发展面临着难得的历史机遇。吴伯雄表示，两岸关系创新合作的时刻已经来临，台湾的主流民意期待两岸关系走向善意互动。期盼两岸在“九二共识”基础上搁置争议、追求双赢，希望中断多年的两岸协商尽快恢复，在适当时候邀请海协会长访问台湾。

29 日

中国民用航空局发布消息，2008 年两岸端午包机航班已排定，两岸各 5 家航空公司共将执飞 19 个往返航班。

6 月

2 日

中共中央政治局常委、全国政协主席贾庆林会见全国台湾同胞投资企业联谊会代表，他指出，经过 20 年的发展，两岸经济交流合作取得了显着成就，形成了互惠互利的良好发展局面。当前，两岸经济交流合作面临着重要的历史性机遇，加强合作、共创双赢已是人心所向、大势所趋。

3 日

海协会召开会议，通过了 178 名候选人为海协会第二届理事会理事。海协会第二届理事会成立后，召开第一次会议，推举陈云林为海协会会长。海协会秘书长李亚飞向媒体表示，两岸关系自今年 3 月以来，发生了积极的变化。两会均表示愿意在“九二共识”的基础上，重新开启两会制度化的沟通渠道。应海协会的邀请，海基会江丙坤董事长将于 6 月 11 日至 14 日率团来北京访问。

台“国防部长”陈肇敏表示，“国防部”已订出政策草案，将分近、中、远程建立两岸军事互信机制。近程上，推动非官方接触，优先解决事务性议题；中程上，推动官方接触，降低敌意，防止军事误判；远程则是确保两岸永久和平。

4 日

司法部发布《台湾居民参加国家司法考试若干规定》，并自发布之日起施行。根据规定，具有台湾地区居民身份的人员可以报名参加国家司法考试。

台湾“陆委会主委”赖幸媛明确表示，“陆委会”已经和“新闻局”达成共识，人民日报与新华社可望在 7 月底以前恢复在台驻点采访。至于中央电视台在台驻点采访的问题，“陆委会”也会朝积极开放的方向来处理。

台湾“行政院青辅会”为使青年对于中国大陆的经济、环保、文化与青年竞争力有更深入的了解，将从6月14日起于北、中、南、东四区各举办一场“2008青年认识中国论坛”。

5日

台湾《自由时报》报道，继台湾“交通部”将删除“台湾”字眼的邮票后，台湾“外交部”已经正式通电各“驻外馆处”，今后在公文书上称呼对岸时，要称“中国大陆”或“大陆”，至于外宾前往台湾则使用“访华”，不再沿用扁当局时代的“访台”。

台湾《联合报》报道，位于南部的高雄县和春技术学院本学期将简体字列入大一国文必修课，并建议把简体字纳入正式课程。

台湾“陆委会副主委”张良任今天表示，“陆委会”将尽量使用中国大陆或中共的称呼。

8日

台湾海基会公布11日与大陆海协会展开商谈成员名单，其中“陆委会副主委”傅栋成、“交通部政务次长”游芳来都将上谈判桌，创下两岸商谈最高官员层级。其他成员还包括“交通部航政司司长”林志明、“交通部观光局局长”赖瑟珍、“内政部移民署副署长”吴学燕等。

9日

马英九接见海基会代表团时表示，这次复谈主要是谈周末包机，未来还有平日包机，因此建立制度化是非常重要的，不可能一次解决，将来还有很多次协商机会。这次是依据九二共识恢复协商，双方都同意在这共识下进行，如此一来可避免争议，这也是搁置争议、求同存异的最好意义。

针对民进党主席蔡英文宣称，国民党执政后对两岸复谈“操之过急”，国民党副秘书长兼大陆事务部主任张荣恭表示，民进党执政8年，两岸制度化协商管道完全中断，台湾民意与国际社会迫切需要两岸复谈。

10日

国民党“立委”蒋孝严在“立法院”具体建议，“外交休兵”就从停止申请加入联合国开始，其次，两岸冻结“邦交国”数量，彼此承诺不增加，也不挖墙脚，可以和大陆进行协商。

12日

海协会会长陈云林与海基会董事长江丙坤在钓鱼台国宾馆举行会谈。中台办、国台办主任王毅在会见江丙坤时指出，海协会与海基会在“九二共识”基础上恢复商谈，标志着两岸关系朝和平发展方向迈出了新的一步。两会通过平等协商就两岸周末包机以及大陆居民赴台旅游达成共识，为两岸同胞办了两件实实在在的好事。

台湾“立法院”通过“台湾地区与大陆地区人民关系条例第38条及第92条”修正案，赋予人民币在台兑换的法源依据。“中央银行”表示，初期先实行单向兑换（只能用人民币兑换台币），且限额为人民币两万元。

13日

中共中央总书记胡锦涛在钓鱼台国宾馆会见了台湾海基会董事长江丙坤及其海基会代表团成员。胡锦涛指出，海协会和海基会在“九二共识”的共同政治基础上恢复商谈并取得实际成果，标志着新形势下两岸关系改善和发展有了一个良好开端，表明两岸双方有智慧、有能力通过协商谈判解决有关问题，造福两岸同胞。只要双方秉持建立互信、搁置争议、求同存异、共创双赢的精神，就一定能够不断推动两岸商谈进程，不断取得更多积极成果。

海协会会长陈云林与台湾海基会董事长江丙坤在北京签署了《海峡两岸包机会谈纪要》和《大陆民众赴台旅游纪要》。江丙坤一行11日到大陆，16日返台。

17日

海峡两岸人才交流与人力资源服务合作大会在福州举行，61家台湾人力资源机构与100多家大陆人力资源机构参展，220家台资企业和大陆企业举行招聘洽谈。

19日

台湾“行政院院会”通过扩大外岛小三通方案，自即日起实施。

23日

台北市长郝龙斌启程前往上海，代表台北市与上海世界博览会筹备局签署参加2010年上海世博会文件。

7月

1日

参加“第三届两岸产业共同市场研讨会”的两岸共同市场基金会执行长洪读表示，建立两岸共同市场，是未来两岸经贸合作的远程目标。两岸应携手共创双赢，一起赚世界的钱。

3日

“龙脉相传，青春中华”全国台联2008年台胞青年千人夏令营今日开营，以夏令营分营的形式在北京、上海、天津、等21省市区陆续开营。前来参加夏令营活动的台湾大学生分别来自台湾、香港、澳门及海外，共计近千人。其中包括近百名台湾原住民大学生和40余名海外台湾学生。

台当局“行政院”通过“重新检讨放宽基金投资涉陆股之海外投资比率”，将投资大陆挂牌上市有价证券比率，则由现行0.4%放宽为10%。

台当局“行政院”通过“陆委会”拟具的“放宽县市长赴大陆地区交流规划方案”，放宽县市长可申请赴大陆参加“与各县市政府市政或县政业务相关交流活动或会议”，并且如有特殊原因变更行程可在事后报备。

台当局内务部门“政务次长”赖峰伟宣布，“移民署”已审查通过台中市长胡志强、台中县长黄仲生、彰化县长卓伯源、云林县长苏治芬、澎湖县长王乾发5位县市长赴大陆参与交流活动。

美国在台协会台北办事处处长杨苏棣表示，最近实施两岸周末客运包机和大陆观光客到台，让美方感到非常鼓舞。他称，未来一年，美国和台湾的经济合作一定会更加强；华盛顿仍然会重视，并提供保障台湾安全“必要”的信心和工具。

4日

两岸周末包机正式开航，两岸11家航空公司，分别从桃园、松山、高雄、花莲、台中、马公6个机场，对飞北京、上海、广州、南京、厦门5个航点，正式开启两岸常态性包机及大陆居民赴台游的历史性一刻。

新华通讯社和人民日报社各有两名记者乘机前往台湾。这是台湾新闻主管部门6月30日宣布恢复新华社、人民日报记者赴台驻点采访后，两社派出的首批记者。

5日

率团赴台旅游考察的旅游协会会长邵琪伟一行拜会了中国国民党荣誉主席连战、中国国民党主席吴伯雄。连战表示，两岸周末包机和大陆居民赴台旅游的实现，不仅为两岸关系和平发展的伟大目标作出了贡献，也为中华民族兴盛发展写下了新的一页。吴伯雄表示，两岸周末包机和大陆居民赴台旅游的实现，是推动两岸互利双赢的一个具体措施，是两岸和平发展的关键一步。

台当局“行政院”发言人指出，未来将持续通过海协会、海基会两会协商两岸包机航线截弯取直、大陆游客旅游自由行等进一步开放措施。另外，两岸金融与经贸政策也会继续松绑、开放。

12日

台湾云林县长苏治芬率团搭乘包机赴北京、天津等地推销农产品，她是首位赴大陆的民进党籍县市长。

14日

正在台湾中南部地区考察的海协会副会长王在希表示，在两岸关系发展的良好势头下，两会也在加快工作进度，两会的下一轮商谈预计在北京奥运结束之后就会举行，到时候海协会会组团到台北。

15日

福建省副省长张志南今日表示，闽台产业对接成效明显。上半年，福建实际利用台资（含第三地转投）9.02亿美元，增长25.2%，其中总投资千万美元以上台资项目59项，比增18%。

16日

台湾正声新闻网今天起派记者驻点云南昆明采访，这是台湾媒体首次在昆明驻点。

17日

据福建省交通厅介绍，今年1－6月，福建沿海地区与金门、马祖、澎湖地区海上货运直航449航次，运载货物超过47万吨，分别比去年同期增长 53.8% 和 58.6%。2008 年福建将重点拓展福建沿海与金马澎地区直接往来的范围和层次，鼓励、推动航运企业合资组成大型散货运输船队，从事海峡两岸间航运业务。

“台湾产品专卖店”在北京市最大的农产品批发市场——新发地正式落户并开业。

由海峡经济科技合作中心和台湾云林县农业合作社联合社共同主办的“2008 台湾云林县农特产品展销暨贸易洽谈会”于 7 月 17 日至 22 日在北京举办，有 150 余位来自两岸的农业企业代表出席活动。

台当局“行政院会”讨论通过“大陆投资金额上限松绑及审查便捷化方案”，台湾地区非中小企业赴大陆投资一律放宽为净值或合并净值的 60% 为上限；个人赴大陆投资上限从现行新台币 8000 万元放宽为每年 500 万美元等松绑方案，自 8 月 1 日施行。

台当局“经建会”统计，今年底前将可完成 66 项“财经法规”松绑，包括开放陆资赴台投资生产事业、放宽岛外企业赴台上市等。

18 日

大陆海协会致函台湾海基会，对台湾部分县市遭受台风灾害表示慰问。

大陆居民赴台湾旅游于全面启动，来自 8 个开放省市的 1317 名游客飞赴台湾。

台当局“经济部投审会”公布，6 月份台湾地区对大陆投资金额高达 9.97 亿美元，仅次于 5 月，为今年单月对大陆投资第二高金额，且较去年同期大幅增长 68.38%。

19 日

据台经济事务主管部门“投资审议委员会”最新统计，今年 1－6 月经核准赴大陆投资案共 309 件，投资金额合计 47.7 亿美元，比去年同期增加 30.81%。

22 日

国务院台湾事务办公室发言人表示，大陆有关方面愿意随时组织时令蔬菜供应台湾受灾地区，帮助缓解岛内蔬菜供应。

23 日

商务部的最新统计数字显示，今年 1－6 月，大陆与台湾贸易额达

680.1亿美元，同比增长23.0%。今年上半年，大陆对台湾出口为130.8亿美元，增长18.9%；自台湾进口为549.3亿美元，增长24.0%。目前，台湾是大陆第七大贸易伙伴，第九大出口市场和第五大进口来源地。

台湾法鼓山发布新闻稿指出，台湾联电集团荣誉董事长曹兴诚已经汇入1.3亿元新台币善款，作为四川灾区40所希望小学重建之用。

马英九表示，台当局最近采取一连串的投资松绑与开放政策，下一步希望把两岸包机直航缩短为最短距离，让台湾与大陆沿海省份形成“一日生活圈”，使台商在布局的时候，会有更大的弹性空间。

25日

台当局“国防部长”陈肇敏表示，由于美国国会将在9月底休会，台湾正透过各种管道表达希望尽快通过对台军售案。

26日

台湾大学生“中华文化研习营”湖南营在长沙举行开营仪式。此次湖南营由来自台湾中山大学、台湾大学、清华大学、政治大学、成功大学等几十所台湾大专院校的88名师生和中南大学20多名师生参加。今年暑假的“中华文化研习营”活动还在浙江、山东、陕西、福建等省份展开。

27日

南京市与台北县签署经贸文化和旅游交流与合作关系备忘录，这是两岸城市间首次确立战略合作框架，标志着两岸周末包机开通以后，两岸交流合作水平进一步提升。

28日

由百余位台湾少数民族同胞组成的“高金素梅文化团队”搭乘两岸周末包机从台北飞赴北京，他们将参加北京奥运会开幕式前的文艺演出。

29日

据不完全统计，2008年上半年，两岸文化交流项目共249项、2164人次。文化部所属中华文化联谊会通过成功举办“妈祖之光”大型综艺晚会、“海峡两岸艺术周”等两岸文化交流活动，有力推动了新形势下的两岸文化交流与合作。

台湾“外事”部门发言人陈铭政表示，台当局参与联合国的相关推案，目前确定不会用去年的模式“以台湾名义申请加入联合国”推动。不会以“重返”或“加入”名义推动。会不会采取“中华台北”名称推动参与联合国案，还未定案。

30日

台湾当局“经济部投审会”通过鸿海以及台泥、信大水泥和亚洲水泥等台资企业加码大陆布局的投资案。此次通过的投资案总共有14件，其中对大陆投资有10件，核准投资额达到1.56亿美元。

美国总统布什在白宫与亚洲媒体记者会面时，主动对两岸关系现况表示“十分满意”；并首度表明美国在两岸议题上确有一些“红线”，“就是不能片面宣布（台湾）独立。”

31日

由33个部门组成的台商权益保障工作联席会议，在北京召开第二次全体会议，研究新形势下进一步加强台商权益保障工作。中共中央台办、国务院台办主任王毅在会上表示，近来，台湾方面调整有关两岸人员往来和金融、投资等领域的政策，放宽了以往的某些限制，这是有利于两岸交流合作的积极举措。在两岸关系新形势下，大陆方面也将采取切实措施，大力加强两岸交流与经济合作，支持海协会与海基会加强磋商，推进两岸直接“三通”进程。

台当局“陆委会”宣布，继恢复新华社与人民日报赴台采访驻点后，台当局将再开放5家大陆地方媒体赴台驻点申请，每次开放以3个月为限。

国民党主席吴伯雄在接受访问时说，两岸“在4年或8年内谈统一还没有条件，但最少台湾不要再搞台独”，两岸肯定自己同属中华民族，有共同的血缘、文化，加强互动，和平的路是可行的。

8月

1日

马英九在“总统府”接见日本交流协会台北事务所新任代表齋藤正树（Saito Masaki）时表示，台湾的主流民意就是不统不独不武，而且只要国民党执政，一定会改善跟大陆的关系，希望双方能够在和平繁荣的前提下促進双方交流。

2日

马英九表示，两岸关系已经发生结构性的改变，稳定繁荣的两岸关系将逐渐展现；他并强調，奥运过后，大陆观光客来台将逐渐增加。马英九说，“政府”解除台商赴大陆40%的投资上限，并不是鼓励台商到大陆投资，而是让厂商有自由选择的权利，毕竟厂商比“政府”更了解如何投资才有利。

3日

马“政府”成立后已在“行政院”悄悄地成立“两岸小組”，由朱云鹏、陈添枝、蔡薰雄、高思博等4位“政务委员”负责。重要的两岸议题，“陆委会”主委赖幸媛也会参与。

根据台湾104人力银行调查，大学生向往对岸的产业以电子资讯业、一般制造业、贸易批发或百货零售业、金融投顾及保险业为主。产业界也很看好大陆高科技业、金融业等当红产业的前景。

7日

台湾“行政院”宣布，2009年起松绑的重大财经项目有23项，两岸经贸占了7项；即日起到年底，要松绑的两岸经贸高达46项。政府推动的“经济解严”，两岸经贸是最重要的部分，如赴大陆投资产业别限制松绑、直航路线规划等。

8日

第29届夏季奥运会开幕式在北京国家体育场“鸟巢”举行，国民党主席吴伯雄、荣誉主席连战、亲民党主席宋楚瑜、原新党主席郁慕明等参加。中华台北代表团45人参加了开幕典礼。高金素梅率领的文化团体表演了歌舞“我们都是一家人”。台湾“台视”、“中视”、“华视”、“民视”四家无线电视台获准转播本次奥运会。

“农委会”运用台湾杨桃、芒果、凤梨、芭乐等4项水果，获选为奥运推荐果品的优势，在奥运期间，同步在北京刊登地铁灯箱广告、并举办水果发表会，及协助业者办理通路促销等系列行销活动。

亚洲《华尔街日报》刊登马英九的专访，畅谈他致力台海两岸“经济正常化”的下一步计划。马英九表示，两岸经济政策之中，希望能就飞机直航问题协商“截弯取直”，以及“延远权”（beyond rights）达成协议，例如，让飞往北京的台湾航班能继续载客到欧洲。两岸海运方面，马英九表示，希望数月内能够谈妥各方期待已久的直航协议。

12 日

马英九启程访问中南美洲国家巴拉圭与多米尼加。他行前在机场发表谈话指出，“政府”和美国高层沟通畅通，这次在美国过境，不会从事与目的不相容的活动，因为这是完全没有必要。马英九重申，“政府”改善两岸关系，也同时改善美国与台湾的关系。马英九强调，活路外交的方法就是提倡两岸和解休兵，但这只是手段，目的是要共生共荣，不仅在两岸之间如此，而且还要在国际社会都停止恶斗、停止恶性竞争。

台湾红十字会在台湾募集的 14 多亿元，交给川甘陕灾区，帮助灾区重建。

15 日

马英九“总统”在巴拉圭表示，马“政府”推动“外交休兵、外交和解”，这项政策如果成功，有可能“邦交国”不增也不減，因为休兵的结果，就是维持现状，已考虑符台湾的利益，而且目前为止，台湾外交圈跟国际友人也都认为这是正确的方向。马英九表示，外界会批评“援助外交”，这跟两岸为争取国际承认，进行恶性竞争有直接关系，所以他才会强调“外交休兵”、和解共生，如果能把恶性竞争的部分消除的話，他相信双方都不会再去从事类似的行为，如此对外援助就会变得相当单纯；何况台湾过去也是援助受惠国，当台湾行有余力，也应该援助其他国家。

21 日

台湾“行政院”会通过下一年度“中央政府”总预算案，岁出增加新台币 1183 亿元，将优先用在教育、科技、文化、照顾弱势、经济发展和地方补助等，落实马英九政见。由于两岸关系缓和，军事预算减列 104 亿元，主要是配合军售案执行进度，减列相关军事建案经费。

22 日

马英九接见美国国会“美中经济暨安全检讨委员会”（USCC）副主席白嘉玲？（Carolyn Bartholomew）等一行人时表示，他希望两岸除了经济关系的正常化外，在国际关系方面，能够进行外交和解与休兵，减少双方在国际间的恶性竞争，这样可以让大家都松一口气，台湾海峡与国际社会都可以迈向和解。

24日

马英九到金门参加八二三炮战50周年纪念活动，以《从杀戮战场到和平广场》为题发表谈话。他说，“我们要把金门从战争的记忆，转变为和平的象征，我们无法改变八二三炮战的历史，但可创造自己的未来。”和平协议必须由善意与互信一点一滴累积而成，短期内两岸间应从各面向展开並扩大交流与合作，包括经贸、文教、国际空间的营造等；让这些交流与合作化解双方敌意，形成良性循环，为和平扎下坚实基础。“应努力让金门从廿世纪的两岸杀戮战场，蜕变成廿一世纪台海的和平广场。”他表示，为促进金门发展，便利大陆人民到金马观光旅遊，“政府”未来将采取落地签证或多次入境签证的方式，金厦大桥构想也都可讨论。

北京奥运会结束，中华台北代表团成绩不尽理想，仅拿下4面铜牌，但在羽毛球和网球项目上也取得历史性突破，而跆拳道选手苏丽文负伤奋战，赢得尊敬赞誉。中华台北代表团此次有80名选手，取得史上最多的15个项目参赛资格，但只有举重与跆拳道拿下奖牌。四面铜牌分别来自女子举重与男子跆拳道，其中有女子举重48公斤级陈苇绫、女子举重63公斤级卢映锜、男子跆拳道第一量级朱木炎与男子跆拳道第二量级宋玉麒分别夺铜。

26日

“第三届海峡两岸中华文化发展论坛”在江苏开幕。论坛以“文学名著与区域文化发展”为主题，来自海峡两岸的80多名专家学者及文化界知名人士，围绕“文学名著对中华文明和文化的传承”、“海峡两岸现代化进程中民族文化品牌建设”、“文学名著在区域经济、社会、文化发展中的作用”、“继承发扬文学名著的创作传统及其现实意义”等议题，进行研讨交流。

27日

世界银行首席经济学家林毅夫在华盛顿表示，台湾与大陆的经济处于不同的发展阶段；台湾与大陆密切的经济整合，可开发双方彼此的互补性，这对台湾有好处，对大陆也有好处。

中共中央台办、国务院台办主任王毅在钓鱼台国宾馆举行招待酒会，欢迎前来北京出席台商座谈会的台湾工商界人士和大陆台商代表。王毅在致辞中说，今年的台商座谈会是在台海局势发生重大积极变化，两岸关系发展迎来难得历史机遇的新形势下召开的。希望通过座谈会，了解广大台商在大陆经营发展的现状，在新形势下如何深入加强两岸经贸合作、在经济领域尽快开创两岸和平发展新局面听取大家的真知灼见。王毅表示，两岸经贸合作是两岸关系和平发展的重要内涵。希望通过双方努力，尽快实现双向、直接、全面“三通”，实现两岸经济关系正常化，直至建立两岸经济合作机制，开创互利双赢新格局。

28日

美国民主党全国代表大会通过了党纲，阐述奥巴马若当选总统后的政策方向。奥巴马将继续坚持“一个中国”政策及“台湾关系法”，支持台海议题和平解决。

台湾“总统府”发言人王郁琦表示，大陆驻联合国代表王光亚致函联合国秘书长一事，台湾早在预料之中，仍会持续推动两岸与“外交和解休兵”，与大陆沟通，并会在不违反今年3月两个联合国相关“公投”结果的前提下，持续推动并参与国际活动。

30日

为解决大陆游客赴台观光人数不足，以及直航班次不够等问题，台湾中部四县市首长决议，将联合提出中部海、空运发展具体规划，要求台行政当局推动两岸直航截弯取直，放宽航班限制，带来更多大陆游客。台湾中部四县市首长所提出的海、空运发展规划，其中海运部分为台中港直航厦门港，空运则为台中清泉岗机场直航厦门高崎机场。

9月

1日

台湾经济主管部门统计，今年8月份台湾对大陆出口金额为74亿美元，为历年单月次高纪录，而台湾自大陆进口金额则高达31.5亿美元，更创下历年单月新高。今年1至8月份，台湾与大陆贸易总额累计高达770.1亿美元，较去年同期成长19.6%。其中对大陆出口额547.2亿美元，较去年同期成长18.1%；自大陆进口额为222.9亿美元，较去年同期成长23.4%。

中国社会科学院台湾史研究中心、河南大学、北京联合大学、台海出版社及全国台联等单位联合举办的“林献堂、蒋渭水——台湾历史人物及其时代学术研讨会”在开封召开。

2日

台湾知名人士高金素梅率30名台湾原住民同胞，参加“2008桂台少数民族交流周”桂林参观考察活动。

参加北京残奥会的中华台北代表团，由10名男选手和7名女选手组成，今日启程到北京，参加6个大项的比赛。

台湾金门县县长李炷烽带领的金门代表团一行70余人抵达厦门，他们将在厦门参加“第十二届中国国际投资贸易洽谈会”和“第四届中国（厦门）海峡旅游博览会”。

6日

首届海峡两岸农产品采购订货会在郑成功故里福建南安石井的福建闽台农产品市场隆重举行，共设有400个标准展位，来自中国各地的190多个农业企业、500多名农产品专业经销商、采购商参会，其中台湾农业主题馆设置117个，参会台商达300多名。

7日

第三届“海峡西岸经济区论坛”在厦门开幕式。国台办主任王毅发表演讲并宣布促进两岸交往的新措施。第一，为便利两岸同胞交往，大陆方面决定采取五项新的政策措施，大力促进两岸人员往来。第二，积极推动两岸直接、双向、全面“三通”；第三，大力推进两岸产业合作拓展领域、提高层次；第四，切实推动两岸金融合作取得实质进展；第五，探索推动建立两岸经济合作机制。

“海峡两岸金融合作与发展专题研讨会”在厦门举行，金融业界人士表示，两岸保险业有望顺应两岸新形势迈入合作交流新阶段。

第二届“海峡两岸大学校长论坛”在厦门大学闭幕。海峡两岸90多所高校的近200名代表参加，探讨“两岸大学的交流与合作”和“大学办学理念与社会责任”，并发布了《第二届海峡两岸大学校长论坛宣言》。

闽粤浙赣23个省辖市旅游局局长聚首厦门，参加在此间举行的第四届海峡旅游博览会，签署《海峡西岸旅游区域合作联盟厦门宣言》，打造对台旅游前沿合作平台。

8 日

由商务部、国台办主办的第三届“两岸经贸合作与发展论坛”在厦门举行，商务部副部长姜增伟在致辞时表示，在赴台投资方面，商务部将首先鼓励优质的、能为两岸经济融合及台湾经济建设贡献力量的企业赴台投资。海峡两岸经贸交流协会会长李水林表示，将从四个方面推进两岸经贸正常化发展。一，推动两岸直航。二，将鼓励有实力的大陆企业参与台湾岛内建设。三，加强两岸服务业对接，鼓励台湾金融机构到大陆投资。四，推动建立经贸争端解决机制。

海峡两岸关系协会受台湾海峡交流基金会的委托，8 日在成都举行仪式，向四川、甘肃、陕西地震受灾严重地区转交台湾同胞的 2.7 亿元人民币捐款。

9 日

由中华全国青年联合会、台湾中华青年交流协会与贵州省青年联合会共同举办的两岸青年中秋联欢晚会在贵州省荔波县樟江河畔举行。台湾青年代表团一行 102 人参加。

10 日

台湾当局“陆委会主委”赖幸媛在“开创双赢：台港澳交流与发展”论坛表示，将邀请港、澳的高层官员组团到台访问，以亲身感受台湾的发展现况。这是台方首度公开表示，欢迎港、澳官员访台。

11 日

第十二届中国国际投资贸易洽谈会在厦门落幕。中国国务院副总理王岐山发表演讲。本届投洽会展览规模较上年扩大一倍，共签订各类投资项目 784 个，总投资金额 159 亿美元，利用外资 135.55 亿美元。4200 多名台商和 95 个台湾工商团体与会。本届投洽会还举办了两岸大学校长论坛、海峡旅游博览会、海西论坛和两岸经贸合作与发展论坛等两岸交流活动。

12 日

马英九接见台企联会长张汉文率领的各地台商协会会长，台企联提出四大诉求，包括台企联回台设立总部、协助台商升级转型、尽速让周末包机变成平日包机，及政府成立单一的台商回台投资窗口。天津台协前会长丁鲲华等向马英九建言，希望台商能担任政协委员。

国台办接获国家质检总局的通报，河北省三鹿集团6月份向台湾出口的25吨、共1000包三鹿奶粉中含有三聚氰胺。海协会立即在第一时间向台湾海基会通报有关情况，请海基会与台湾业务主管部门联系，了解三鹿奶粉在台湾的销售渠道以及可控程度；同时大陆有关方面责成三鹿集团立即通知台湾相关公司停止销售，集中收回以便销毁。

13日

人民币对台币兑换业务启动，岛内多位学者和业界人士认为这项开放措施将为两岸金融合作开启崭新的一页，同时也为台湾经济的发展注入一泓“活水”，对提振本地经济信心将产生相当的正面效应。

16日

台湾当局“陆委会”主委赖幸媛表示，会研究是否开放台湾人士出任大陆省市级政协委员职务事宜。

18日

河北省举行的新闻发布会上，三鹿集团新任董事长就三鹿奶粉引起的重大事故向台湾消费者正式道歉。

20日

中国出版工作者协会和台湾图书出版事业协会主办的“纪念海峡两岸出版交流20年系列活动”在台北展开。大陆代表团团长柳斌杰在发言时指出，两岸出版业应联合起来，共同拓宽华文出版走向国际市场的道路，推动中华文化走向世界。

800余名台湾居民首度参加了祖国大陆司法考试。其中，有231人报名参加厦门考点的考试。司法部相关人士在厦门表示，台湾居民考试合格后，在大陆相关的执业规定，有望在年内出台。

22日

台湾军方“汉光24号”演习改为低调进行，取消大规模火力展示。这在军事角度来看并无重大意义，但在消除两岸敌意上则有积极作用。

中国国民党嘉义市委员会访问团一行47人抵达珠海，对珠海开展为期4天的访问，这标志着中共珠海市委与中国国民党嘉义市委员会间的交流活动正式拉开序幕。

2008赣台经贸合作研讨会在南昌召开，江西省农业厅厅长毛惠忠介绍，江西鼓励台商投资的农业五大领域包括农产品精深加工，新产品、新品种、新技术引进，特色种植、特种养殖业，生态、休闲、观光农业建设，农产品物流中心、市场建设等。

23日至26日

台湾“第二届中国国民党青年精英大陆参访团”一行18人，到河南郑州、洛阳等地进行参访。

“2008海峡两岸图书展”今天开始在台中市文英馆展出，会场展示大陆265家出版社提供12000多种、30000多册图书，而台湾地区则提供近两年出版的畅销书5000多种、约20000多册，会场另安排印象厦门摄影展、厦门文化专区等。

25日

举世瞩目的“神七”飞船发射，连日来，台湾岛内的通讯社、平面媒体、报纸、电视台纷纷给予大量报道，报道中均对24日亮相的航天员多角度解读，并评价“神七”之非凡意义。

26日

第5届“2008海峡两岸制造业博览会”在潍坊举行。国台办副主任叶克冬、台湾新党主席郁慕明等参加。此次博览会突出展示山东和台湾的先进制造业产品，吸引海峡两岸的制造商、经销商会面和洽谈。

根据台湾方面统计，十一黄金周期间约有200多个团，共4500名大陆游客赴台观光。

国泰财产保险有限责任公司正式落户上海，这是在大陆设立的首家台资产险公司。“一地承保，两岸服务”，是这家机构角逐大陆保险市场的优势所在。

27日

“第三届海峡两岸港口经济发展论坛”在南通召开，海协会常务副会长李炳才上对媒体说：大陆是台湾的最大贸易顺差来源地，并已取代美国成为台湾的第一大贸易伙伴，海峡两岸全面“三通”成为历史必然。

“两岸文化交流协商会议”在澳门落幕，并发布《会议纪要》。中华民族文化促进会主席高占祥表示，两岸首次民间文化交流协商有了良好的开端。中华民族文化促进会、台湾两岸文化艺术联盟、澳门中华民族文化促进会联合举办。海峡两岸及港澳地区文化艺术界和文化产业界的知名人士约110人出席会议。

海协会常务副会长郑立中会见了前来大陆就奶粉事件进行沟通的海基会食品卫生专家团。两岸两会专家团将于28日就奶粉事件进行沟通座谈，并就两岸食品检验机制的建立进行沟通研讨。

中国和平统一促进会七届四次常务理事会在京召开，增补全国政协副主席、中共中央统战部部长杜青林为中国和平统一促进会执行副会长；审议通过《关于召开中国和平统一促进会第八届理事大会的决议》。

28日

第十届海峡两岸青年学术交流会在南京开幕。来自海峡两岸的100多位专家和青年学者参加了交流会。围绕“企业技术创新与管理”的主题，海峡两岸的青年企业家、% MBA学者等进行了学术讨论。

29日

来自50多个国家和地区的港澳台侨同胞、在京投资的侨资企业家以及社会各界代表900余人，出席北京市政府举行的国庆招待会，庆祝中华人民共和国成立59周年。

30日

福建三家有赴台游组团资格的旅行社组织的大陆居民经金马澎赴台游首发团，分别从厦门东渡码头、泉州石井码头、福州马尾金州码头启程。首发团259名成员将分别循厦金航线、泉金航线和两马航线这3条海上航线抵金门、马祖，再中转赴台湾本岛。

10月

1日

相伴“神七”飞天的海峡两岸民众祝福录音U盘，当天与其他众多搭载物一起逐一出舱亮相。该U盘纪录了台湾、福建民众祝福“神七”、渴望和平发展的肺腑之音。台湾部分，选取了岛内12支少数民族和汉族普通民众代表的祝福之语。

海峡交流基金会董事长江丙坤在台北会见了前来参访的中共苏州市委书记王荣一行。

3日

美国政府通知国会，决定向台出售“爱国者”－3反导系统、“E－2T”预警机升级为“鹰眼2000”型相关设备和服务、“阿帕奇”直升机、“标枪”型导弹、潜射“鱼叉”导弹和飞机零部件等6项武器装备，总价值64.63亿美元。这是自1992年出售150架F16A/B战机以来，最大规模的对台军售案。

4日

国防部新闻发言人胡昌明发表谈话：中国军方坚决反对美国对台军售。

全国人大外事委员会负责人发表谈话，强烈谴责美国对台军售，表示坚决支持中国政府就此采取的严正立场。

6日

台经济部门主办的“2008年全球招商大会”在台北登场，来自欧、美、日、祖国大陆的逾千位企业界人士与会。该会首度向大陆企业招手。大陆企业人士报名踊跃，连同港澳地区厂商，合计有约400人。

7日

第六届澳门妈祖文化旅游节开幕式暨妈祖祈福祭典仪式在澳门天后宫举行。来自福建、香港、台湾等地的妈祖宫庙代表和妈祖信众近3000人出席开幕式。

8日

厦门建发股份有限公司发布公告称，建发股份与台湾人寿共同设立君龙人寿保险公司获保监会批准，双方各占50%股权。

台湾同胞“2008大熊猫故乡行”在成都大熊猫繁育研究基地启动，台湾知名人士林仙保一行50余人参加。

11日

台湾航运巨头长荣集团规划多年的大陆营运总部——上海长荣大楼正式启用。长荣集团总裁张荣发，海峡两岸关系协会常务副会长李炳才等到场为上海长荣大楼剪彩。张荣发表示，长荣有“深耕大陆市场”的决心，未来长荣集团将以最完善的海、陆、空运输服务，促进两岸经贸繁荣。

13 日

台联党召开中执会并做出决议，无法认同马当局一连串大陆政策，决议请赖幸媛 3 天内自动请辞“陆委会”主委职务，否则就开除其党籍。赖幸媛随后发表新闻稿表示，她选择主动退出台联党，继续专心于公务。

15 日

中共中央台办、国务院台办主任王毅会见以辜濂松为团长的台湾工商界北京经贸考察团时说，期待两岸经贸互利合作尽快迈上新的台阶。

台塑集团董事长王永庆在美国新泽西州病逝，享年 92 岁。18 日，岛内各界人士和普通民众纷纷前往王永庆灵堂吊唁。20 日，王永庆祖籍地福建省安溪县举办隆重的追思悼念活动。

“2008 海峡两岸产业合作与发展论坛”在昆山开幕，昆山市政府、科技部海峡两岸科技交流中心、清华大学台湾研究所和昆山台资企业协会共同举办。来自两岸约 300 位知名企业家和专家学者参加。

最高人民法院副院长苏泽林会见台湾律师界大陆参访团一行 30 余人，并介绍了大陆法院的有关情况，还认真听取了保护台胞合法权益提出的意见和建议。

21 日

张铭清赴台南孔庙参观。民进党籍台南市“议员”王定宇等人追随张铭清高喊“台湾要独立”，并把他推倒。张铭清站起来准备乘车离去时，林进勋跳上车顶狂踩。台湾“陆委会”事后强烈谴责其暴力行为。

大陆海协会致函台湾海基会，对野蛮暴力行为表示强烈愤慨，并希望台湾有关方面严惩肇事者，保护张铭清的人身安全，确保此类事端不再发生。张铭清也提前两天在台的参见旅程。

第二届海峡两岸青少年社会教育研讨会在淡江大学圆满闭幕。此会由中国宋庆龄基金会、中国教育协会、台湾省教育会共同主办，海峡两岸 100 多名教育工作者与会。

22 日

在台湾光复 63 周年之际，台盟中央、全国台联在北京全国台联会议厅共同举办“纪念台湾光复 63 周年座谈会”，以纪念这一伟大而又神圣的日子。

宋庆龄基金会和台湾夏潮基金会联合举办“永恒的依恋——两岸青年交流谈话会”在台北举行。

23日

上海首个专门服务两岸交往事务的区域性民间社会组织——上海浦东两岸交流交往服务中心正式揭牌。

在厦门举行的第三届世界金门日（翔安）大会召开了厦金交流合作研讨会。翔安区政府和金门县政府签订了区域经济文化交流合作意向书，达成经济、文化等多方面合作意向。

“2008海峡两岸农产品展示展销会”在大陆台商最为集中的江苏省昆山市举办。

民进党发起的“反黑心、顾台湾”大游行登场。虽然民进党主席蔡英文曾表示游行过程“不准表达反扁或挺扁”，但陈水扁仍参加了游行，并跟随第一大队。民进党党内重量级天王中，吕秀莲在海外、谢长廷确定不参加，苏贞昌、游锡堃各自带领一个大队。

31日

海峡两岸旅游交流协会、台湾观光协会举办的第三届“海峡两岸台北旅展”在台北举行，共有155家大陆旅游业机构、近300人参展。

第十届湄洲妈祖文化旅游节在莆田举行，“天下妈祖回娘家”系列活动是其中的重点。来自20个国家及地区的近300家妈祖文化机构将齐聚湄洲。台湾大甲镇澜宫等130多家宫庙、500多名信众将谒祖进香。

11月

1日

国务院台湾事务办公室公布了《台湾记者在祖国大陆采访办法》。

马英九接受台湾《联合报》专访时首次明确表示，两岸关系出现结构性的转变，台“陆委会”将通盘检讨《两岸人民关系条例》。

3日

海协会协商代表团由会长陈云林率领赴台北。到台北后，大陆海协会会长陈云林与台湾海基会董事长江丙坤在台北圆山饭店举行第二次“陈江会谈”，正式签署《海峡两岸空运协议》、《海峡两岸海运协议》、《海峡两岸邮政协议》与《海峡两岸食品安全协议》四项协议。陈云林在台期间，马英九和一些主管官员会见了陈云林会长。中国国民党主席吴伯雄、亲民党主席宋楚瑜等人与陈云林会见。在国民党主席吴伯雄在晶华酒店宴请海协会会长陈云林，遭到民进党负责人和支持者围攻。这是近十年来最严重的街头流血冲突，数百名警察及群众受伤，但民进党主席蔡英文却说，围城活动都“控制在合理范围内”。台湾海峡交流基金会发出新闻稿指出，这种不理智行为，已经严重破坏台湾的形象，民进党需负全部责任。7日，海协会会长陈云林会长一行包机到京，国台办主任王毅到机场迎接并发表讲话：海协会协商代表团此次赴台商谈，为两岸关系书写了新的历史，是一次开拓之旅、合作之旅、和平之旅。当前，两会制度化协商已经站在一个新的出发点上，两岸关系的发展也呈现出前所未有的光明前景。为两岸同胞谋福祉，为台海地区谋和平，携手迎接中华民族的伟大复兴，符合两岸同胞的共同愿望，符合历史潮流的前进方向。6日，国民党发言人李建荣凌晨发表谈话，海基、海协两会这次协商攸关台湾民生议题，是为台湾拼经济。民进党不要为了一党或个人私利鼓动群众，撕裂台湾社会。

4日

由近30家连锁加盟型台商企业联合发起的“两岸企业家论坛”在上海成立。

7日

马英九上午接受中视主播沈春华专访，认为二次“江陈会”是“利多于弊”，结果大致满意。他还认为，民进党主席蔡英文应对民进党等绿营势力近来街头活动酿成警民冲突负最大责任。

8日

从台湾基隆经弯靠马祖到达福州的“台马轮”抵达马尾码头，这是台胞首次乘船自台湾本岛抵达大陆，也是“两马”（马尾－马祖）航线首次延至台湾本岛。

台湾“行政院大陆委员会”发布“民众对第二次江陈会谈结果之看法”民意调查。该项最新民调显示，超过七成民众支持两岸制度化的协商机制，七成到八成民众对此次两岸协商签署的四项协议感到满意，超过六成民众认为这些具体成果对台湾经济发展有好的影响。

国台办举行例行新闻发布会，发言人范丽青表示，海协会会长首次访问台湾，两会首次在台北举行领导人会谈，是两会制度化协商的新突破，也推动两岸关系又向前迈出了重要一步。范丽青说，陈云林会长此次访台取得了令人满意的积极成果。主要体现在六个方面：一、签署了两岸空运直航、海运直航、邮政合作、食品安全四项协议。前三项协议的签署，使得两岸同胞期待了30年之久的两岸直接通航、通邮变为了现实。后一项协议，建立了两岸主管部门就食品安全进行信息通报与查询、协处的机制，有利于维护两岸消费者权益和食品贸易健康发展。二、举办了两岸金融界座谈会和工商界、航运界座谈会，探讨应对当前国际金融风暴、加强两岸金融合作和经济合作的实际办法。三、商讨了改善大陆居民赴台旅游的措施，提出促进大陆居民赴台旅游的办法。四、完成了两岸互赠大熊猫、珙桐树和长鬃山羊、梅花鹿的手续，解决了延宕三年多的赠台大熊猫赴台事宜。五、商谈规划了下一阶段两会商谈的议题和加强两会会务联系与交流事宜。初步商定2009年尽快就两岸金融合作、共同打击犯罪、两岸渔工劳务合作、两岸双向投资及签订投资保护协议、两岸动植物检验检疫合作、两岸产业合作、两岸知识产权保护、两岸媒体记者常驻等问题进行商谈。六、广泛接触了台湾各界人士，增进了了解，加深了感情。

17日

台湾富邦金控公司子公司富邦银行（香港）接获中国银行业监督管理委员会通知，已于13日正式批准其参股厦门市商业银行。根据认股协议，富邦银行（香港）将斥资人民币2.3亿元，亦即每股2.3025元人民币，取得厦门市商业银行增资后发行股本19.99%的股权。

18日

第三届“台港论坛”暨第四届“两岸论坛”在香港会展中心举行。与会人士表示，海峡两岸和香港应当加强合作，携手发展，共同应对全球化的挑战，创造多赢

20日

两岸第一家正式合作的妇产科专业医院——广东东莞玛丽亚妇产医院今日正式开业，医院将为在东莞工作的近十万台商提供专业医疗服务。

农业部“海峡两岸农业技术合作中心”在第十届海峡两岸花博会开

幕式上正式成立。

21日

中共中央总书记胡锦涛和夫人刘永清在利马会见中国国民党荣誉主席连战和夫人连方瑀。胡锦涛表示，海协会代表团访问台湾，同海基会共同签订了两岸空运、海运、邮政、食品安全四项协议，为两岸同胞谋得实质性利益。这次访问的成功，标志着两岸关系发展又掀开了新的一页。两岸双方加强交流合作是人心所向、大势所趋。胡锦涛强调，当前，国际金融危机正从局部向全球蔓延，从发达国家传导到新兴市场国家，从金融领域扩散到实体经济领域。两岸更应该加强沟通，积极推动互惠互利的经贸合作，努力化挑战为机遇。连战对再次同胡锦涛相见感到十分高兴。他表示，这次会面象征着两岸关系进一步走向合作和发展。最近海基会和海协会签署的四项协议在台湾受到大多数民众欢迎。

22日

中国国民党第十七次全代会临时会议在台北“国父纪念馆”举行。国民党主席吴伯雄说，国民党将全力支持协助执政团队。马英九致词时表示，全球金融风暴下，但当局已做好准备。他说，当前努力方向是如何透过投资与消费振兴景气。“行政院院长”刘兆玄、“立法院院长”王金平、国民党秘书长吴敦义分别做“政务报告”、“立法工作报告”及“党务报告”。蒋孝严、吴敦义、曾永权、朱立伦与黄敏惠五人当选国民党新任副主席。

25日

第十四届两岸金融学术研讨会在北京召开。来自中国金融学会、海协会以及两岸金融机构的300多名代表参加了研讨会。在海协会与海基会签署了空运、海运、邮政、食品安全等四项协议后，两岸金融合作成为两会今后重点协商的问题。

台湾《远见》杂志民调中心最新发布的11月台湾民心指数调查结果显示，当局领导人马英九信任指数为49.9，行政当局负责人刘兆玄信任指数为44.7，中国国民党信任指数为44.4，与上月相比，分别上升4.3点、1.7点、3.4点。综合此间媒体报道，远见民调中心负责人认为，三项“执政信任指数”同步止跌回升，主要是第二次“陈江会谈”的成果、两岸关系缓和且稳固了制度化的协商渠道，以及陈水扁涉及弊案被收押等事件的综合效应所致。该民调结果还显示，台湾民众对民进党主席蔡英文的信任指数骤跌11点至39.1，认为应是民进党发动民众抗议海协会会长陈云林访台甚至爆发街头冲突事件，民众认为蔡英文的表现不负责任所致；民进党信任指数则下跌2.2点至31.7。

27日

海协会会长陈云林到东莞调研台资企业生产经营情况。陈云林表示，相关部门对台商的呼声非常重视，呼吁台商树立信心，积极应对国际金融危机带来的困难。在两岸关系发展的新形势下，台资企业在大陆的发展前景是光明的。

28日

作为首届海峡两岸文化产业博览交易会的主要活动之一，海峡两岸文化产业交流合作与城市发展论坛日前在厦门文化艺术中心举行。本次论坛的主要内容旨在大力推动文化创意产业发展，搭建两岸文化创意产业交流合作平台，促进城市发展。

电视剧《台湾·1895》在台湾纬来戏剧台黄金时段播出。

12月

1日

台湾大学社会科学院中国大陆研究中心、台湾大学金融研究中心、台湾金融研训院以及台湾金融教育协会共同主办的“2008两岸金融研讨会”在台北开幕，来自海峡两岸的50余位金融界专家学者和有关人士，围绕“全球化架构下的两岸金融合作”进行研讨。与会者普遍认为，面对席卷全球的金融危机，两岸更应尽快实现金融业的实质性交流与合作。

4日

“美国在台协会”（AIT）台北办事处处长杨苏棣表示，海协会与海基会上月签署四项促进两岸经济关系的协议，有助于建立有利于投资与成长的氛围。杨苏棣重申，美国欢迎两岸扩大经贸关系，特别在此全球经济不确定的时刻，加强两岸经济联系对企业必然有很大好处。他进一步指出，在更基本的层次上，此种联系可促进稳定、进步和希望的氛围。台北“美国商会”一贯呼吁经济开放，美国会继续支持基于平等互惠的拓展两岸经济关系。

台湾行政当局通过《大陆地区投资人来台从事证券投资及期货交易管理办法》，未来将开放大陆合格机构投资者（QDII）赴台从事证券投资与期货交易，并允许上市上柜公司的大陆员工及赴台挂牌海外企业的大陆股东得认购、获配有价证券。

尽管民进党“立委”表决时退席，台“立法院”“内政”等联席委员会仍初审通过了两岸两会四项协议。台当局“陆委会主委”赖幸媛在“立法院”表示，因应两岸关系发展，未来需要“修法”之处很多，但四项协议原本就不需“修法”，“陆委会”基于尊重“立法院”，同意改审查，既然决议已经签订，就应该尽快让它落实。

15 日

备受海内外瞩目的两岸空运直航、海运直航及直接通邮正式启动。海峡两岸海上直航首航仪式在天津港东疆保税港区隆重举行。中共中央台办、国务院台办主任王毅在直航首航仪式上指出，两岸“三通”将从今天迈开历史性步伐，两岸同胞期盼已久的梦想终于成真，两岸各界长达 30 年的努力终于得到收获。从此，两岸海上人员和货物往来的航行时间将大幅缩短，经济成本将大为降低。更重要的是，海上直航将使两岸之间的往来更加便捷，联系更加紧密，并为两岸关系和平发展提供新的重要动力。可以预计，实现“三通”后，两岸关系将迎来一个大交流、大合作、大融合和大发展的崭新局。两岸同胞分别在北京、天津、上海、福州、深圳以及台北、高雄、基隆等两岸的多个城市同时举行海上直航、空中直航以及直接通邮的相关活动。

东航 MU2075 航班从上海浦东机场起飞前往台北桃园机场，台湾复兴航空 332 号航班由台北松山机场飞往上海，它们是两岸各自飞出的首架飞航“截弯取直”航路的平日包机航班。自此，台湾海峡空中双向直达航路正式开通启用，两岸空运直航就此拉开帷幕。经“截弯取直”后的新航路，北京和上海至台北的飞行距离较经香港单程分别减少 1100 公里和 1000 公里左右。

台湾长荣海运公司所属“立敏轮”从高雄港启航前往天津，这是从台湾出发的首艘两岸海运直航船舶；与此同时，中远集团“中远大洋洲”轮和中海集团“新烟台”轮从天津启航分别驶向高雄和基隆。10

时30分，中海集团“新非洲”轮和中远集团“远河”轮由上海洋山深水港启航前往台湾高雄港。两岸多家海运公司当天先后发出各自的两岸海运直航船舶。从此，大陆63个港口与台湾11个港口间将构建起一条繁忙的“黄金海路”。这标志着两岸海运进入了全面、双向、直接的发展阶段，两岸海运事业迈入了新的历史时期。两岸海运直航不仅为两岸带来了更广阔的发展空间，更为两岸经贸关系注入新的活力。

两岸全面、直接、双向通邮也正式启动。在北京航空邮件交换站举行的两岸直接通邮仪式上，北京市邮政公司副总经理丁前亮带领员工当场向台湾邮政同行邮寄了30封新年贺卡及16个装有北京特色食品的包裹；台湾中华邮政公司在台北发行“海峡两岸通邮纪念邮资票”及首日封，首封从台湾寄往大陆的快捷邮件也同时交寄。

台湾长荣海运在高雄港举行两岸海上直航首航仪式，马英九主持首航典礼时称，今天主持这项典礼，感到很欣慰，两岸直航代表着两岸不再对立，以谈判取代对立、和解取代冲突。马英九表示，从经济面来看，两岸直航可节省大量时间，也将可增加台湾优势、重振台湾竞争力，并对未来高雄港的世界排名提升有信心。

为纪念两岸直接通邮这个大喜之日，两岸邮政部门分别同时发行了纪念邮品。中国集邮总公司15日发行的《海峡两岸直接通航、通邮系列纪念邮品》，包括首日封、纪念封和纪念邮折等，并特别制作两岸直接通航、通邮纪念邮戳。在北京举行的两岸直接通邮仪式上，中国邮政集团公司带来的各100套纪念邮品被与会者抢购。纪念邮折封面主色为海蓝色，画面一端是上海浦东，一端是台北101大厦，中间碧海蓝天，彩虹飞架，一群信鸽直飞苍穹。纪念封张贴着大红色的中国结图案邮票，而首日封张贴的是“和谐”二字篆书印章图案的邮票。

台湾中华邮政公司在台北举行的海峡两岸邮政业务合作记者会上，宣布发行40万枚《海峡两岸通邮纪念邮资票》及配套首日封。其中，《海峡两岸通邮纪念邮资票》图案以和平鸽送信为主图，背景衬以蓝天白云，象征两岸双方“为民兴利、两岸和平”的共同目标。

16日

美国国务院副发言人伍德（Robert Wood），在记者会中回答记者有关两岸直航的问题时表示，海峡两岸展开运输通航非常正面，美国一向鼓励两岸对话，同时将继续朝此方向努力。

21日

国共两党第四届两岸经贸文化论坛在上海闭幕。本次会议20日开幕，全国政协主席贾庆林、国民党主席吴伯雄、国民党荣誉主席连战，台湾其他党派负责人，以及两岸政界、经济界、文化界400多人出席。国台办主任王毅在闭幕式上宣布，为了加强两岸合作与携手应对国际金融危机，大陆再推出10项惠台措施：支持大陆的台资企业发展；加强台资企业融资服务；支持和帮助大陆台资企业转型升级；鼓励和扶持台资企业自主创新；推动两岸双向投资；加强两岸产业合作；携手促进平板显示产业发展；拓展两岸农业合作平台；扩大台湾鲜活农产品在大陆的销售；允许符合条件的台湾民众在大陆从事律师职业等。

司法部通过《取得国家律师职业资格的台湾居民在大陆从事律师职业管理办法》，2009年1月1日开始施行。

23日

大陆赠台湾的大熊猫“团团”、“圆圆”，搭乘台湾长荣航空公司专机抵达台北市立木栅动物园。这在岛内掀起了一股“熊猫热”。

24日

国家发展和改革委员会和国台办联合发布《大陆企业赴台湾地区投资项目管理规定》，要求大陆企业遵循互利共赢和市场经济原则，遵守当地有关规定，保障员工合法权益，注重保护生态环境，善尽必要的社会责任。这个规定旨在推动海峡两岸直接双向投资，促进两岸经济公共繁荣，增进两岸同胞福祉，推进海峡两岸关系和平发展。

25日

欧盟轮值主席国法国发表声明，对海峡两岸直航表示欢迎。两岸的会谈和直航有助于建立信心与互相了解，对强化台湾海峡与亚太合作与稳定极为重要。“欧盟希望这一进程将继续进行。”

台湾大陆事务主管部门公布最新民调，47.5%受访者觉得目前两岸民间交流的速度“刚刚好”，67.9%的受访者认为直航有助于提升台湾竞争力，61.7%的受访者认为两岸直航对台湾经济发展有好的影响。64.8%受访者认为两岸关系比较缓和。

首届海峡两岸法学学术研讨会在郑州闭幕。这次研讨会由中国法学会、法官协会、台湾东吴大学法学院等单位联合主办。与会法官法学学者就如何加强两岸法律合作交流进行了研讨。

26日

中国海洋石油总公司总经理傅成玉与台湾中油股份有限公司董事长潘文炎在北京共同签署了《合作意向书》、《台南盆地和潮汕凹陷部分海域合同区石油合同修改协议》、《乌丘屿凹陷（南日岛盆地）协议区联合研究协议》、《肯尼亚9号区块部分权益转让协议》，标志着两岸石油界的合作更进一层。这些协议规定双方携手进行海外勘探开发，联手合作对双方共同感兴趣的海外项目进行投标或以转让权益的办法实现合作。

31日

“纪念《告台湾同胞书》发表30周年座谈会”在北京举行，胡锦涛总书记在会上，就两岸关系和平发展提出了“六点意见”，从两岸关系和平发展的战略高度，对30年来对台工作实践、成果和经验，进行了全面、精辟和深刻地总结。同时，“六点意见”根据两岸关系发展变化的规律，对两岸关系和平发展的框架、前景、架构、途径、动力、条件和内在联系，对两岸关系和平发展与和平统一的关系，对两岸关系和平发展的战略构想和战术要求，进行集中、系统、完整的论述。强调现阶段的重要任务是，抓住机遇加快两岸的发展，在发展中不断解决遇到的各种问题，不断增加两岸了解和互信，不断累积两岸统一需要的各种条件。为此，从累积两岸政治互信、建立两岸经济合作机制、深化两岸文化交流、扩大两岸人员交往、协商台湾涉外事务和正式结束敌对状态等方面，完整和科学地构建起两岸关系和平发展的战略架构，为两岸关系和平发展展现出光明发展的前景。“六点意见”与时俱进，科学发展，根据两岸关系和平发展的实际需要，实现了对台工作相关的政治、理论和政策等方面的突破，丰富了党的和平统一理论，完成了对台方针政策的重大理论创新。